Don't worry, be German!

»Bin ich noch Amerikaner oder schon Deutscher?« Diese Frage stellt sich John Doyle nach fast zwanzig Jahren in Deutschland. Seine Antwort: »Beides.«

Aber was heißt das konkret? Spricht er jetzt ungefragt von seinen Krankheiten? Schleicht er weiterhin mit Tempo 80 über die Autobahn? Oder geht er nicht mehr bei Rot über die Straße? Seine witzigen Erlebnisse und klugen Erkenntnisse enthüllen ein neues Deutschlandbild. Auf der Suche nach seiner wahren Identität entdeckt Doyle aber nicht nur Unterschiede und Parallelen zwischen den USA und Deutschland, sondern vor allem auch seine Liebe zu der Wahlheimat!

John Doyle, geboren 1963 in New Jersey/USA, tourt mit seinen Bühnenshows seit Jahren erfolgreich durch Deutschland (www.johndoyle. de). Doyle ist unter anderem häufiger Gast bei Nightwash, TV Total und Quatsch Comedy Club. Die mehrteilige TV-Sendung »I love Deutschland«, die der WDR 2006 ausstrahlte, zeigt Doyles Spurensuche nach dem »echten Deutschen«.

JOHN DOYLE

DON'T WORRY BE GERMAN

Ein Ami wird deutsch

SCHERZ

www.fischerverlage.de

Erschienen bei Scherz, einem Verlag der S. Fischer Verlag GmbH,
Frankfurt am Main
© S. Fischer Verlag GmbH, Frankfurt am Main 2010
Autor: John Doyle (www.johndoyle.de)
Kontakt: www.hpr.de
Gesamtproduktion: CPI – Ebner & Spiegel, Ulm
Printed in Germany

ISBN 978-3-502-15187-6

Inhalt

Vorwort

Mein erster Kontakt zu Deutschland war ein sehr positiver, auch wenn ich ihn nicht zu einem Menschen, sondern – zu einem *Auto* hatte. Zu einem *deutschen Auto.*

Ich war gerade zehn, Anfang der siebziger Jahre, da brauchte mein Vater eine neue Familienkutsche, und er entschied sich für einen grünen Volkswagen Kombi – oder wie er in Amerika damals hieß: einen grünen *VW Square Back.* Und mit diesem Familienauto sind wir überall hingefahren: Zum Strand, zum Baseballspiel, in die Kirche und zum Shopping.

Aber meine stärkste Erinnerung an dieses Auto stammt nicht aus jener Zeit, sondern aus der ein paar Jahre später, in der es nicht mehr fuhr. Als unser Wagen einfach kaputt in unserer Garageneinfahrt stand sozusagen. Denn jeden Abend, wenn meine Lieblings-Baseballmannschaft, die New York Yankees, ein Spiel hatte und es nicht im Fernsehen, sondern nur per Rundfunk übertragen wurde, kletterte ich ins Auto, setzte mich ans Steuer und schaltete das Autoradio ein. Und weil es über die Batterie des Wagens betrieben wurde und diese immer noch Saft hatte, war es mir tatsächlich möglich, mitten im Sommer, abends, in völliger Dunkelheit, zusammen mit Tausenden von zirpenden Grillen, den spannenden Baseballspielen mutterseelenallein zuzuhören.

Eines Tages aber wollte mein Vater den Wagen abschleppen lassen, denn er blockierte ja immer noch unsere Einfahrt. Ich aber hielt dagegen und schrie: »Nein! Das können wir nicht machen! Die Batterie im Auto hat immer noch Saft! Das geht nicht!« Und so blieb es dann noch den Sommer lang: Ich hinter dem Steuer, die Yankees im Radio und eine nicht schlappmachende, deutsche Autobatterie in einem alten VW Square Back, die das alles überhaupt ermöglichte. Es war wirklich nur eine Frage der Zeit gewesen bis diese – wie man das so schön auf Deutsch sagt – »den Geist aufgab«. Aber bis dahin sagte ich, jedes Mal kurz bevor das Spiel im Radio übertragen wurde: »Come on, radio! You have to work tonight! The game is really important tonight! You have to work!« Und dann drehte ich an dem Knopf und stellte jedes Mal fest: »Holy shit! The radio is still working!«

Ich verstehe bis heute nicht – und seit dieser Zeit sind immerhin mehr als dreißig Jahre vergangen –, wie das möglich war. Warum funktionierte das Radio den ganzen Sommer lang? Wie konnte die Autobatterie so lange so viel Saft haben? Das alles kam mir wie ein Wunder vor. Wie ein Wunder voller spannender Baseballspiele, warmer Sommernächte, einmaliger Erinnerungen – und nicht zu vergessen die vielen, vielen zirpenden Grillen.

So also sah mein erster Kontakt mit Deutschland aus, und damals hätte ich nie und nimmer gedacht, dass ich jetzt seit fast zwanzig Jahren in Deutschland leben würde.

Ich hätte mir natürlich vorstellen können, eine kurze Reise nach Deutschland zu machen, nach dem Motto »Deutschland und alle anderen europäischen Länder in sieben Tagen«. Oder die Turbo-Version in drei Tagen. Ich hätte ein bisschen Bier getrunken, wäre auf die Autobahn gefahren. Nein, natürlich hätte ich mir erst die Autobahn und dann das Bier vorgenommen. Dann noch ein paar Fotos gemacht und wieder schnell zurück nach Amerika. Aber dass ich Deutsch lernen, eine deutsche Frau heiraten, ein deutsch-amerikanisches Kind in die Welt setzen und dieses Buch schreiben würde? Wie hätte ich das alles damals schon wissen können, als ich als Zehnjähriger glücklich meine Baseballspiele im VW-Radio anhörte? Aber wie hat es der berühmte amerikanische Philosoph *Forrest Gump* schon so treffend gesagt: »Das Leben ist wie eine Schachtel Pralinen: Man weiß nie, was man bekommt.«

Und wenn das alles mit Forrest wirklich passiert und das Ganze kein Film gewesen wäre, sondern das echte Leben, dann hätte ich vermutlich neben ihm auf seiner Bank in Savannah, Georgia gesessen und mit ihm gemeinsam ewig auf den Bus gewartet. Und Forrest hätte sicherlich in seiner unverwechselbaren Art irgendwann zu mir gesagt: »Und, John, deine Schachtel Pralinen heißt *Deutschland*.«

Nach einigen Jahren aber fing meine Schachtel Pralinen an, mir Magenverstimmungen zu verursachen, mich total durcheinanderzubringen. Denn ich fühlte mich nicht mehr als richtiger Amerikaner, aber auch noch nicht als richtiger Deutscher. Was dann folgte, waren Jahre der Identitäts-suche, in denen ich mich immer und immer wieder fragte: »Hey John, wer oder was bist du überhaupt?« Ich kam mir vor, als machte ich eine Art zweite Pubertät durch, in der ich mich selbst immer wieder fragte: »Bist du schwul? Oder hetero? Oder stehst du lieber auf aufblasbare Puppen?« Ich war damals so verwirrt, dass ich jeden Morgen befürchtete: *Oh nein, ich kriege sicherlich wieder Pickel, wenn das so weiter-geht.*

Wenn ich in den USA zu Besuch bin, ergeht es mir leider auch heute noch nicht anders. Ganz im Gegenteil: Es pas-siert mir immer wieder, dass viele Amerikaner mich für einen Deutschen halten, sobald ich meinen Mund aufmache. Jedes Mal, wenn ich zum Beispiel meine Mutter Judy in Florida besuche, gibt es einige, die nicht glauben wollen, dass ich Amerikaner bin. Ich brauche nur zu sagen: »Hi! How are you today?«, dann höre ich: »Great. And where do you come from?« Und diese Frage bedeutet nicht, »where in the USA?«, sondern »what foreign country?«. Jedes Mal, wenn ich beteuere »Ich komme wirklich aus den USA!«, schauen mich die Leute so an, als wollten sie gleich sagen: »It's okay, young man! Don't be afraid. You can tell me the truth.«

Schon vor Jahren häuften sich diese »John, wer bist du?«-Erlebnisse in meinem Heimatland USA. Das stellte ich an ganz kleinen Dingen fest. An der Tatsache zum Beispiel, dass ich plötzlich das Bedürfnis hatte, nackt in die Sauna zu gehen. Früher, als ich noch »hundertprozentiger« Amerikaner gewesen war, hatte ich dieses Bedürfnis überhaupt nicht. Damals zog ich einfach meinen Badeanzug an und machte drei Kreuze, wenn alle anderen Saunabesucher auch einen anhatten. Aber nach einigen Jahren hier in Deutschland stellte ich eines Tages fest: »Hey, es geht auch ohne!«

Es war aber damals nicht nur mein leicht deutscher Akzent oder mein Adamskostüm, was mich und andere verwirrte, sondern zum Beispiel auch die Tatsache, dass ich fast der Einzige war in Amerika, der an roten Fußgängerampeln stehen blieb. Das tat ich damals oft und fragte mich dann jedes Mal: »*Warum gehen alle diese Leute bei Rot über die Straße? Verstehen sie nicht, dass das total verantwortungslos ist?*« Und es waren nicht nur junge Leute, die einfach rüberlatschten. Auch Frauen mit Kleinkindern und sogar alte Menschen mit Gehstöcken hüpften immer noch schnell über die Straße. Jedes Mal registriere ich, dass eben diese mich alle anguckten, als wollten sie gleich sagen: »Mann, ist der blöd! Warum bleibt er stehen? Oder wartet er darauf, dass ihn jemand über die Straße trägt?« Ich für meinen Teil dachte nur: *Mensch, in Deutschland bin ich ein Vorbild für die Jugend, wenn ich an roten Fußgängerampeln stehen bleibe, und hier in den USA bin ich einfach nur blöd.*

Es ist irrsinnig, wie schnell man zum Vollidioten degradiert wird.

Bis heute bricht bei mir aber auch noch in Deutschland ab und zu dieses »Wer bin ich?«-Gefühl aus, und dann kommt manchmal wieder der komplette Ami in mir zum Vorschein. Und das manchmal in Situationen, in denen es eigentlich nicht so richtig angebracht ist. Einmal rief ich zum Beispiel laut TAXI, nachdem ich nach einem langen Flug wieder in Deutschland gelandet war. Aber ich musste feststellen, dass nichts passierte, gar nichts. Nein, das stimmt nicht ganz. Ich erschreckte mit meinem Gebrüll ein paar Touristen, die total müde ihre Koffer hinter sich herzogen. Und ich bin mir nicht ganz sicher, aber einige sahen aus, als bekämen sie gleich einen Herzinfarkt davon. Aber was die Fahrer auf dem weit entfernten Taxistand anging, rührte sich keiner von denen. Ich winkte. Ich schrie. Ich bettelte. Aber nichts tat sich. Ich dachte: *Was ist denn hier los?* Wenn du in Amerika landest, vor dem Flughafengebäude stehst und TAXI schreist, dann kommen die Autos nur so angeflogen, dass du aufpassen musst, nicht von einem Fahrer überfahren zu werden, bevor du überhaupt die Möglichkeit hast, bei ihm einzusteigen. Und ohne darüber näher nachzudenken, erwartete ich − zurück in Deutschland − das gleiche Verhalten. Aber das konnte ich mir schnell abschminken.

Der Amerikaner in mir kommt auch dann noch manchmal zum Vorschein, wenn ich mit meiner Ehefrau Martina und meinem Sohn Joshua in ein »All You Can Eat«-Restaurant gehe. Denn im Gegensatz zu meiner Familie spüre ich überhaupt kein Bedürfnis, nach zwei oder drei Tellern aufzuhören. In solchen Situationen fragt mich meine Frau immer: »Bist du nicht satt? Bist du *immer noch nicht* satt?« Und obwohl ich weiß, dass ihre Fragen überhaupt nicht ernst, sondern nur rhetorisch gemeint sind, antworte ich immer: »Wieso satt? Ich habe doch gerade erst angefangen!«

Einmal war ich mit meiner Familie zum Beispiel bei einem besonders leckeren »All You Can Eat«-Italiener, bei dem wir genau so ein Gespräch führten. Aber Gott sei Dank gab es die kleine Ami-Stimme in meinem Kopf, die mich ermutigte, nicht schlapp, sondern weiterzumachen. Sie sagte ständig: »Nicht aufgeben, John! Nicht aufgeben. Du hast bisher gerade mal sieben Teller gegessen!«

Aber ich fühle mich hier in Deutschland nicht nur als Amerikaner, wenn es ums Futtern geht. Ich fühle mich auch immer wie einer, wenn mich andere direkt auf mein Heimatland ansprechen. Besonders bei Fragen wie »Was ist nur mit euch Amerikanern los? Warum habt ihr Amerikaner keine Krankenversicherung?« oder »Was passiert mit den vielen Waffen in den USA?« In solchen Situationen komme ich mir oft vor, als wäre ich für alles, was in Amerika nicht so gut läuft, irgendwie verantwortlich. Meistens antworte ich dann, um mich wenigstens ein bisschen aus dieser unangenehmen Position befreien zu können: »Entschuldigung, aber ich wohne seit Jahren hier in Deutschland. Und ich weiß nicht, warum wir so viele Waffen und warum wir so viele Bürger ohne Krankenversicherung in den USA haben.

Und warum manche jeden Tag in die Kirche gehen. Und warum andere den Mond anbeten und wieder andere Paris Hilton!« Ich für meinen Teil habe den Mond noch nie angebetet. (Okay, Paris Hilton schon, und das hatte wahrlich nichts mit Religion zu tun.)

Ich selbst würde nie einen Deutschen, der in Amerika lebt, dafür mitverantwortlich machen, wenn irgendwas Schlimmes in Deutschland passieren würde. Denn erstens: Was kann derjenige dafür? Er lebt ja in Amerika. Und zweitens: Es gibt nicht nur *die* Deutschen oder *die* Amerikaner oder *die* Oberflächlichen oder *die* Tiefsinnigen, sondern alle erdenklichen Menschen, total unterschiedlich im Charakter und bunt durcheinander gemischt und verteilt auf die verschiedensten Regionen und Länder der Welt.

Apropos Vorurteile: Ich bin mir sicher, dass es auch solche Amerikaner gibt, die nicht wissen, dass es in Deutschland Strom gibt. Ich habe in den USA schon einige von denen in den letzten knapp zwanzig Jahren kennengelernt.

»Was? Die Deutschen haben Strom? Echt?«

»Ja, natürlich. Seit zwei Jahren schon! Und sie sind sehr glücklich darüber.«

Aber Amerika besteht nicht nur aus solchen Ignoranten, sondern auch aus welchen, die Solarzellen bauen, die wiederum in Deutschland Strom erzeugen. Aber umgekehrt ist auch Deutschlands Blick auf die USA vielfältiger, als es manchmal dargestellt wird. Sicher: Für manche Deutsche sind die USA *der* Inbegriff an Oberflächlichkeit. Wieder andere versuchen dagegen, ihre Kinder nach Yale oder Harvard oder Stanford zu schicken, weil sie wissen, dass diese Universitäten eine extrem gute Ausbildung anbieten.

Aber weil die Welt überhaupt nicht schwarzweiß ist, sondern wie gesagt bunt mit allen erdenklichen Schattierungen und Abstufungen, frage ich mich heute nicht mehr, ob ich Amerikaner bin oder Deutscher. Ich versuche auch nicht mehr, Aussagen wie »Das ist typisch deutsch!« oder »Das ist typisch amerikanisch!« zu machen. Denn was ist in einem Land, das so groß und vielfältig ist wie die USA schon *typisch*? Das Gleiche kann ich auch über Deutschland sagen. Wenn ich zum Beispiel Fußballspiele im Fernsehen anschaue und höre, wie die Moderatoren von den sogenannten »deutschen Tugenden«, von Fleiß, Einsatzbereitschaft und Zielstrebigkeit sprechen, frage ich mich jedes Mal: *Haben nicht alle guten Mannschaften auf dieser Welt diese Tugenden?* Okay, die Holländer vielleicht nicht, aber die anderen schon, oder? (Das ist natürlich ein Scherz! Natürlich haben die Holländer dieselben Tugenden wie alle anderen Teams auch.)

Nach fast zwanzig Jahren in Deutschland bin ich schließlich zu der wichtigen Erkenntnis gekommen, dass ich mich überhaupt nicht entscheiden *muss*, ob ich Deutscher bin oder Amerikaner. Ich bin irgendwas dazwischen: An manchen Tagen bin ich ein bisschen deutscher und an anderen ein bisschen amerikanischer. Und was früher bei mir Verwirrung und Verzweiflung ausgelöst hat, empfinde ich heute als unglaubliche Bereicherung.

Was jetzt folgt, ist keine wissenschaftliche Abhandlung über Amerikaner und Deutsche, aus der Schwarz-Weiß-Sicht eines Amerikaners, der in Deutschland lebt, sondern ein persönlicher, subjektiver Erfahrungsbericht, der zwei Länder und unzählige Erfahrungen umfasst.

Ich habe wegen einer Austauschstudentin aus Graz angefangen, Deutsch zu lernen, die ich vor mehr als zwanzig

Jahren an meiner Uni in Upper Montclair, New Jersey, kennengelernt habe. Dass es sich bei Graz um keine deutsche Stadt handelt, hat mich dabei wenig gekümmert. Meiner Liebe zu Deutschland hat das keinen Abbruch getan. Ganz im Gegenteil!

Seit 1991 arbeitete ich nun als Journalist und Radiomoderator für den englischen Dienst der *Deutschen Welle* – das ist wahrscheinlich auf meine Radio-Erlebnisse als Kind mit dem VW Square Back zurückzuführen. Vor 13 Jahren begann meine Karriere als Comedian, und ich trete seither im Fernsehen und auf zahlreichen Bühnen auf. Aber alles, was ich in diesem Buch schildere, schildere ich nicht nur aus der Sicht des Journalisten und Comedian, sondern auch aus der des Ausländers, Vaters, Ehemanns und Sohns – und nicht zuletzt aus der des Menschen. (Ja, liebe Leser, auch Amerikaner sind Menschen!)

Als ich 1963 auf die Welt kam, hatte ich nur eine Heimat, die USA. Aber jetzt habe ich zwei. Und es vergeht kein Tag, an dem ich mir nicht bewusst werde, wie privilegiert ich dadurch bin. Ich fliege über den großen Teich und fühle mich, wenn ich in den USA ankomme, zu Hause. Dann fliege ich zurück nach Deutschland und – ich fühle mich wieder zu Hause. Natürlich ärgere ich mich manchmal noch, wenn ich sehr müde zum Taxistand rüberlatschen muss, aber meistens gibt es als Entschädigung eine Fahrt in einem tollen Mercedes, der mich zu meiner deutschen Frau und meinem deutsch-amerikanischen Kind heimfährt.

In diesem Sinne: Sit back, relax and enjoy the book!

Ihr / Euer John Doyle

Anrede/Salutation

Obwohl ich seit fast zwanzig Jahren hier in Deutschland lebe, ist meine Deutschwerdung noch nicht da, wo ich sie gerne hätte. Ich merke, wenn ich in Deutschland neue Leute kennenlerne, dass ich oft viel zu früh – manchmal schon bei der Anrede – die formelle Ebene verlasse und in eine gewisse informelle, »amerikanische« Art rüberschwenke. In solchen Fällen sind dann die Konsequenzen ziemlich gravierend. Als ich meine heutige Schwiegermutter Elli vor siebzehn Jahren zum Beispiel kennenlernte, war das leider genau so ein Fall.

Ich stand vor ihrer Wohnungstür in Berlin, neben mir Martina, meine zukünftige Frau. Während ich klingelte, überlegte ich mir, wie ich mich vorstellen sollte. In Amerika wäre das kein Problem gewesen. Dort hätte ich gesagt: »Hi. I'm John, Martina's boyfriend.« Und dann hätte ihre Mutter geantwortet: »Hi, I'm Elli, Martina's Mother.« Und Martina hätte hinzugefügt: »And hi, I'm Martina, your daughter.«

Nein, ehrlich, das Treffen wäre leicht und locker über die Bühne gegangen, und alle wären glücklich gewesen. Aber auf das, was mich in Berlin erwartete, war ich überhaupt nicht vorbereitet gewesen.

Als Martinas Mutter die Tür aufmachte, sagte ich einfach zu ihr: »Hallo, ich bin John.« Ich dachte mir: *Was kann so schon schiefgehen?* Einiges, wie ich schnell feststellen musste. Denn Elli schaute mich an, als hätte ich etwas Furchtbares gesagt. Als hätte ich gesagt: »Ich stehe auf Dominas. Aber nicht auf die ganz normalen, sondern auf die mit den ganz großen Peitschen.« Bei so einem Statement wäre Ellis damalige Reaktion völlig berechtigt gewesen. Denn wer erwartet vom zukünftigen Schwiegersohn in dem Moment des Kennenlernens irgendwelche Aussagen über seine sexuellen Vorlieben? Aber zum Glück war ja Martina da und versuchte, die peinliche Situation geschickt zu retten, indem sie sagte: »Du musst John verstehen. Er ist Amerikaner, und so spricht man in den USA miteinander.«

Während ich beide verständnislos anstarrte, dachte ich nur: *Habe ich hier irgendwas verpasst? Habe ich irgendwas Falsches gesagt?* Später erklärte mir Martina, dass ich »Guten Tag« oder »Guten Abend« hätte sagen müssen und nicht einfach nur »Hallo«. Denn »Hallo« wäre für eine solche Situation viel zu locker und auch ein wenig respektlos gewesen. »*Respektlos?*«, dachte ich. *Wie kann »Hallo, ich bin John« ›respektlos‹ sein? Ich hätte es verstanden, wenn ich »Hi« gesagt hätte. Oder »Hi, baby« oder »Hi, honey« (so wie die Kellnerinnen in den amerikanischen Diners jeden Gast immer so nett begrüßen, um gleich darauf zu fragen: »And any coffee, honey?«).*

Aber dann dachte ich auch an die Tagesschau und an die Tatsache, dass der Sprecher immer mit »Guten Abend, meine sehr verehrten Damen und Herren« beginnt. Wenn ein Nachrichtensprecher in den USA mit »Good evening, my very honorable ladys and gentlemen« anfangen würde, würden viele amerikanische Fernsehzuschauer wahrscheinlich vom Stuhl fallen und sich fragen: »Who is he talking about? Who are these *very honorable* people he is talking about?«

Aber so ist Deutschland halt. Nicht schlechter als Amerika und auch nicht besser, sondern an sich nur ein bisschen förmlicher. Schnell habe ich festgestellt, dass Leute, die sich zum Beispiel noch nicht so richtig kennen – besonders wenn sie ein bisschen älter sind –, sich förmlich mit einem »Guten Tag« begrüßen. Und erst wenn sie sich zuvor schon, sagen wir, hundert bis zweihundert Mal »Guten Tag« gesagt haben, schwenken sie vielleicht zu einem lockeren »Tag« um. Und wenn die Sache so richtig gut läuft, kann es passieren, dass einer von ihnen das Wort »Tagchen« einstreut. Aber an dieser Stelle ist Vorsicht geboten, denn wenn man das zu früh zu jemandem sagt, könnte es falsch aufgenommen werden. So erging es mir zumindest mit meinem Nachbarn.

Ich schätze ihn auf vielleicht Ende sechzig, und nachdem ich monatelang zu ihm »Guten Tag« gesagt hatte, dachte ich: *Vielleicht kann ich jetzt einfach mal die »Tag-Ebene« überspringen und ihn ab sofort mit »Tagchen« begrüßen!?* Und genau das machte ich am darauffolgenden Morgen. Da begegnete ich nämlich meinem Nachbarn, der gerade seine Zeitung beim Kiosk gekauft hatte. Als wir direkt voreinander standen, schaute ich ihn freundlich an und sagte so selbstbewusst wie möglich: »Tagchen.« Seine Reaktion erinnerte mich schwer an Ellis, als sie mir das erste Mal begegnet war. Eine Mischung aus Überraschung, Verwirrung und leichter Empörung. Nein, sagen wir, großer Empörung, als hätte ich ihm gebeichtet: »Ich geb's zu: Ich stehe immer noch auf Dominas mit großen Peitschen!« Aber das hatte ich nicht gesagt. Nicht einmal *gedacht*! (Okay, gedacht schon!)

Ein ähnliches Problem habe ich auch immer noch bei der Frage: Duzen oder Siezen? Wenn ich ehrlich bin – und ich möchte natürlich so ehrlich wie möglich sein –, habe ich manchmal überhaupt keine Ahnung, ab wann ich jemanden hier in Deutschland duzen darf. Denn hier ist es manchmal wirklich schwierig zu wissen, wann der richtige Zeitpunkt dafür ist. Sofort? In einem Jahr? Nie? Manche behaupten, dass »Sein oder Nichtsein?« die wichtigste Frage im Leben sei, aber für mich sind die Fragen »Duzen oder Siezen?« und »Und ab wann darf man jemanden überhaupt duzen?« mindestens genauso wichtig.

In Amerika gibt es diese Entscheidungsmöglichkeiten erst gar nicht, denn wir haben kein »du« oder »Sie« oder »dich« oder »Ihnen«, sondern nur ein »you«. Alles ist »you«. Überall ist »YOU«:

»How are you?«

»Nice to meet you.«

»Fuck you!«

Alles ist »you«! Der Tellerwäscher sagt »you«. Die Lehrerin sagt »you«. Auch Präsident Barack Obama sagt »you«. Und das Verrückte ist: Es ist immer das gleiche »you«! Sogar der frühere deutsche Bundeskanzler Helmut Kohl bot dem früheren US-Präsidenten Bill Clinton das »you« an. Er schaute Clinton tief in die Augen und sagte: »Mr. President, you can call me *you*.« Ich kann mir vorstellen, dass Bill Clinton in diesem Moment dachte: *Helmut, ich habe zwar überhaupt keine Ahnung, was du mir sagen willst, aber Hauptsache, du hast das Wort »YOU« verwendet!*

Mein größtes Problem in dieser Angelegenheit ist vor allem, dass ich andere Leute oft zu früh duze. Viel zu früh. Ich weiß nicht, warum, aber ich spüre fast immer das Bedürfnis, Menschen von Anfang an zu duzen. Meistens schauen mich dann die Leute nur ein bisschen komisch an nach dem Motto: *Kein Problem. Du bist Ami und du weißt es nicht besser.* Und reden einfach mit mir weiter. Meistens geht es gut aus.

Aber manchmal eben auch nicht.

Einmal habe ich zum Beispiel eine alte Frau hier in Deutschland zu früh geduzt. Und ich merkte sofort, dass es ein Fehler gewesen war. Sie fing nach meiner Frage, »Wie geht es *dir*?« an, am ganzen Körper zu zucken. Dann klärte sie mich leicht vorwurfsvoll auf: »Junger Mann, das machen wir nicht so in Deutschland. Erst siezt und nach einer Weile duzt man sich.« Ich antwortete spontan und hirnlos (wie ich manchmal bin): »Ja, aber du bist sehr alt!«

Bei *dieser* Antwort zuckte sie wieder zusammen, aber diesmal richtig.

Ich glaube, mein Fehler war in diesem Fall, dass ich die Lage falsch eingeschätzt hatte. Ich war zuvor nämlich folgender Meinung gewesen: *Neben mir sitzt eine alte Frau, und deshalb muss ich mich mit dem Duzen beeilen.* Und das war halt mein Fehler. Sie war vielleicht 85. Vielleicht war sie sogar 95 Jahre alt, keine Ahnung. Aber auch dann wäre sie mit hundertprozentiger Sicherheit die dynamischste, agilste, lebendigste Fünfundneunzigjährige gewesen, die ich jemals in meinem Leben gesehen hatte!

Nach einer Weile wurde mir klar: *Mensch, John! Du hättest dich überhaupt nicht beeilen müssen mit dem Duzen. Denn sie wird mindestens noch zehn Jahre leben. Dicke. Kein Problem. Vielleicht sogar 20. Und 20 Jahre sind sicherlich genug Zeit, um vom »Sie« ganz gemütlich auf das »Du« umzuschwenken.*

Wenn man als Ausländer nach Deutschland kommt, ist es sehr leicht, konfus zu werden. Ich habe zum Beispiel einmal im ZDF einen Film gesehen, in dem zwei Menschen, die gerade miteinander Sex hatten, sich danach immer noch siezten. Das verwirrte mich total: Zwei Leute hatten gerade Sex. Ich weiß, dass sie Sex gehabt hatten, denn im Gegensatz zum amerikanischen Fernsehen habe ich es gesehen. Nackte Brüste, nackte Pos und andere Körperteile, die du im amerikanischen Fernsehen in eintausend Jahren nicht zu sehen bekommen würdest. In diesem Moment verstand ich endlich, was die Leute meinen, wenn sie sagen: »Mit dem Zweiten sieht man besser.« Es stimmt!

Aber deswegen verstand ich immer noch nicht, warum sich die beiden im Film immer noch siezten? Sie hatten gemeinsam »Jaaa, JAAAAAA« und »Weiter, WEITER« geschrien. Gemeinsam geschwitzt, gehechelt und dann wieder »Weiter, weiter, WEITER!« gebrüllt. Und nachdem alles vorbei war, fragte die Frau den Mann, als hätte sie ihm gerade die Steuererklärung gemacht: »Haben *Sie* Durst? Ich könnte *Ihnen* ein Glas Wasser holen.« Und ich dachte: *Sie? Ihnen? Was ist denn mit denen los?* Und dann antwortete der Mann genauso leidenschaftslos: »Ich danke *Ihnen*, aber im Moment habe ich keinen Durst.«

Ich dachte: *Mann, die hatten eben heißeren Sex als Mickey Rourke und Kim Basinger in »9½ Wochen«! Die Frau hätte doch mindestens sagen können: »Hello, ich bin die Gisela.« Und der Mann: »Angenehm, und ich der Heinz.«* Aber vielleicht hatten sie sich das nicht getraut. Vielleicht waren beide der Meinung gewesen: »Ich bin bereit für wilden Sex, aber noch nicht für die intime Du-Ebene.« Vielleicht war der Sex ja auch nicht gut genug dafür gewesen? Ganz nach dem Motto: »Erst die Arbeit, dann das Vergnügen!«

Ich war mir letztendlich nicht sicher, warum die beiden sich immer noch siezten, aber in dem Moment fasste ich folgenden Entschluss: *John, wenn du hier in Deutschland das erste Mal Sex hast und du möchtest danach die anwesende Frau duzen, dann streng dich an, John! STRENG DICH AN!*

Was mich betrifft, fällt mir auf, dass mich viele Leute heutzutage öfter siezen als duzen. Ich habe mit meinem Sohn darüber geredet – er ist Teenager, und als Teenager hat er jetzt natürlich zu allen möglichen Themen eine Meinung. Deshalb dachte ich: *Vielleicht hat er auch zu diesem Thema eine.* Ich stellte ihm also folgende Frage: »Könnte es sein, dass mich mehr und mehr Leute hier in Deutschland siezen, weil sie mich vielleicht mehr respektieren als früher?« Er überlegte kurz und antwortete dann: »Ja, das könnte sein. Aber es könnte auch sein, dass sie dich siezen, weil sie denken, du bist ein alter Sack.« Und in dem Moment war mir wieder klar: *Wie schön es doch ist, einen Teenager zu Hause wohnen zu haben!*

Aber ich befürchte, dass es zum Teil leider stimmt, was er sagte.

Den Beweis bekam ich einmal nach einem Auftritt in einer Kneipe geliefert. Und der Auftritt lief sehr gut, so gut, dass ich danach sogar den Mut aufbrachte, die schöne Kellnerin hinter dem Tresen anzusprechen. Sie war groß, attraktiv und politisch sehr interessiert. Ich wusste das, weil sie ein T-Shirt mit der Aufschrift »Fuck Bush« anhatte. Also sprach ich sie an.

»Wie geht es dir heute Abend?« Und als ich diese Frage stellte, erwartete ich so was wie: »Ganz gut. Und dir?« Ich erwartete eine Antwort, in der das Wort »DIR« vorkam, in der das Wort »DIR« eine zentrale Rolle spielte.

Sie zog lange an ihrer Zigarette, stieß ganz cool den Rauch aus und antwortete dann lässig: »Mir geht es gut. Und *Ihnen*?«

Ich war geschockt. Ich war verunsichert. Ich kam mir plötzlich fünfzig Jahre älter vor und fragte mich: *Warum siezt sie mich? Hält sie mich etwa für einen alten Sack, wie es mein Sohn schon behauptet hatte? Oder will sie nur höflich sein?* Ich hoffte Letzteres.

Ich war leicht verwirrt, irritiert und – wenn ich ehrlich

bin – auch pikiert. *Warum siezt sie mich? Sie trägt ein T-Shirt. Ich trage ein T-Shirt. Sie trägt Jeans. Ich trage Jeans. Wir sind doch beide irgendwie gleich, oder!?*

Das Problem war, dass nur ich das dachte.

Und just in dem Moment, als ich annahm, es konnte nicht mehr schlimmer kommen, kam es schlimmer. Sie fragte mich: »Wie alt sind *Sie* überhaupt?« Aber nicht in der Art und Weise, um zu checken, ob ich alt genug war, um Alkohol zu trinken. Mit leichter Verzögerung antwortete ich leise: »Ich bin Mitte vierzig …« Und hoffte auf Gnade.

»MITTE VIERZIG?«, wiederholte sie erstaunt.

»Ja«, sagte ich kleinlaut.

Und dann versetzte sie mir den Todesstoß, indem sie feststellte: »Mensch, *Sie* sind ja sogar älter als mein Vater.«

Wie geht's? / How are you?

Was ist bloß mit meinen amerikanischen Landsleuten los? Sie fragen mich »Wie geht's dir?« und hauen dann ab, bevor ich überhaupt Zeit habe, richtig zu antworten. In solchen Situationen komme ich mir wirklich deutsch vor und merke, wie sehr ich mich in den letzten Jahren doch verändert habe.

Ich war vor ein paar Jahren auf einer amerikanischen Hochzeit eingeladen und traf dort einen alten Freund, den ich lange Zeit nicht mehr gesehen hatte. Ich fragte ihn, wie es ihm ginge und er antwortete: »Great! And you?« Bis dahin lief alles noch ganz glatt. Aber dann fragte er mich nach meinem Befinden. Und während ich anfing, ihm von meinen Rückenproblemen zu erzählen, merkte ich, dass er mir bereits nicht mehr zuhörte. Nein, das stimmt nicht. Das konnte er gar nicht mehr, denn er war zu diesem Zeitpunkt bereits wieder verschwunden, einfach fortgegangen, wahrscheinlich mit dem Gedanken: *Ich kann mich nicht so lange bei diesem Typen aufhalten. Ich muss noch fünfzig andere Leute fragen, wie es Ihnen geht.* Dabei wollte ich gar nicht so viel von seiner kostbaren Zeit in Anspruch nehmen. Vielleicht nur eine halbe Stunde. Mehr nicht. Ich wollte ihn nur kurz über meinen gesundheitlichen Zustand informieren. Und noch ein bisschen über Deutschland reden und vielleicht noch ein bisschen über Politik und Global Warming. Mehr nicht. Die Highlights halt.

Das ist es gerade, was ich an Deutschland so liebe: Wenn dir hier jemand eine Frage stellt, dann will diese Person wirklich eine Antwort bekommen. Sonst hätte sie die Frage nicht gestellt. Und schnell habe ich gelernt, dass diese Antwort nicht knapp ausfallen darf. Nein, nein, hier in Deutschland erwartet man eher Thomas Mann'sche Ausmaße, wie es sich für das Land der Dichter und Denker gehört. Diese Tatsache bekam ich gleich nach meiner Ankunft in Deutschland zu spüren. Menschen, die ich kennenlernte, stellten mir Fragen wie:

»Wo kommen Sie her, Herr Doyle?«

»Was machen Sie in Deutschland, Herr Doyle?« und

»Wann gehen Sie wieder zurück, Herr Doyle?«

Und bei all diesen Fragen merkte ich sehr schnell, dass tatsächlich ausführliche Informationen erwünscht waren. Diese Leute wollten keine Floskeln von mir hören wie »Germany is great!« oder »Germany is fantastic!«. An einem verregneten Tag wartete ich an einer Haltestelle auf den Bus. Um die peinliche Stille zu durchbrechen, fragte ich einen ebenfalls wartenden Mann: »Why does it rain so much in Germany?« Wenn der Typ Amerikaner gewesen wäre, hätte er vermutlich geantwortet: »I also hate it when it rains.« Aber weil er Deutscher war, antwortete er: »Das hat mit dem Tief Detlef zu tun, das wegen der hohen Temperaturen im Mittelmeerraum viel Feuchtigkeit aufnimmt.« Ich dachte nur: *Ja, genau. Tief Detlef. Wegen der Feuchtigkeit. Und der hohen Temperaturen im Mittelmeerraum.* Ich verstand kein Wort. Aber das Ganze klang trotzdem ziemlich überzeugend.

Jahre später lief im Fernsehen ständig dieser Werbespot, in dem Helmut Markwort, Chef des Focus-Magazins, predigte: »Fakten, Fakten, Fakten – und an die Leser denken.« Mir war damals wie heute klar: Die Deutschen haben ein echtes Bedürfnis nach Fakten! Und weil das so ist, schauten mich früher viele Leute total komisch an. Auf Partys zum Beispiel, wenn ich ihnen nur mitteilte: »Ich komme aus New Jersey« und dann schwieg. Heute weiß ich, warum das nicht so gut ankam. Nicht weil die anderen Gäste komisch drauf oder – wie wir Amerikaner sagen – »strange« waren, sondern weil sie halt ein ausgeprägtes Faktenbedürfnis hatten, ein riesiges Faktenbedürfnis. Deswegen schauten sie mich auch immer an, als wollten sie gleich sagen: »Hast du uns nicht mehr zu sagen, als dass du aus *New Jersey* kommst?« Damals war ich sozusagen »lost in space«.

Aber *heute* weiß ich Bescheid. *Heute* bin ich im Bilde. *Heute* habe ich den Dreh raus! Wenn ich heute auf Partys gehe und Leute mich nach meiner Heimat fragen, dann antworte ich nicht einfach nur »New Jersey«, sondern: »Ich komme aus New Jersey, dem viertkleinsten Bundesstaat der USA, der übrigens – und das finde ich sehr interessant – nach der englischen Kanalinsel *Jersey* benannt wurde.« Und wenn ich nur eine Sekunde lang den Eindruck habe: *Nein, John, das reicht denen nicht aus. Sie brauchen noch mehr Fakten*, dann packe ich den Faktenfetischisten in mir aus und informiere meine Zuhörer über New Jerseys

– Bevölkerungsdichte,
– Bodenschätze,
– Verkehrsanbindungen und
– Gesamtfläche von 22 588 qkm. Und dass davon 3377 qkm Gewässer ausmachen.

Und wenn ich dann fertig bin, denke ich oft: *Mensch, John, du bist echt deutsch geworden!*

Geplauder / Smalltalk

Was ist bloß mit mir los? Ich kann nicht mal mehr ein richtiges Smalltalk-Gespräch führen. Früher, als ich ausschließlich in Amerika lebte, konnte ich stundenlang zum Beispiel über das Wetter reden. Und jetzt halte ich keine fünf Minuten durch. Schon nach zwei Minuten ertappe ich mich bei dem Gedanken: I can't believe it! Why am I still talking about the stupid weather?

Dazu muss man eines wissen: Wenn Amerikaner eine Sache gut können, dann sind es Smalltalks. Man wartet auf den Bus, steht im Aufzug oder sitzt in der Cafeteria, und sobald eine peinliche Stille entsteht, gibt es immer einen Smalltalk, um sich aus der unangenehmen Situation zu retten. Und wenn man sonst nicht weiß, was man sagen soll, kann man immer auf das Smalltalk-Thema Nummer Eins in Amerika zurückgreifen: auf das *Wetter*. Denn bei diesem Thema sind die Smalltalk-Einstiegsmöglichkeiten schier unendlich. Hier ein paar englische Beispiele mit deutscher Übersetzung:

»It's raining cats and dogs!«/»Es regnet Bindfäden.«

»It sure would be nice to be in Hawaii right about now!«/»Es wäre schön, jetzt auf Hawaii zu sein.«

»I hear they're calling for thunderstorms all weekend.«/»Ich habe gehört, dass es das ganze Wochenende lang Gewitter geben wird.«

»We couldn't ask for a nicer day, could we?«/»Wir hätten uns keinen besseren Tag wünschen können, oder?«

Und noch mein Lieblings-Wetter-Smalltalk-Einstieg …

»Did you order this sunshine?«/»Haben Sie diesen Sonnenschein bestellt?«

Aber Amerikaner reden nicht nur über das Wetter, wenn sie unter Fremden sind und peinliche Pausen vermeiden wollen. Sie reden auch über Promis und Sport. Und über Promis, die mit Sportlern schlafen. Und über Sportler, die mit Promis schlafen. Aber meistens reden sie nur über die Promis und die Sportler, die mit niemandem schlafen, denn das Thema *Beischlaf* birgt im Zusammenhang mit der Smalltalk-Ebene in Amerika sehr viele Risiken. Besonders, wenn man in Amerika mit streng gläubigen Menschen redet. Denn Fragen wie »Können Sie mir einen guten Sex-Film empfehlen?«, kommen bei solchen Menschen meistens nicht so gut an.

Aber Smalltalk in Amerika ist nicht nur da, um peinliche Pausen zu überbrücken. Smalltalk ist auch dazu da, um Komplimente zu machen. Komplimente wie »Deine neue Frisur ist toll! Wo hast du dir die Haare schneiden lassen?« Aber an dieser Stelle sage ich dreimal »Achtung! Achtung! Achtung!«, denn Komplimente, die sich direkt auf bestimmte Körperparts beziehen, sind zwar erlaubt, wenn auch nur mit Einschränkungen. Man darf natürlich sagen: »Mensch, du siehst super aus! Hast du abgenommen?« – was in Amerika immer gut ankommt. Und vor allem, wenn die betreffende Person überhaupt nicht abgenommen hat. Aber solche Komplimente dürfen NIE – und wenn ich NIE sage, meine ich wirklich NIE – in eine sexuelle oder sexistische Richtung gehen. Das heißt, wenn Jane aus der Buchhaltung plötzlich in Stöckelschuhen und einem engen Kleid mit tiefem Ausschnitt zur Arbeit erscheint, darf man als Amerikaner – auch wenn man nur die peinliche Stille umgehen will – weder anerkennend pfeifen noch Dinge sagen wie: »Mensch, Jane, siehst du heute scharf aus!« Denn bevor Sie das Wort »scharf« überhaupt ausgesprochen haben, haben Sie eine Klage am Hals wegen sexueller Belästigung.

Ein Kölner Kumpel fragte mich einmal, ob er in den USA zu einer schönen Kollegin »lecker Mädchen« sagen dürfte. »Ja, natürlich«, antwortete ich ihm. »Aber nur wenn du deinen Job sofort loswerden willst.«

Wenn sich Amerikaner kennenlernen und noch nicht wissen, wie die andere Person politisch, sozial oder sexuell so drauf ist, dann steigt man ziemlich »small« ein, daher der Begriff *Smalltalk.* Hier in Deutschland führt man natürlich auch Smalltalk, aber im Gegensatz zu meinem Heimatland habe ich das Gefühl, dass *German Smalltalk* nicht so richtig *small* ist. Sondern oft ziemlich groß. In manchen Fällen sehr groß. Das liegt meines Erachtens daran, dass Deutsche große Probleme mit der amerikanischen Art von Smalltalk haben. Sie empfinden ihn als belanglos und unbedeutend, und als eine sehr ineffiziente Art zu kommunizieren. Mein kanadischer Kumpel Don, der seit Jahren in Deutschland lebt und Business-Englisch in Düsseldorf unterrichtet, hat mich in diesem Punkt bestätigt und meinte noch zu diesem Thema: »Deutsche sind sehr effiziente Menschen und deswegen ist für sie Smalltalk, wie er in Amerika praktiziert wird, schlicht und ergreifend nicht der Rede wert.«

Nach einem Comedy-Auftritt in Berlin vor nicht allzu langer Zeit saß ich zum Beispiel mit meinen Freunden und Kollegen und deren Bekannten in einem schönen Restaurant. Und weil viele von uns einander nicht kannten, war das eine perfekte Gelegenheit, ein bisschen Smalltalk mit der Runde zu betreiben, um die Stimmung ein bisschen aufzulockern. Und Smalltalk war genau das, was ich zu hören bekam, aber nicht zu leichten Themen wie Sport, Wetter und neuen Kinofilmen, sondern mehr zu politischen wie Kriege, Menschenrechte und amerikanische Internierungslager auf Kuba. Stefanie fragte mich total nonchalant, bevor ich überhaupt wusste, dass sie »Stefanie« hieß (und sie, dass ich John war): »Und was macht ihr Amis überhaupt in Guantánamo?« Ich war leicht verdutzt und fragte mich: *Versteht man so was hier in Deutschland auch unter Smalltalk?* Und dann kam auch schon Stefanies zweite Smalltalk-Frage: »Und wie kann man in Amerika überhaupt zweimal Bush wählen?« Bevor ich ihr antworten konnte: »Es gibt sogar Leute, die hätten ihn ein drittes Mal gewählt, wenn das laut Verfassung nicht verboten gewesen wäre«, fügte sie hinzu: »Übrigens, ich bin die Stefanie, die Freundin von Oliver.«

Sprache / Language

Ich mag die deutsche Sprache. Und ich mag es auch, wie sie klingt. Und ich weiß, dass es Menschen gibt, die Deutsch als hart und aggressiv empfinden. Manche von ihnen behaupten sogar, sie würden die deutschen Truppen wieder hören, die damals überall einmarschiert waren. Diese frage ich dann: »Und was ist mit Wörtern wie ›Hallöchen‹ oder ›Tschüsschen‹ oder ›Käffchen?‹« Denn bei solchen Wörtern vernehme ich überhaupt keine Truppen, die irgendwo einmarschieren. Und was ist mit Sätzen wie »Na, du?«, »Alles klar, du?« und »Geht's dir gut, du?« Da höre ich höchstens ein paar Zivildienstleistende, die meckern, weil sie am Wochenende im Krankenhaus arbeiten müssen. Aber mehr nicht.

In Amerika hat die deutsche Sprache glaube ich, diesen Ruf, zum größten Teil wegen der zahlreichen Kriegsfilme, mit denen viele Amerikaner aufwachsen. Denn in solchen Filmen hören sich die Dialoge ungefähr so an: »Achtung, hier kommen die amerikanischen Schweinehunde! Achtung!« Und dann schreien die amerikanischen GI's: »Watch out, here come the Krauts!« Und zwischendurch hört man einen deutschen Soldaten – auf Englisch mit starkem deutschen Akzent – in die Richtung der Feinde schreien: »VEE VANT TO KILL YOU, Schweinehunde. VEE VANT TO KILL YOU, Schweinehunde!«

Zwischendurch vernimmt man kein »Hallöchen« oder »Tschüsschen« oder »Möchte jemand ein leckeres Käffchen?«

Und das obwohl solche Wörter und Sätze genauso zur deutschen Sprache gehören.

Viele dieser Kriegsfilme werden nach wie vor im amerikanischen Fernsehen gezeigt. Vor allem wenn man an einem unserer wichtigsten Feiertage – am Memorial Day, an dem der im Krieg gefallenen Soldaten gedacht wird – den Fernseher einschaltet, dann hört man oft den ganzen Tag nichts anderes. Einige TV-Sender veranstalten an diesem letzten Montag im Mai sogenannte *World War II-Marathons*, mit Filmen wie *The Great Escape, Stalag 17, The Dirty Dozen, A Bridge Too Far, The Bridge at Remagen, Battle of the Bulge, The Big Red One, The Desert Fox, Kelly's Heroes* und *The Young Lions*. Manchmal schaue ich mir auch solche Filme an, aber nur wenn ich in Amerika zu Besuch bin. Sorry, alte Gewohnheit. Und jedes Mal, wenn es in einem Film eine Szene gibt, in der Soldaten Kaffee trinken, denke ich nicht an Begriffe wie »Blitzkrieg«, »Schweinehund« oder »Achtung!«, sondern an viel schönere Sätze wie: »Draußen gibt's nur Kännchen!«

Reist man als Amerikaner selbst nach Deutschland, merkt man schnell, dass die deutsche Sprache so viel mehr zu bieten hat als solche Sätze. Vor allem wenn man ein bisschen durch das Land fährt, dann erlebt man regionale Sprachbesonderheiten, die sehr wenig mit »Härte« zu tun haben. Zum Beispiel brauche ich nur über die bayerische Landesgrenze zu fahren und den bayerischen Dialekt zu hören, dann habe ich das Gefühl, eine Art »Sprach-Massage« gratis zu bekommen. Die lang gezogenen bayerischen Vokale sind fast so entspannend wie eine Ganzkörper-Massage! Aber ich brauche nicht einmal nach Bayern zu fahren, um dieses »Massage«-Gefühl zu bekommen. Wenn ich den Fernseher einschalte, bekomme ich mit nur ein bisschen Glück denselben Effekt, nämlich dann, wenn ich Franz Beckenbauer sehe und – vor allem höre.

Aber Bayern ist nicht der einzige Ort, an dem man nicht sofort an Härte denkt, wenn man die regionale Sprachfärbung hört. Wenn ich zum Beispiel nach Sachsen fahre, denke ich auch nicht daran. Wenn ich diesen Dialekt höre, denke ich überhaupt nicht an Härte, sondern viel eher an Comedy. Aber nicht im negativen Sinn wie »Mensch, klingen die blöd«, sondern viel mehr in dem positiven Sinne »Mensch, sind die mutig«. Und weil Deutsch in der internationalen Wahrnehmung längst viel mehr ist als nur ein Lieferant für WWII-Sprüche, verwendet man mittlerweile fast überall auf der Welt deutsche Begriffe. Wenn eine Amerikanerin ihr Kind morgens zum Beispiel in den »Kindergarten« schickt, sagt sie zum Abschied: »Have fun in kindergarten today, honey!« Und von denjenigen, die das hören, denkt keiner: *Why is she sending her daughter to the kindergarten? Doesn't she love her?* Oder wenn die New York Times einen Artikel über junge Skateboard-Fahrer bringt und darin das Wort »Zeitgeist« benutzt, um das Lebensgefühl dieser Menschen zu beschreiben, zuckt keiner in Amerika zusammen und denkt: *Why such a hard sounding German word? Isn't there enough pain and suffering in this world?* Und selbst das englische Wort »Okay«, das wir Amerikaner mindestens 8000 Mal am Tag benutzen, könnte einen deutschen Ursprung haben. Manche meinen, dass das Wort sogar einen bayerischen Ursprung hätte und die Abkürzung für »Ois klar!« wäre. Andere dagegen behaupten, dass das Wort seinen Ursprung im japanischen »okai« hätte. Wieder andere sind davon überzeugt, dass »okay« von dem Sioux-Indianer-Wort »Okey« stammt, was so viel bedeutet wie »die Luft ist rein«.

Keine Ahnung, was stimmt, aber ich bin mir hundertprozentig sicher, dass die Erklärung zu »Okey« sich ziemlich überzeugend anhört.

Um meiner Meinung nach eine Fremdsprache richtig zu erlernen – sei es Deutsch oder Englisch oder von mir aus Urdu oder Kisuaheli –, muss man, natürlich auf einer metaphorischen Ebene gesprochen, richtig große »Eier« haben. Auf Spanisch würde man »cahones« dazu sagen, auf Englisch »balls«. Aber sagen wir, um ein bisschen vom Unterleibsbereich wegzukommen: Man muss einfach gute Nerven haben. Diese braucht man besonders, wenn man – wie es bei mir der Fall war – erst als Erwachsener eine Fremdsprache lernt. Denn wenn man jung ist und sprachliche Fehler macht, wirkt es irgendwie niedlich. Man plappert als Kleinkind irgendwas nach und wird gefeiert, als hätte man gerade ein Gedicht von Goethe auswendig aufgesagt. Aber als Erwachsener passiert das selten. Ganz selten. Wenn man Glück hat, wird man höchstens nur ab und zu ein bisschen blöd angeguckt.

Ich kam mir ziemlich oft blöd vor, als ich erst mit Mitte zwanzig mit dem Deutschlernen anfing. Zwar wusste ich meistens genau, was ich – auf Englisch natürlich – sagen wollte, war aber dann nicht in der Lage, das auf Deutsch auszudrücken. Auf Partys war es besonders schlimm. Denn irgendwo saßen immer irgendwelche Leute auf irgendwelchen Sofas, die sich über alle möglichen Themen unterhielten. Sie waren in Gespräche vertieft, an denen ich gerne teilgenommen hätte. Gespräche über Politik, tolle Urlaubsorte oder Krankheiten, die man im Laufe der Jahre so kriegt.

Auf so einer Party habe ich einmal ein Gespräch mitangehört, in dem es, glaube ich, um Frösche ging. Und um

Tunnels, die man extra für sie bauen wollte, damit Autos sie nicht überfahren würden, während sie versuchten, über die Straße zu hüpfen. Aber an diesem Gespräch konnte ich wegen meiner großen Sprachmängel nicht teilnehmen. Dafür fehlten mir doch einige wichtige Wörter. Wörter wie »Frösche«, »Tunnels«, »überqueren«, »überfahren«, »bauen« oder »Straße«. Na ja, fast alle Wörter halt – bis auf das Wort »Auto« und »sie« …

Mein Freund Michael kommt aus Kanada und lebt ebenfalls seit Jahren in Deutschland. Neulich erzählte er mir eine Geschichte, die exakt dieses Problem verdeutlicht.

Als großer Opernfan sieht er sich so viele Aufführungen wie möglich an. Begleitet wurde er einmal von einem deutschen Bekannten, der ebenfalls ein begeisterter Fan und Kenner der Oper ist. Dieser ist aber im Gegensatz zu meinem ziemlich lockeren Kumpel eher verkrampft und zugeknöpft. Okay, so weit, so gut.

Als die Vorstellung in vollem Gange war, waren beide völlig in ihrem Element: Sie summten bei den verschiedenen Arien mit. Sie klatschten an den richtigen Stellen. Alles war in bester Ordnung.

Bis die Pause kam. Plötzlich war nichts mehr in Ordnung. Gar nichts. Denn als Michael zum Ausdruck bringen wollte, dass er das dringende Bedürfnis verspürte, auf die Toilette zu gehen, fiel ihm plötzlich die entsprechende Satzformulierung nicht ein. Hätte er bis dahin mehr Zeit zum Deutschlernen gehabt, hätte er vielleicht gesagt: »Entschuldigen Sie bitte, aber ich bin gleich wieder zurück.« Oder: »Entschuldigen Sie bitte, aber ich muss mal kurz verschwinden.« Oder einfach nur »Entschuldigen Sie bitte, aber ich MUSS mal!« Aber solche Sätze fielen ihm in jenem Moment nicht ein. Und während er über eine passende Formulierung nachdachte, wurde sein Bedürfnis immer größer. Bis er es nicht mehr aushalten konnte und aus der rein körperlichen Not heraus rief: »Entschuldigen Sie bitte, aber ich muss pissen.«

Blöd war Michael natürlich nicht. Er wusste sehr wohl, dass man diesen Satz eher selten in der Oper hört. Besser gesagt, *nie*! Aber er hatte echten Handlungsbedarf! Und Handlungsbedarf hatte auch sein deutscher Bekannter, der ihn in dem Moment sehr ernst ansah und dann meinte: »Entschuldigen Sie bitte, aber das Wort ›pissen‹ hat in der Oper nichts zu suchen! Rein gar nichts.« Und dann verschwand er noch vor Michael auf dem Klo.

Wochen später erlebte Michael eine ganz ähnliche Situation. Aber diesmal bei einem Fußballspiel. Kurz vor Beginn musste er wieder auf die Toilette. Dieses Mal wollte er aber keinen Fehler machen und überlegte deswegen ganz genau, was er sagen sollte. Während er angestrengt nachdachte und gleichzeitig versuchte, sich sein dringendes Bedürfnis offensichtlich zu verkneifen, fragte ihn lallend ein betrunkener Fußballfan: »Hey, Alter, musst du pissen oder was?«

Im Grunde hat mein Freund in der Oper richtig gehandelt, denn: Wer nicht wagt, gewinnt nicht. Oder wie wir Amis sagen: »Nothing ventured, nothing gained!« Ich befolgte nämlich von Anfang an folgende Regel: Wenn man eine Fremdsprache lernt, egal welche, ist es sehr wichtig, extrem wichtig sogar, einfach draufloszureden. Das heißt: mit der Sprache, so gut es geht, zu spielen.

In meinem Deutschkurs fragte die Lehrerin die Klasse eines Tages: »Leute, was kann man alles in einem Supermarkt kaufen?« Und die meisten aus dem Kurs antworteten: »Man kann Milch kaufen.« »Man kann Brot kaufen.« »Man kann Kartoffeln kaufen.«

Halt die üblichen langweiligen Sätze. Als ich an der Reihe war, behauptete ich ganz selbstbewusst und voller Überzeugung: »Ich liebe Kartoffeln. Und ich habe das Gefühl, dass sie mich auch lieben.«

Bei solch schrägen Antworten guckten mich meine Mitschüler immer an, als wäre ich auf Drogen gewesen. Und die Lehrerin guckte genauso. Aber es war mir egal, denn ich war von Anfang an der Meinung: Nur derjenige, der mit der fremden Sprache spielt, kann eine fremde Sprache richtig lernen.

Andere Leute aus meinem Kurs hatten eine ganz andere Philosophie, was das Deutschsprechen anging. Sie lautete: Ich sage auf Deutsch nur etwas, wenn ich mir hundertprozentig sicher bin, dass das, was ich sage, richtig ist. In der Folge bedeutete das, dass diese Leute meistens schwiegen. Im Unterricht waren sie nur in der Lage, Sätze zu sagen wie: »Mein Name ist Bill« oder »Mein Name ist Nancy, und ich komme aus den USA.« Und dann gingen sie auf deutsche Partys und waren total unglücklich, denn auf die Frage: »Was hast du für Hobbys, Bill?« Oder »Was hast du für Lieblingsfilme, Nancy?« konnten sie nur ihren Namen sagen und maximal hinzufügen woher sie kamen. Und zu ihrer Beziehung zu Kartoffeln konnten sie – im Gegensatz zu mir – gar nichts sagen.

Ein Freund namens Marc aus Salt Lake City, Utah, den ich damals in meinem Kurs kennengelernt hatte, sagte mir oft: »Mann, ich traue mich nicht, Deutsch zu sprechen, denn ich komme mir dann so dumm vor.« In solchen Situationen versuchte ich ihn immer, so gut es ging, aufzubauen. Mit Sätzen wie

»Hey, Mann, trau dich einfach!«,

»Geh einfach aus dir heraus!«

»Auf Englisch klingst du auch nicht so wahnsinnig intelligent.«

Übrigens: Wir sind trotzdem immer noch gut befreundet …

Ich denke, man kann viel von kleinen Kindern lernen, wenn es generell um das Erlernen einer Sprache geht. Als mein Sohn Joshua zum Beispiel noch ganz klein war, übte er von früh bis spät. Das Rausplappern neu gelernter Wörter war seine Hauptbeschäftigung. Ganz der Papa! Eine Weile waren »Mama« und »Papa« seine Lieblingswörter. Und dann kam das Wort »Autobahn« dazu. Und weil er diese Wörter so liebte, übte er deren Aussprache überall: Im Park, in der Straßenbahn und sogar auf der Autobahn. Wir fuhren zum Beispiel einmal auf die A4 bei Köln, und als er merkte, dass wir tatsächlich auf der Autobahn waren, schrie er »AUTOOOOOBAAAAAAAAAAAAAHHHHN!« Ich erschrak so sehr, dass ich fast einen Unfall gebaut hätte, was bei meiner Frau ein »Pass doch auf, wo du hinfährst« und bei meinem Kind ein zweites »AUTOOOOO-BAAAAAAAAAAAAAHHHHN!« auslöste.

Ein anderes Mal saßen wir in einer vollen Straßenbahn in Köln, und kurz nachdem wir eingestiegen waren, quakte er wieder los: »Mama, Papa, Autobaaaahn. Mama, Papa, Autobaaaahn.« Und dann wieder: »Mama, Papa, Autobaaaahn. Mama, Papa, Autobaaaahn.« Erstaunlicherweise waren die Reaktionen der Fahrgäste durchweg sehr positiv. Einige sagten: »Wie süüüüüüüß!«, und: »Wie schön er schon sprechen kann!« Sogar ein älterer Herr meinte anerkennend: »Was du schon alles sagen kannst, junger Mann! Nicht nur ›Mama‹ und ›Papa‹, sondern auch ›Autobahn!‹«

Um ehrlich zu sein war ich in diesem Moment sehr neidisch auf meinen Sohn. Denn als Erwachsener kriegst du nicht so schnell Komplimente, wenn du deine Deutschkenntnisse anwendest. Stellen Sie sich vor: Es ist morgens um halb neun. Beginn der Arbeitswoche. Der Bus ist extrem voll und du rufst als Ausländer, der unbedingt sein Deutsch verbessern möchte, in die Menge: »Ich liebe Kartoffeln!« Und dann wieder: »Ich liebe Kartoffeln!«, damit es auch alle in den hinteren Reihen des Busses hören können. Dann würden die anderen Fahrgäste wahrscheinlich weniger sagen: »Mensch, ist der süüüüüüüß!«, »Oh, wie schön er schon sprechen kann« oder »Er kann nicht nur ›Kartoffel‹ sagen, sondern auch, dass er sie liebt«. Die meisten würden wahrscheinlich viel eher denken: *Mensch, das ist ein Spinner. Schnell raus hier!*

Vollständigkeitshalber möchte ich an dieser Stelle auch erwähnen, dass Joshua glücklicherweise kurz danach noch ganz andere Wörter lernte, denn mit »Mama, Papa, Autobahn« kommt man im Leben bestimmt nicht sonderlich weit. Eines dieser neuen Wörter, auf das er sehr stolz war und deswegen oft benutzte, war das Wort »Bonbon«.

Wir waren gerade mit meinen Verwandten aus Amerika bei einem Weihnachtskonzert im Berliner Konzerthaus am Gendarmenmarkt, als Joshua mitten in einer kurzen Pause innerhalb eines Liedes schrie: »BOMBOM.« So laut, als hinge sein Leben davon ab. Es hallte richtig im Konzerthaus. Meine Frau erkannte sofort den Grund: »Er schreit ›Bombom‹, weil er Hunger hat! Wir müssen Joshua schnell etwas zu essen geben, oder er wird sich wieder zum falschen Zeitpunkt zu Wort melden.« Ich war eher erleichtert und dachte: *Na ja, wenigstens hat er nicht »Autobahn« geschrien!*

Die Reaktionen der Zuschauer waren genau so wie die

damals in der Straßenbahn. Einige lächelten, einige lachten und dachten wahrscheinlich: *Ist er nicht süß!* oder *Wie schön der Kleine schon sprechen kann!* Bestimmt hatte aber keiner gedacht: *Schnell raus hier! Irgendein Spinner hat gerade »BOMBE« geschrien!*

Na ja, hier sieht man, welche großen Vorteile es hat, wenn man noch als Kleinkind eine Sprache lernt. Wenn man allerdings schon erwachsen ist und immer noch eine Fremdsprache lernen will, muss man dorthin gehen, wo diese gesprochen wird. Vor allem muss man gut zuhören. Ich finde es besonders erstaunlich, wie viel man hier in Deutschland lernen kann, wenn man sich in öffentlichen Räumen aufhält. Deshalb ging ich früher oft in Cafés, wo viele Rentner anzutreffen waren. Denn wenn man jeden Tag dort auftauchte, wurde man auch irgendwann von ihnen angesprochen. Und dann wiederum irgendwann den anderen Gästen vorgestellt, und so lernte ich nicht nur Deutsch zu sprechen, sondern noch viel mehr. Zum Beispiel hat mir Heinz den Satz beigebracht: »Draußen gibt's nur Kännchen!« Meine erste Reaktion war: »Entschuldigung, Heinz, aber was bedeutet das überhaupt?« Er hat es mir erklärt. Eine halbe Stunde lang. Und als er damit fertig war, kam ich mir irgendwie privilegiert vor. Denn wie viele Amerikaner werden heutzutage schon in die größten Geheimnisse der deutschen Sprache eingeweiht?

Letztendlich kannst du überall Deutsch lernen, wenn du nur Augen und Ohren aufsperrst. Zum Beispiel in der Deutschen Bundesbahn. Da ich schon damals oft mit dem Zug unterwegs war, lernte ich schnell Sätze wie: »Wir bitten Sie um Ihr Verständnis« und »Leckere Speisen erwarten Sie in unserem Bordrestaurant«.

Von netten Punkern lernte ich: »Hast du einen Euro?« oder »Können Sie mir aus meiner momentanen finanziellen Notlage helfen?« und »Schönen Tag noch!«

Von Tagesschau-Moderatoren: »Guten Abend, meine sehr verehrten Damen und Herren« und »Jetzt die Lottozahlen«.

Beamte lehrten mich schnell das Wort »Mahlzeit« und die Aufforderung »Erst anklopfen!« oder »Bitte warten Sie draußen, bis Sie aufgerufen werden!« Und halb nackte Frauen aus der Fernsehwerbung brachten mir die Sätze »Ruf mich an!«, »Mach mich nass!« oder »Eine Oma will dich verwöhnen« bei.

Okay, zugegeben. Solche Sätze sind im ganz normalen Alltag ziemlich schwer unterzubringen, aber ich gab mir damals zumindest viel Mühe.

Ich finde es herrlich, dass so viele Menschen hier in Deutschland Englisch sprechen. Darüber hinaus wirken viele auch noch sehr bescheiden, wenn sie darauf angesprochen werden. Wenn ich früher einen Deutschen fragte: »Excuse me, but do you speak English?« dann hörte ich auf meine Frage nicht »Nein« oder »Yes, of course«, sondern »Just a little bit«. Und dann unterhielt ich mich mit eben diesen Leuten sofort sehr lebhaft und stellte fest: *Shit! They speak better English than me!*

Ich glaube tatsächlich, dass viele Deutsche die englische Sprache sehr gut beherrschen wegen der vielen Touristen, die sie die ganze Zeit fragen: »Excuse me, but do you speak English?« Ich selbst höre diesen Satz fast jeden Tag, wenn ich in Deutschland unterwegs bin und in den meisten Fällen von meinen eigenen Landsleuten. Amerikaner sind sicherlich die Nr. 1 aller Englischsprechenden, wenn es darum geht, andere Völker zu fragen, ob sie ihre Sprache sprechen. Jedes Jahr fliegen zum Beispiel Tausende von Amerikanern nach Ägypten, um sich trotz Terrorgefahr und Verschleppungsangst die Pharaonengräber, Cleopatra und die Pyramiden anzuschauen. Und auf diesen Ausflügen löchern sie oft die Einheimischen, immer wieder mit derselben Frage: »Excuse me, but do you speak English?« Ich weiß, wovon ich spreche: Ich war auch einmal in Ägypten und habe ständig dasselbe getan.

Wenn wir Amerikaner Osama bin Laden irgendwann in die Finger kriegen würden, könnte ich mir vorstellen, dass das Erste, was wir ihn fragen würden, wäre: »Excuse me, Osama, but do you speak English?«

Kaum vorzustellen, dass andere Ausländer das genauso oft tun würden. Iraner zum Beispiel, die Urlaub in Montana machen und fragen: »Excuse me, but do you speak Farsi?« Oder Pakistaner, die ihre Verwandten in New York City besuchen und die Kassiererinnen im Supermarkt ansprechen mit: »Excuse me, but do you speak Urdu?«

Wir Amerikaner können froh sein, dass es hier in Deutschland so viele Menschen gibt, die nicht nur Englisch sprechen, sondern auch total viel Lust haben, ihre Englischkenntnisse anzuwenden. Ich habe hier oft die Erfahrung gemacht, wenn ich Einheimische mit »Sprechen Sie Englisch?« ansprach, dass sich die Leute nicht erschreckten, sondern vermutlich eher dachten: *Prima, noch ein Amerikaner, mit dem ich mein Englisch üben kann!* Ich nehme an: Wenn meine Muttersprache Arabisch wäre oder Urdu, würde es wohl seltener vorkommen, dass Leute zu mir sagten: »Phantastisch! Du sprichst Urdu? Ich auch!«

Ja, mit der englischen Sprache gelingt alles viel leichter. Sogar heute ergeht es mir noch so: Sobald die Deutschen meinen Akzent hören, wollen sie mit mir nur Englisch sprechen. Und das führt dazu, dass ich mich mit allen möglichen Menschen über alle möglichen Themen auf Englisch unterhalte. Ich rede über Politik, über Filme. Sogar über das *Waldsterben*.

Das passierte das erste Mal auf einer Studentenparty. Eine Studentin saß neben mir auf einem Sofa, und nachdem ich sie gefragt hatte: »How are you?«, antwortete sie ebenfalls auf Englisch: »I feel very bad …« – dann drehte sie sich ganz zu mir um – »about Waldsterben.« Dann fragte sie mich nach meiner Meinung. In diesem Moment wünschte ich mir, ich hätte eine Meinung zum Thema Waldsterben gehabt, aber ich wusste nicht einmal, was das war. Aber bevor ich irgendetwas hätte antworten können, fuhr sie einfach fort: »Waldsterben is very important for me. *It is very important for me.* And I will tell you why!« Und dann fing sie an zu reden und zu reden, und nach zehn Minuten war sie immer noch am Reden. Und ohne es zu wissen, befand ich mich geradewegs in meiner ersten Arbeitsgruppe. Und als sie endlich fertig war, war ich wie erschlagen und stimmte ihr zu: »Oh, yes! I also feel very bad … – about Waldsterben!«

Ich rate Ihnen, liebe Leser: Wenn Sie Ihre Englischkenntnisse verbessern wollen, dann fliegen Sie bitte nach Amerika, denn Amerika bietet Ihnen nicht nur das kostenlose Üben der englischen Sprache – oder sagen wir einer guten Version davon –, sondern auch viel positive Energie und Begeisterungsfähigkeit, was beides beim Erlernen einer Fremdsprache ziemlich wichtig ist.

Und wenn man richtig aufpasst, registriert man die kleinen Sprüche im Alltag, die Amerikaner nur gegenüber anderen Amerikanern machen. Und deswegen ist mein Ratschlag für alle, die ihre Englischkenntnisse auf die nächste Sprachebene heben wollen: Hinfliegen, hinhören, merken und bei der ersten Gelegenheit selbst anwenden. An dieser Stelle hier ein paar Anregungen von mir.

In vielen Alltagssituationen hört man in Amerika den Ausspruch: »Oh, my God!« Jedes Mal wenn ich meine alte Heimat besuche, bin ich nicht nur überrascht, dass man ziemlich oft diesen Ausruf hört. Ich bin auch ziemlich überrascht über die verschiedenen Möglichkeiten, wie man »Oh, my God« anwenden kann. Wenn man beispielsweise »Oh, my God« schnell ausspricht, bedeutet das: Ich bin überrascht und gleichzeitig begeistert, nach dem Motto: »Oh, my God«, das ist nicht meine Hauptspeise, sondern erst meine Vorspeise? »Oh, my God!«

Und dann gibt es die langsame »Oh-my-God«-Version. Ausgesprochen »Oooo-myyyy-Goooood!« Diese verbindet das Verärgertsein mit moralischer Entrüstung. Man stellt das Auto ab, und wenn man zurückkommt, merkt man: »Irgendein Arsch hat mein Auto angefahren!« Und dazu sagt man dann: »Oh-my-God!«, was so viel bedeutet wie: »Wenn ich diese Person erwische, wird sie bald bei Gott sein!«

Die englische Sprache birgt aber auch Fehlerquellen. Wie schon gesagt, machen auch manche Deutsche den Fehler, deutsche Sätze 1:1 ins Englische zu übersetzen.

Mein Sohn Joshua, der mit mir Englisch spricht und mit meiner Frau Deutsch, macht oft solche Fehler. Fehler, die kein Muttersprachler machen würde. Neulich sagte er, als er von einem Tennis-Turnier zurückgekommen war: »You should have seen this one dad today. He really shit his son together.«

Und ich fragte: »He did what?«

»He shit his son together.«

»That doesn't sound very nice.«

Dann stellte ich fest, dass Joshua wieder in Deutsch gedacht, aber in Englisch gesprochen hatte. »He shit his son together« war Joshuas englische Version von »Er wurde von seinem Vater zusammengeschissen.«

»You can't say that in English«, antwortete ich ihm. »You can't say that. You can say: ›His dad was really mad at him‹ or ›His dad was as mad as shit‹ if you really need to say the word ›shit‹. But ›he shit his son together‹, you can't say.«

Und dann fragte mich Joshua sofort: »WARUM NICHT?«

Diese Frage stellt er heutzutage ziemlich oft. Wahrscheinlich weil er in der Pubertät ist. Er ist gerade 14 geworden. Und weil er 14 geworden ist und sich in der Pubertät befindet, fragt er ständig »warum nicht?«. Vermutlich, um mich zu ärgern, denn er weiß, dass mich das ziemlich ärgert.

Und weil ich an dem Tag keine Lust hatte, ihm das Ganze zu erklären – sprich: keine Arbeitsgruppe bilden wollte –, sagte ich, was ich sehr früh während meiner Deutschwerdung gelernt hatte: »WEIL ES VERBOTEN IST!«

Mit dieser Antwort war Joshua nicht gerade zufrieden. Ich schon. Wie leicht ich »weil es verboten ist« gesagt hatte, hatte mich selbst beeindruckt. *Wow!*, dachte ich, *vielleicht ist meine Deutschwerdung viel weiter vorangeschritten, als ich gedacht hatte?* Vielleicht werde ich doch noch in diesem Leben lernen, nackt an Deutschlands FKK-Stränden entlangzulaufen – ohne Angst vor kritischen Blicken. Und ohne Angst, verhaftet zu werden.

Aber diese 1:1-Übersetzungen waren nicht nur das Ergebnis von Joshuas Pubertät. Solche Fehler machte er bereits, als er noch klein war. Er ging aufs Klo und sagte: »I have to go *on* the toilet!« Und fast jedes Mal, wenn er das sagte, berichtigte ich ihn: »No, Joshua, you don't have to go ON the toilet. You have to go IN the toilet. (Zumindest hoffte ich das.) Weitere Diskussionen fanden meistens *nach* den Toilettenbesuchen statt und liefen folgendermaßen ab:

»Joshua …«

»Yes, Dad?«

»You said: ›On the toilet‹ again.«

»Really?«

»Yes, really.«

»So what?«

»What do you mean with ›So what?‹«

»Is it really important, Dad? Being ON the toilet or IN the toilet?«

Mensch, bin ich froh, dass wir solche Gespräche heute hinter uns haben. Und ich kann an dieser Stelle nur erwähnen, dass Joshua diesen Fehler nicht mehr macht. Nein, sein Englisch ist viel besser geworden, weswegen er ganz andere sprachliche Möglichkeiten hat als früher. Deswegen sagt er heute, wenn er aufs Klo gehen muss: »Dad, I have to take a shit.«

Okay, zugegeben: Schön ist dieser Satz nicht und überhaupt nicht mit meinem Favoriten »Ich muss mein Geschäft verrichten« vergleichbar, aber im Hinblick auf die amerikanische Umgangssprache muss ich als Muttersprachler sagen: Der Satz ist vollkommen korrekt.

Mein Onkel Joe, der vor Jahren eine eigene Sprachschule leitete und nun seit Jahren an einer sehr renommierten High School in New Jersey als Spanischlehrer lehrt, versteht etwas vom Sprachenlernen. Als ich anfing, mich der deutschen Sprache zu nähern, gab er mir auch viele Tipps, die mir die Last des Lernens ein bisschen erleichterten. Und aus seinen vielen Tipps entwickelte sich »Señor Murphy's Law of Language Acquisition«. Eine Liste von zehn »Gesetzen«, die seine Schüler befolgen sollten, um besser und schneller Spanisch sprechen zu können. Vielleicht helfen Ihnen diese Gesetze auch. Und hier sind sie:

Señor Murphy's Law of Language Acquisition:

1. Keine englische Unterhaltung während des Spanischunterrichts!
   Man muss seine Englischkenntnisse nicht im Spanischunterricht »üben«.
2. Rede so viel wie möglich auf Spanisch!
   Ebenso wichtig ist es, die Sprache, die man gerade lernt, mindestens zehn Minuten pro Tag zu hören, zu lesen und zu schreiben.
3. Trau dich, linguistische Risiken einzugehen!
   Es ist sogar okay, sich dabei ein bisschen dämlich zu fühlen. Ein solches Verhalten beweist nur, dass du mutig bist.
4. Zähl nicht deine Fehler!
   Keine Angst, denn auch wenn du versuchst, keine Fehler zu machen, wird es dir trotzdem passieren.
5. Am Anfang wird und soll vieles schiefgehen!
   Durch häufiges Ausprobieren wirst du viel Neues entdecken.
6. Wenn du Fehler machst, lach darüber!

Und wenn deine Freunde ebenfalls Fehler machen, dann lach auch da drüber. Denn Lachen macht locker.

7. Nimm so viel Hilfe von anderen an wie möglich!

Ein erschöpfter Schwimmer greift auch nach jedem Rettungsring.

8. Jeder Tag bietet eine neue Gelegenheit des Lernens!

Du kannst immer von neuem anfangen.

9. JETZT ist immer die beste Zeit, die neue Sprache zu üben!

Speak now and forever hold forth in your new language.

10. Alles, was RICHTIG sein kann, wird RICHTIG sein!

Tue alles, was möglich ist, um dich in der fremden Sprache verständlich zu machen. Sei kreativ!

Redewendungen/Sayings

Ich liebe es, neue Redewendungen zu lernen, denn jedes Mal habe ich das Gefühl, dass mir die deutsche Sprache weniger und weniger fremd und mehr und mehr zu meiner wird. Es ist wie mit einer zweiten Haut. Oder sagen wir eher wie mit einem selbstgestrickten Pulli, den ich gerne anziehe, wenn es draußen kalt und nass ist. Und mit jeder weiteren Redewendung, die ich dazulerne, fühlt sich der Pulli besser an. Aber wie bei allen selbstgestrickten Sachen braucht es Zeit, viel Zeit, um aus ein bisschen Wolle einen kompletten Pulli zu stricken.

Eines Tages sagte jemand zu mir – als ich mich noch bildlich gesprochen in meiner »amerikanischen T-Shirt-Phase« befand und überhaupt noch nicht ahnte, dass es so was wie eine »Pulli-Phase« überhaupt gibt –, dass ich »die Kirche im Dorf lassen« sollte. Dieser Satz verwirrte mich völlig. *Ich soll was im Dorf lassen? Die Kirche?* Was mich zusätzlich total irritierte, war damals mein Bedürfnis, alles direkt ins Englische zu übersetzen, ganz nach dem Motto: Vielleicht verstehe ich ja dann alles viel besser. Aber der Satz »Leave the church in the village« half mir auch nicht weiter.

Ich machte eine ähnliche Erfahrung ein paar Monate später mit einer alten Frau im Kölner Hauptbahnhof. In letzter Sekunde versuchte ich, meinen Zug zu erwischen. Während ich auf das Gleis zielstrebig zulief, stieß ich versehentlich eine ältere Dame an. Nachdem ich mich hastig mit damals starkem amerikanischen Akzent entschuldigt hatte,

51

antwortete sie leicht verärgert: »Junger Mann, eine alte Frau ist doch kein D-Zug.« Hätte ich damals besser Deutsch sprechen können, hätte ich ihr wahrscheinlich zugestimmt: »Ja, das ist richtig. Eine alte Frau ist tatsächlich kein D-Zug.« Aber weil mein Deutsch damals nicht so gut war, übersetzte ich schnell den ganzen Satz ins Englische: »Young man, an old woman is not a D-Train.« Leider hat mir die Übersetzung auch dieses Mal nichts gebracht. Abends lag ich dann im Bett und grübelte über den Sinn dieses Satzes nach. Ich fragte mich: *Gab es etwa mal Zeiten, in denen alte Frauen und D-Züge miteinander verwechselt wurden? Stell dir vor, du stehst auf dem Bahnsteig und fragst einen Mitreisenden direkt neben dir: »Entschuldigen Sie bitte, aber ist das, was jetzt kommt, ein D-Zug oder eine alte Frau? Das verwechsle ich immer wieder.«*

Auf meinem weiteren sprachlichen Weg nach oben gab es noch viele andere Redewendungen, die mich durcheinanderbrachten. Neben meinen Favoriten »Lass die Kirche im Dorf« und »Eine alte Frau ist kein D-Zug« gab es damals einen anderen Spruch, der mich ebenfalls verdutzte, als ich ihn das erste Mal hörte. Eines Tages sagte nämlich ein Passant in der Fußgängerzone von Bonn, dass ich ihn »in de Täsch« lecken sollte. Ich weiß nicht, warum er es ausgerechnet zu mir gesagt hat. Ich dachte deshalb damals, dass man das in Bonn morgens zur Begrüßung zueinander sagt. Und dann beging ich wieder den gleichen Fehler, den ich in solchen Situationen oft machte. Ich übersetzte den Satz wieder ins Englische, um mir Klarheit zu verschaffen. Aber auch die wörtliche Übersetzung »Lick me in the pocket« half mir ebenfalls nicht weiter.

Ich weiß, dass Deutsche, die in die USA reisen, oft ebenfalls Probleme mit amerikanischen Redewendungen haben.

Ein deutscher Freund, dessen Kind gerade ein Austausch-jahr in Amerika absolviert hatte, erzählte mir, dass es aus-gerechnet die Redewendungen waren, mit denen sein Sohn Tobias Schwierigkeiten hatte. Die Schimpfwörter waren für ihn überhaupt kein Problem. Wie leider nicht anders zu er-warten, kam Tobias mit Begriffen wie ›fuck‹ und ›shit‹ in allen erdenklichen Kombinationen und Variationen ziem-lich gut klar. Aber man kann als Nicht-Muttersprachler tat-sächlich seine Englischkenntnisse auch auf der Schimpf-wortebene verbessern. Das Wort »shit« zum Beispiel hört man ziemlich oft, wenn man in den USA unterwegs ist:

Es regnet und die Leute sagen: »Oh, shit.«

Ein Hurricane fliegt gerade vorbei, und die Leute sagen: »Oh, shit.«

Man wird überfallen und sagt: »Oh, shit! Not again.«

Das Wort »fuck« ist die Steigerungsform von »Oh, shit«, das ebenfalls viele Gestaltungsmöglichkeiten bietet. Hier sind nur einige:

Oh, fuck!

I'm fucked.

I'm really fucked

Fuck you!

Fuck me!

Fuck this!

Fuck that!

Fucked up! (Ein »Fucked down« gibt es, glaube ich, nicht.)

Und dann gibt es noch »Fuck« als Teil einer Frage:

»How the fuck are you?«

»What the fuck is wrong with you?«

»Are you fucking crazy?«

Und dann gibt es noch die Leute, die einander sogar mit »Motherfucker« begrüßen. Der eine sagt: »Hey, motherfucker. How are you doing?« Und der andere antwortet: »Great, motherfucker. And you?«

Andere Leute, die so was hören, fragen sich vielleicht: »Warum sagen die beiden ›Motherfucker‹ zueinander? Und warum umarmen sie sich dabei?« Wenn man so was in Deutschland zu jemandem sagen würde, bekäme man höchstens ein »Sind Sie bescheuert?« zur Antwort. Die Umarmung kann man gleich vergessen.

Aber solche Sprüche darf man als Fremder in den USA *nur* auf der höchsten Busenfreund-Ebene machen. Deswegen sollte man sich immer fragen, bevor man »hey, motherfucker!« ausruft: *Bin ich mit diesem Typen auf der höchsten Busenfreund-Ebene? Ja oder nein?* Wenn der Typ dein amerikanischer Professor, Arbeitgeber oder Priester ist, wahrscheinlich nicht.

Aber zurück zu den Redewendungen. Auf meine Frage, bei welchen Tobias Probleme hatte, stellte er mir eine Gegenfrage: »Warum habt ihr Amerikaner eigentlich so viele Redewendungen, die mit Essen zu tun haben?« Mir war bis dato nicht bewusst, dass wir tatsächlich so viele haben, und antwortete nur: »Keine Ahnung, vielleicht weil wir in Amerika so gerne essen?«

Aber es stimmt. Wir haben tatsächlich unglaublich viele Redewendungen in den USA, die mit Nahrungsmitteln zu tun haben. Das merkte ich erst, als ich anfing, darüber nachzudenken. Wir sagen zum Beispiel »he's gone cold turkey« und »he's like a chicken with its head cut off« und »he really takes the cake«. Und für Kuchenliebhaber, die ein bisschen Abwechslung wollen, haben wir die Redewendung »It's as easy as pie«. Und dann sagen wir auch noch über manche Menschen: »He's as cool as a cucumber«, »she's a real hot tomali«, »she really brings home the bacon« oder »he's a really big cheese«.

Und ich kann mir vorstellen, dass Deutsche, die mit solchen Bildern nicht aufgewachsen sind, Probleme haben, sie zu verstehen. Besonders wenn sie, wie ich es ja umgekehrt getan habe, anfangen, sie einfach wortwörtlich zu übersetzen.

Das sollte man zum Beispiel nicht mit »He's gone cold turkey« (»Er ist in Richtung kalter Truthahn gegangen«) tun. Auch bei den anderen Redewendungen kommt man nicht weit, wenn man sie einfach 1:1 ins Deutsche übersetzt. Denn wenn man so was macht, kommt folgendes Ergebnis dabei raus: Aus »He's like a chicken with his head cut off« wird auf Deutsch der Satz: »Er ist wie ein Huhn ohne Kopf.« Und aus »He really takes the cake« wird »Er nimmt echt den Kuchen«, was einen auch nicht sehr viel weiter bringt. Und wenn ausgerechnet der Typ, der angeblich genauso kalt ist wie eine Gurke, auch noch zusätzlich ein großer Käse ist, dann hat man echte Probleme! Um diese Probleme so gering wie möglich zu halten, hier die wahren Bedeutungen solcher amerikanischen Redewendungen und ein paar Hintergrundinformationen:

Wenn wir in Amerika »he really takes the cake« sagen, reden wir natürlich nicht von einer Person, die aus irgendeinem Grund »jemand anderem den Kuchen wegnimmt«. Nein, wir meinen viel eher eine Person, die jemanden enttäuscht hat wie »Marcus ist bei seiner Prüfung durchgefallen, obwohl ich ihm ziemlich viel geholfen habe«.

Wenn wir »He's as cool as a cucumber« sagen, meinen wir natürlich nicht, dass jemand »so kalt ist wie eine Gurke«.

Denn was soll das bedeuten? Nein, wir meinen vielmehr Menschen, die trotz enormer Belastungen cool bleiben. Wie Boris Becker zum Beispiel, als er mit siebzehn Jahren zum ersten Mal Wimbledon gewann. Am 7. Juli 1985. Die ganze Welt schaute ihm dabei zu. Ich war damals auch dabei – vor meinem Fernseher in den USA. Und kurz bevor Boris ein Ass aus dem Ärmel zauberte und zum jüngsten Wimbledon-Sieger aller Zeiten wurde, schoss mir durch den Kopf: *Mensch, sieht der locker aus.* An dieser Stelle hätte ich auch sagen können »he looks as cool as a cucumber«.

Wenn wir »she really brings home the bacon« sagen, meinen wir viel weniger eine Frau, die »jeden Abend Speck nach Hause bringt«, als vielmehr eine Person, die selbständig, selbstbewusst und vor allem in der Lage ist, Geld zu verdienen und für ihre Familie zu sorgen. Diese Person darf natürlich auch Speck mit nach Hause bringen, wenn sie will, aber das ist natürlich keine Voraussetzung.

Wenn wir eine Person als »a really big cheese« bezeichnen, wollen wir viel weniger zum Ausdruck bringen, dass die Person, über die wir reden, »wie ein großes Stück Käse aussieht«, sondern vielmehr dass die Person die wichtigste Person ist in der Gruppe. Man könnte Amerikas »Big Cheese« mit dem deutschen Begriff »großes Tier« in etwa gleichsetzen.

Übrigens, die Bezeichnung »big cheese« geht auf folgende Geschichte zurück, die sich vielleicht aus deutscher Sicht ein bisschen verrückt anhört, aber aus amerikanischer verhältnismäßig normal ist.

Im Jahre 1802 bekam Präsident Thomas Jefferson von den netten Bürgern aus Cheshire, Massachusetts, einen riesigen, runden Cheshire-Käse von sage und schreibe 1235 Pfund geschenkt. Das muss man sich mal vorstellen: Ein einzelner Käse, der etwa 600 Kilo wog! Ich weiß, was Sie jetzt denken, liebe Leser! Sie denken wahrscheinlich: *So was ist nur in Amerika, nur in Amerika möglich! Denn in ganz Europa hätten leicht und locker auch 300 Kilo gereicht!*

Als Präsident Jefferson den Käse gesehen hatte, war er vermutlich auch ziemlich baff und dachte: *Mensch, Leute, ein tolles Gemälde oder ein buntes Hufeisen hätte doch auch schon gereicht!* Aber die netten Bürger von Cheshire, Massachusetts, wären nicht die netten Bürger von Cheshire, Massachusetts, gewesen, wenn sie *nur* ein Gemälde oder *nur* ein Hufeisen rausgerückt hätten (besonders wenn man bedenkt, dass sie für ihren Käse in der ganzen Gegend bekannt gewesen waren). Und deswegen produzierten sie für den neuen Präsidenten einen Käse mit einem Durchmesser von fast 1 und ¼ Metern, er galt damals als der größte, der jemals hergestellt worden war. Und das war nur möglich, weil man dafür die Kuhmilch von über 900 Kühen aus Cheshire, Massachusetts, verwendet hatte. Weil das Endergebnis nicht nur angeblich sehr lecker war, sondern auch sehr schwer, wurde Amerikas First Big Cheese mit Hilfe eines Schneeschlittens mitten im Winter nach Washington, D.C., gebracht. Mitten durch den tiefen Schnee wurde drei Wochen lang Amerikas größter Käse durch die Gegend gezogen, bis er 500 Meilen später endlich seinen Zielort erreichte.

Aber die Geschichte hatte nicht nur eine offensichtlich sehr kulinarische Ebene, sondern auch eine sehr politische. Denn Cheshire war zu der Zeit eine sehr kleine, aber trotzdem starke Baptistengemeinde, die ziemlich viel Angst hatte, von den in der Gegend herrschenden politischen Machtverhältnissen in ihrer Religionsfreiheit eingeschränkt zu werden. Deshalb hoffte sie, dass Präsident Jefferson ihr genau diese Freiheit garantieren würde. Der Big Cheese war ein Geschenk für den Präsidenten, eine Art »Danke-schön im Voraus« für seine Unterstützung, die er dem Ort auch dann später tatsächlich gewährte. Und aus diesem Blickwinkel betrachtet, konnte man durchaus behaupten, dass Amerikas First Big Cheese kein Stück Käse war, sondern Präsident Thomas Jefferson selbst, der als wichtigster Mensch der jungen Republik mit einem »Big Cheese« bedacht wurde. Und seither werden wichtige Personen in den USA auch »big cheese« genannt.

Essen / Food

Ich bin immer wieder erstaunt, dass es viele Menschen gibt, die sehr lange Flugreisen auf sich nehmen, um sich dann – sobald sie an ihrem Ziel angekommen sind – genau das zu suchen, was sie auch zu Hause haben können.

Einmal stand ich auf der Kölner Domplatte, direkt vor dem sehr schönen Kölner Dom, als ich hörte, wie eine amerikanische Rentnerin zu ihrem Ehemann sagte: »Wow, the Cologne cathedral!« Und dann ließ sie den Blick schweifen und sagte mit fast der gleichen Begeisterung: »Wow, McDonald's!«

Nichts gegen McDonald's, denn aus genetischen Gründen gehe ich natürlich auch dorthin (wenn ich meine McNuggets mit Barbecue-Sauce esse, bin auch ich glücklich, so ist es nicht). Aber trotzdem: Das gleiche »Wow« wie beim Kölner Dom auszurufen, das ist dann doch ein bisschen übertrieben, oder?

Aber viele Deutsche sind bei ähnlichen Gelegenheiten auch nicht anders. Vor ein paar Jahren machte ich Urlaub auf Mallorca, und dort sah ich überall Schilder verschiedener Restaurants, auf denen stand: »Schnitzel/Pommes«, »Schnitzel/Pommes«, und wieder: »Schnitzel/Pommes«. Und ich dachte: *Hey, was ist mit Paella? Was ist mit den spanischen Speisen?* Daraufhin besuchte ich ein Lokal, und ich stellte ganz genau diese Frage: »Entschuldigung, aber haben Sie Paella?« Der Kellner antwortete in sehr gutem Deutsch: »Nein, aber Schnitzel mit Pommes haben wir.«

Ich finde es ein bisschen »weird«, dass viele Menschen oft

nur ihr eigenes Zuhause suchen, sobald sie ins Ausland reisen. Das kann man bei den vielen Auswanderersendungen, die es im deutschen Fernsehen gibt, mitverfolgen. Und immer wieder erkennt man als Zuschauer das gleiche Muster: Eine Familie aus einer deutschen Kleinstadt will irgendwohin auswandern, wo es einen tollen Strand gibt oder Berge oder einen tollen See mit Elchen, die im Wald herumspazieren. Sie begründen ihre Entscheidung meistens, indem sie sagen: »Deutschland ist nicht mehr lebenswert. In Deutschland herrscht zu viel Stress, und es gibt keine wirklichen Aussichten auf Arbeit. Im Ausland ist es viel besser, denn da sind die Leute viel lockerer drauf als in Deutschland.«

Ich habe einmal eine »Goodbye, Deutschland«-Sendung gesehen, in der es um eine deutsche Familie ging, die nach Spanien ausgewandert war. Die ganze Zeit meckerte die Ehefrau darüber, dass Deutschland so schlecht und alles, was Spanien ausmachte, viel besser wäre. Sie sagte die ganze Zeit: »Spanien ist toll! Spanien ist super! Spanien ist so unglaublich schön!« Doch dann ging sie mit dem Kamerateam in einen spanischen Supermarkt und meckerte die ganze Zeit: »Die haben hier kein Müsli! Die haben hier nicht mein deutsches Müsli!« Und ich dachte: *Vielleicht weil du in Spanien bist?*

Und je länger ich die Sendung anschaute, dachte ich, die Frau will gar nicht in Spanien leben. Sie will nur in einem besseren Deutschland leben. In einem Deutschland mit mehr Sonne *wie* auf Mallorca. Und dann sprach sie die Verkäufer an: »Hey, warum habt ihr kein Müsli aus Deutschland? Ich brauche Müsli aus Deutschland!« Aber die Angestellten verstanden sie nicht, weil sie nur Deutsch mit ihnen sprach.

Ich denke, dass Menschen oft auf das zurückgreifen, was sie von zu Hause kennen, weil sie unsicher sind und ein bisschen Angst haben.

Wenn meine Mutter Judy mich hier in Deutschland besucht, verhält sie sich ganz ähnlich. Jedes Mal, bevor sie die USA verlässt, vergewissert sie sich, dass sie alle wichtigen, lebensnotwendigen Sachen dabei hat: ihren Pass, ihre Medikamente – und selbstverständlich diverse amerikanische Leckereien. Als würde sie einen wichtigen Teil unserer Heimat einfach mit ins Gepäck stecken. Es könnte in Deutschland ja zu Engpässen bei den Nahrungsmitteln kommen … und für diesen Fall will sie unbedingt gewappnet sein. Das letzte Mal waren es Kekse und Chips und – eine Packung Marshmallows, die sie im Koffer verstaut hatte. Als ich über die gigantische Größe der Packung staunte und sagte: »Mom, ich glaube, wir werden die nächsten zehn Jahre Marshmallows essen müssen! Gab es denn keine kleinere Packung?«, antwortete sie mir völlig verständnislos: »Das war schon die kleinste Packung.«

Toll ist auch, dass meine Mom – genau wie ich – kulinarische Ausflüge in Deutschland liebt. Oder genauer gesagt: Wir beide teilen eine tiefe Leidenschaft fürs Futtern.

Wenn Mom hier ist, bleibt sie oft vor Cafés und Konditoreien stehen und schaut sich alles in den Auslagen intensiv an, was mindestens nach fünfhundert Kalorien pro Stück aussieht. Und deshalb bleibt sie besonders oft vor Läden stehen, die Torten verkaufen. Sie liebt Torten: Aprikosenrahmtorten, Kirschtorten, Schokotorten, egal, welche Sorte: Hauptsache, das Ding, das im Fenster steht, hat einen Namen, der mit »torte« endet.

Eines Tages – nach einer Woche des Probierens unzähliger Torten mit unzähligen Kalorien – machte ich folgenden

Vorschlag: »Mom, heute essen wir mal etwas ganz anderes. Denn Deutschland besteht nicht nur aus Torten, sondern auch aus Würstchen.« Dann klärte ich sie darüber auf, dass das Wurstessen hier in Deutschland ziemlich hoch oben in der Hierarchie der Sachen stünde, was Deutsche gerne essen. Und ich fügte dann noch hinzu, dass die deutsche Wurst was Ähnliches wäre wie ein *Hotdog.*

»Wie ein *Hotdog*?«, fragte sie mich leicht erstaunt.

»Ja, genau wie ein Hotdog, nur viel länger.«

»Länger? Wie lang?«, fragte sie mich daraufhin.

»Na ja, so genau kann ich das nicht sagen, aber ziemlich lang«, sagte ich ihr. Ich erzählte ihr, dass ich anfangs in Deutschland gedacht hatte, dass die Würste genmanipuliert worden wären, was natürlich überhaupt nicht stimmt. Meine Mutter war begeistert.

»That sounds really good! Let's go eat some! Where should we go?«

»Let's go to the Cologne train station because they have really great wursts!«

Ich bin meistens am Kölner Hauptbahnhof, wenn ich Wurst essen will. Die meisten Leute essen eine Wurst, bevor sie ihre Reise starten oder bevor sie ihren Anschlusszug nehmen. Aber ich bin oft nur wegen der Wurst dort. Auf diese Weise kommen lustige Gespräche mit anderen Reisenden zustande.

»Ich fahre nach München und wohin fahren Sie?«

»Wohin? Nirgendwohin. Ich bin nur hier wegen der Wurst.«

Als wir am Bahnhof angekommen waren, meinte ich: »Mom, darf ich vorstellen: Du bist jetzt angekommen bei *Meister Bock*, bei den besten Würstchen Kölns.« Der Typ, der hinter dem Tresen stand, fühlte sich offenbar geehrt und richtete sich ein bisschen mehr auf. Hinter ihm hingen mindestens fünfhundert Mettwürste, aneinander in Dreierreihen gebunden. Diese enorme Menge an Wurst signalisierte jedem, der zufällig vorbeilief: »Egal, wie viel Hunger Sie haben, wir kriegen Sie satt!«

Kurz bevor ich für uns bestellen wollte, fragte ich meine Mutter: »Mom, hier kannst du eine Bockwurst oder eine Bratwurst oder eine Mettwurst oder eine Krakauer oder eine Wienerwurst bestellen. Alles ist lecker. Alles ist super. Hier gibt es keine falschen Entscheidungen. »This is where I learned to love German wurst, Mom. And I hope that after you eat it, you will learn to love German wurst too.« Ihre kurze Antwort war: »Me too, honey. Me too.«

Während wir uns also immer noch in der Warteschlange befanden, betrachtete ich die Leuchttafel, die gleich neben den aufgehängten Wurstsorten hing. Darauf stand der Name »Meister Bock« und darunter »Meister Bocks Philosophie«. Mensch, bin ich froh, in einem Land zu leben, wo Philosophie überall zu finden ist. Hier in Deutschland gibt es nicht nur Heidegger, Kant, Schopenhauer und Nietzsche, sondern auch Meister Bock. Und das finde ich gut so. In seiner Philosophie wurden verschiedene Punkte erwähnt. Besonders ein Satz fiel mir dabei auf: »Unsere Wurst steht unter ständiger Qualitätskontrolle.« Dieser Satz hat mich tatsächlich beeindruckt, denn meistens denkt man überhaupt nicht an die vielen Menschen, die tagein, tagaus diese Qualitätskontrollen durchführen. Ich dachte in dem Moment an die vielen Hotdogs, die ich in meiner Kindheit verdrückt hatte, bei unzähligen Barbecues, 4th-of-July-Partys und Baseball-Spielen und fragte mich, ob es jemals bei diesen Hotdogs Qualitätskontrollen wie in Deutschland gegeben hatte. Ich denke, wenn man einen Hotdog-Verkäufer in New York City fragen würde: »Und welche Qualitätskontrollen sorgen bei Ihnen dafür, dass diese Hotdog-Erfahrung eine positive sein wird?«, er würde einem seinen gesamten Hotdog-Bestand an den Kopf werfen.

Und dann waren wir endlich dran. Meine Mutter lächelte und sagte in ihrem besten Englisch: »I would like a nice KRAKAUER WURST, please.«

Ich bestellte das Gleiche, und sobald wir unsere Würste in den Händen hielten, fing ich sofort an zu essen. Ich war im siebten Himmel. Meine Mutter versuchte aber erst, ihre Krakauer in einen amerikanischen Hotdog zu verwandeln. Das heißt, sie nahm das Brötchen und versuchte, es aufzureißen – ohne sich mit dem Senf zu bekleckern und ohne dabei die Krakauer auf den Boden fallen zu lassen.

Als ich sie fragte: »Mom, was machst du da?«, antwortete sie: »Ich versuche diese Wurst in dieses Brötchen reinzudrücken.«

»Warum, Mom? Schau mal, die Leute hier machen das anders. Sie haben das Brötchen mit dem Senf auf dem kleinen Stück Pappe in der einen und die Wurst in der anderen Hand.« Ich versuchte, ihr das zu demonstrieren. »Wie ein Dirigent, Mom, wie ein Dirigent. Die Wurst in der einen Hand, dann tunkst du sie ein bisschen in den Senf und dann beißt du ab.«

Aber sie konnte es so nicht essen. Und während sie wieder die viel zu lange Krakauer in das viel zu kleine Brötchen reinzudrücken versuchte – was natürlich nicht so richtig gelang, denn auf beiden Seiten ragte ziemlich viel Krakauer raus –, dachte ich darüber nach, warum Leute ständig versuchen, Sachen, die ganz fremd sind, in etwas Vertrautes zu verwandeln? Wie die deutsche Frau versuchte, auf Mallorca ihr deutsches Müsli zu bekommen, so versuchte meine Mutter ebenfalls, aus einer Erfahrung, die ihr fremd war, eine vertraute zu machen. Aber im Grunde kann ich es gut nachvollziehen, dass die meisten Menschen immer erst etwas Vertrautes suchen, denn dann scheint man eher in der Lage zu sein, überhaupt etwas Neues aufzunehmen. Eine Freundin von mir, die seit über zehn Jahren verheiratet ist, versucht zum Beispiel ihren unordentlichen Mann in einen ordentlichen zu verwandeln. »Seit zehn Jahren«, sagt sie, »lässt er immer diverse Sachen wie Schuhe, Socken und Unterhosen irgendwo im Haus herumliegen.« Sie sagt, wenn sie nicht da wäre, würden diese Socken und Unterhosen, die vor zehn Jahren auf den Boden geschmissen worden waren, immer noch dort liegen. Aber sie glaubt auch immer noch, dass sie ihn verändern kann. Ich sagte ihr: »Du sollst nie die Hoffnung aufgeben. Ich hoffe auch, dass meine Mutter irgendwann lernt, eine deutsche Wurst richtig zu essen.«

Apropos Wurst: Das Wort »Wurst« höre ich fast jeden Tag. Und wenn man die verschiedenen Versionen addiert, könnte man den Eindruck bekommen, dass »Wurst« in der deutschen Kultur eine ziemlich zentrale Bedeutung spielt.

An einem Tag habe ich alle »Wurst-Variationen« aufgeschrieben, die mir über den Weg gelaufen sind und hier ist das Ergebnis meiner Nachforschungen:

Dreimal: »Es ist mir Wurst!«,
zweimal »Er ist ein kleines Würstchen«,
einmal war jemand »ein Hanswurst« und
fünfmal »Es geht heute um die Wurst«.

Aber was bedeutet eigentlich »es geht um die Wurst«? Ein Freund, der auch wie ich gerne Wurst isst – besonders wenn er im Bahnhof auf seinen Zug wartet –, erklärte es mir. »Früher gab es auf Volksfesten Wettkämpfe, bei denen als Preis eine Wurst winkte.« Das würde meines Erachtens heutzutage nicht mehr so richtig funktionieren. Als Lukas Podolski von Bayern zu Köln wechselte, beschäftigte man sich lange mit der Frage: »Wie können wir uns den Poldi überhaupt leisten?« Und deshalb wurde lange über alle möglichen Finanzierungsmöglichkeiten nachgedacht. Erst wollte man die Kölner Bevölkerung um Spenden bitten, dann war die Rede davon, dass der ehemalige Formula-1-Champ Michael Schumacher dem 1. FC Köln Geld leiht. Dabei wäre es so leicht gewesen, hätte man zu Lukas Podolski sagen können: »Hey, Lukas, wenn du beim 1. FC Köln unterzeichnest, dann winkt dir sofort eine große Wurst.«

Jedes Mal, wenn ich nach New York City reise, spüre ich das Bedürfnis, eine Wurst … ich meine, einen Hotdog zu essen. Und manchmal sogar zwei.

So ist es mir auch ergangen, als ich das letzte Mal – zusammen mit meiner Mutter Judy – dort war. Ich stand an der Ecke West 79th Street und Central Park West, ein paar Schritte vom berühmten Museum of Natural History entfernt. Und direkt vor mir, hinter einem Stand voller Hotdogs und Brezeln und Eissorten und kalter Getränke, stand ein Straßenverkäufer, der mir unbedingt etwas Leckeres verkaufen wollte. Was natürlich an sich wegen meines genetisch bedingten Bedürfnisses nicht schwierig ist, immer an fast jeder New Yorker Straßenecke stehen zu bleiben, um einen Hotdog zu essen.

»Hi«, sagte ich, während ich den einmaligen Duft der New Yorker Hotdogs einatmete. »I'd like a hotdog and a big pretzel, please.« Und noch während ich den Satz aussprach, machte ich folgende Entdeckung. Überall, direkt neben allen Preisen standen jeweils die genauen Kalorienangaben. Und diese Kalorienangaben waren genauso groß und leicht zu lesen wie die verschiedenen Preise. Neben dem Preis eines Hotdogs zum Beispiel, der $ 1,50 kostete, konnte man »320 calories« lesen. Und neben dem einer Brezel die gigantische Angabe von »600 calories«. Ich war etwas erschrocken, aber nur etwas. Ich dachte: *Wenn ich nicht so ein Fresssack wäre, würde ich mich wahrscheinlich spätestens jetzt umdrehen und so schnell wie möglich wegrennen.* Aber weil ich ein Fresssack bin, waren die ganzen Kalorienangaben kein Problem.

»And could I have a little mustard on the hotdog, please?« Ich betonte »a little«, weil ich es ja auch nicht übertreiben wollte. Das Ganze wäre auch ohne großes Aufsehen über die Bühne gegangen, wenn meine Mutter, die ein viel gesünderes Leben als ich führt, nicht dabei gewesen wäre.

»Das, was du gerade in der Hand hältst, hat fast 1000 Kalorien«, stellte sie trocken fest.

»Ich weiß«, antwortete ich bestimmt.

»Aber warum willst du so was dann essen?«, fragte sie mich weiter, »wenn du vielleicht in nur zwei Minuten schon wieder damit fertig bist?«

»Mom, wenn es dich ein wenig beruhigt, dann werde ich ein bisschen langsamer essen.«

Später besuchte ich mit ihr ein beliebtes Restaurant auf der Upper West Side, und als ich die Speisekarte aufschlug, stellte ich erstaunt fest: »Wow, *hier* stehen auch Kalorienangaben neben jedem Gericht.«

»Das ist jetzt Gesetz«, erklärte mir der Kellner, während ich die Speisekarte weiter studierte. Folgende Gedanken schwirrten mir durch den Kopf, während ich weiterlas:

Mensch, hört sich das lecker an! Das nehm ich! – Shit, sind das viele Kalorien! – Das »Fleischgericht mit Käse überbacken« hört sich auch gut an … Ach, shit! – das hat ja noch mehr Kalorien!

Und dann entdeckte ich eine Pizza, die *Deep Dish Pizza*, wie sie nur Amerikaner machen können. Dann sah ich auf die Kalorienzahl: »2565 calories«! Ich dachte: *2565 Kalorien? Und da sind noch nicht einmal die Extras dabei. Runden wir das Ganze doch auf 3000 auf, und wir haben einen Deal.*

Doch dann erinnerte mich meine Mutter an den Hotdog und die große Brezel, die ich bereits ein paar Stunden vorher gegessen hatte – vielleicht in der Hoffnung, dass ich dann gleich etwas sagen würde wie: »Dann nehme ich doch lieber ein Glas Wasser und einen Apfel – oder eine Birne.« Aber in mir würde nicht doch noch der Rest eines Amis stecken, wenn so was Mickriges wie 3000 oder 4000 Kalorien mich bereits aus der Bahn werfen würden! Als ich die große Pizza dann doch mit einem leicht schlechten Gewissen bestellte, sagte meine Mutter zu dem Kellner: »Er darf das, denn er macht gerade Urlaub.«

Dieser ganze Ärger begann mit nur einem einzigen Gesetz. Seit 2009 gibt es in New York City nämlich tatsächlich eines – übrigens das erste dieser Art in den Vereinigten Staaten –, das besagt, dass alle Restaurants, die zu einer Unternehmenskette gehören, verpflichtet sind, neben dem Preisschild eines bestimmten Nahrungsmittels auch die genaue Kalorienmenge anzuzeigen. Und nicht irgendwo, sondern direkt neben dem Preis und in der gleichen Schriftgröße.

Früher las man auf Speisekarten in New York City »Cheese Cake $ 4,50«. Mehr nicht. Und sofort folgte in Richtung Kellner ein promptes »Yes, please«, oft gefolgt von einem »and don't forget the whipped cream«.

Aber jetzt sieht die Welt ganz anders aus. Jetzt liest man neben dem Preis $ 4,50 auch die Kalorienangabe »870 calories«. Und das hat zur Folge, dass viel weniger New Yorker, »yes, please« sagen. German Chocolate Cakes laufen auch nicht mehr so gut, seit die Angabe »1127 calories« zu lesen ist.

Diese ganze Sache hat man jedoch nicht ins Leben gerufen, um fettleibige Amerikaner zu quälen, sondern um eine gewisse Wahrnehmung dafür zu schaffen, dass das, was viele Menschen essen, viel zu viele Kalorien hat. Viele Bürger, die gleich nach Inkrafttreten des Gesetzes von etlichen Fernsehteams befragt wurden, reagierten mit Erstaunen, als sie erfuhren, wie kalorienreich ihre Lieblingssnacks tatsächlich sind. Eine Frau, die bis zu diesem Zeitpunkt jeden Tag bei Dunkin' Donuts einen Muffin mit Schokostückchen gekauft hatte, haute es total um, als sie erfuhr, dass ihr kleiner Snack dicke 630 Kalorien hat.

Letztendlich will man auch gegen eine Statistik in New York City ankämpfen, die besagt, dass 56 Prozent aller New Yorker übergewichtig sind. Man hat das Ziel, innerhalb von fünf Jahren 150 000 weniger Fettleibige in New York City zu haben und 30 000 weniger Diabetes-Fälle. Geldstrafen von bis zu 2000 Dollar gibt es für Restaurants, die nicht mitmachen. Laut verschiedener Umfragen finden die meisten New Yorker das neue Gesetz sehr gut. Der TV-Sender MSNBC stellte zum Beispiel auf seiner Internetseite diesbezüglich folgende Frage: »Möchten Sie wissen, wie viele Kalorien jeder Cookie, jeder Muffin und jeder Brownie hat?« Und hier sind die Antworten der US-Bürger.

79 % der Befragten meinten: »Ja, mehr Informationen führen zu intelligenteren Entscheidungen.«

16 % sagten: »Ich hätte lieber die Option zu fragen, wie

viele Kalorien etwas hat, anstatt die Zahl ungefragt direkt vor mir zu sehen.«

Nur 4,7% antworteten: »Nein, zu viele Informationen ruinieren nur den Genuss eines sehr guten Cookies.«

Na ja, wenn das nicht Hoffnung macht? Es ist anscheinend nur eine Frage der Zeit, bis wir Amerikaner nicht mehr die fettesten Menschen der Welt sind!

Sport / Sports

Meine Liebe zum deutschen Fußball war nicht gerade Liebe auf den ersten Blick. Und Liebe auf den zweiten war es auch nicht. Am Anfang hatte ich mit dem Rhythmus des Spiels Probleme. Nämlich mit der Tatsache, dass ein Fußballspiel, sobald es angepfiffen wird, eine dreiviertel Stunde bis zur Halbzeitpause dauert. Und das bedeutet für Amerikaner: »Oh, my God! 45 Minuten lang kann ich mir nichts zum Essen holen! Will I survive?«

Als ich das erste Mal live bei einem Fußballspiel hier in Deutschland dabei war, sagte ich nach ungefähr 10 Minuten zu meinem deutschen Kumpel, der mich begleitet hatte: »I'll be right back. I'm just going to get some food.«

So was sagt man ständig in Amerika, wenn man zu Sportveranstaltungen geht. Und es ist dann auch nicht selten, dass Leute, die links, rechts, vor und hinter einem sitzen, bemerken: »That sounds good! Can you also get me some food?«

Ich nahm an, dass mein deutscher Kumpel an dem Tag wohl keinen Hunger hatte, weil er sagte: »Warte doch bis zur Pause, denn dann verpasst du nichts.«

»Okay, das hört sich vernünftig an. Dann verpasse ich nichts … But how long do I have to wait until the ›Pause‹?«

»45 Minuten.«

Ich dachte nur: *Is that even possible? Ein Amerikaner, 45 Minuten, ohne Essen?* Und dann sagte ich das, was viele Amerikaner in so einer Situation sagen würden: »Holy shit! 45 Minutes! And the whole time without food!«

71

Aber heute, fast 20 Jahre später, ist das alles überhaupt kein Problem mehr für mich. Ich gucke mir mit meinen Kumpels die erste Hälfte des Spiels an und nach der Pause die zweite. Und zwischendurch gehe ich nicht ein einziges Mal Essen holen! Ehrlich!

Meine Mutter Judy fragte mich einmal am Telefon: »Aber wie hältst du das aus, John, so lange ohne Essen? Wie machst du das?«

»Mom, das ist überhaupt kein Problem, denn bevor ich ins Stadion gehe, nehme ich mir immer etwas zum Essen mit.«

Bei amerikanischen Sportarten wie Baseball zum Beispiel gibt es unheimlich viele Pausen. Ein Baseballspiel besteht aus mindestens neun Durchgängen, und bereits nach der Hälfte jedes Durchgangs – das muss man sich mal vorstellen – gibt es eine Pause, die Baseball-Fans oft dafür nutzen, um schnell für Nachschub zu sorgen. Im Yankee Stadion in New York City zum Beispiel sind die kulinarischen Möglichkeiten schier endlos. Da gibt es Hotdogs und Hamburger, Pommes und Pizza, Chips, Popcorn und Brezeln. Sogar gesunde Snacks wie Äpfel, Bananen und Birnen, die aber von den Besuchern fast komplett ignoriert werden, nach dem Motto: »Hey, was soll das? Ich gehe zum Baseballspiel und nicht zur Diätberatung.« Das ist so, als würde man bei einem deutschen Fußballspiel statt Würstchen plötzlich Tofu-Gerichte anbieten.

Beim American Football ist es genauso. Dort gibt es genauso viele Esspausen wie beim Baseball – wenn nicht sogar mehr. Wenn die Offensive zum Beispiel nach drei Versuchen von der Defensive gestoppt wird, dann muss die Offensive den Ball zu der anderen Mannschaft kicken und selbst in die Defensive gehen. Und während die Spieler, die für die Offensive und die Defensive benötigt werden, aufs Feld gehen, gibt es ebenfalls eine Pause. Oft gibt es bei einem American Footballspiel pro Halbzeit 10, 12, 15 Pausen! Das muss man sich mal vorstellen! Auch wenn wir Amis – ganz nüchtern betrachtet – nur die Hälfte der Pause nutzen, um uns was zu essen zu holen, brauchen wir uns überhaupt nicht zu wundern, dass wir so dick sind! Wir fahren zwar zu Sportveranstaltungen, sind aber die ganze Zeit nur am Futtern! Deswegen mag ich mittlerweile Fußballspiele in Deutschland fast lieber. Die halten schlank!

Aber wirklich beeinträchtigt wurde meine Liebe zum deutschen Fußball am Anfang nicht nur durch die Tatsache, dass es weniger Essenspausen gibt. Was für mich am Anfang viel schwieriger nachvollziehbar war, war die Tatsache, dass die Spiele auch *unentschieden* ausgehen konnten. Bei amerikanischen Sportarten gibt es kein richtiges Unentschieden. Es wird meistens so lange weiter gespielt bis eine Mannschaft gewonnen hat. Bei American Football nennt man das zum Beispiel »Overtime« und beim Baseball »Extra innings«.

Als Kind war ich mit meinem Vater im Yankee Stadion, als die Yankees sage und schreibe 17 Durchgänge zum Sieg benötigten. Das Spiel fing um 20:00 Uhr an und endete erst um 3 Uhr morgens. Das war irrsinnig! Um die Yankees gewinnen zu sehen, durfte ich bis tief in die Nacht zuschauen, und alle 15 Minuten gab es auch noch Hotdogs! Viel besser hätte der Abend nicht laufen können!

Deswegen war ich auch so überrascht, als ich Jahre später mein erstes *Unentschieden* bei einem deutschen Fußballspiel erlebte. Damals war ich mit einem guten Freund bei einem 1. FC Köln-Spiel. Das Match fing mit einem Punktestand von 0:0 an und endete 90 Minuten später ebenfalls bei 0:0. Als alle Besucher nach dem Spiel das Stadion verließen, fragte ich meinen Kumpel: »Why is everyone leaving? The game isn't over yet! Nobody won! Nothing happened!«

»Wieso? Der 1. FC hat gerade einen Punkt geholt. Für Köln ist das großartig! Das reicht schon, um deswegen das ganze Jahr zu feiern!«

Ich war total verwirrt.

Tatsächlich sahen die Spieler beider Mannschaften zufrieden aus. Einige hatten sich die Hand gegeben. Einige hatten sich umarmt. Einige zogen sogar ihre Trikots aus und schenkten sie ihren Gegnern, während ich die ganze Zeit nur dachte: *I don't understand. Nobody won …*

Ich nehme an, dass es nicht nur für mich damals, sondern generell für die meisten Amerikaner schwierig ist, mit Sportarten, die unentschieden ausgehen können, etwas anzufangen. Weil wir Amerikaner immer einen Gewinner brauchen. Und weil wir immer einen Gewinner brauchen, brauchen wir auch immer einen Verlierer. Es reicht nicht zu sagen: »Hey, wir waren beide gleich gut. Wir teilen einfach einen Punkt und wir tauschen unsere Trikots unter einander.« Zu den berühmtesten amerikanischen Sprüchen, die sich mit »Winning«, also mit der Wichtigkeit des Siegens befassen, zählen: »Everyone loves a winner« und »Winning isn't everything – it's the only thing!« und »Winning is sexy.«

Kein Wunder also, dass es für mich nach fast 20 Jahren in Deutschland immer noch schwierig ist, deutschen Sportlern zuzusehen, die anscheinend bereits sehr glücklich sind, wenn sie nicht verlieren.

Kurz vor den Olympischen Sommerspielen 2008 habe ich einmal im Fernsehen ein langes Interview mit deutschen

Schwimmern verfolgt, bei dem alle über ihre Ziele und Hoffnungen bei den verschiedenen Wettbewerben redeten.

Einer sagte: »Mein Ziel ist es, eine gute Zeit zu schwimmen.«

Ein anderer behauptete: »Ich will nur meine Leistung abrufen.«

Noch ein anderer ergänzte: »Ich will deutsche Bestzeit schwimmen.«

Und ich dachte in dem Moment: *Das hört sich alles gut und schön an, aber was ist, wenn deutsche Bestzeit 3 Sekunden zu langsam ist, Flipper?*

Dann antwortete ein anderer, der nach seinen Erwartungen an die Olympischen Sommerspiele gefragt wurde: »Ich freue mich darauf, im olympischen Dorf viele interessante Menschen kennenzulernen.«

Als ich das hörte, war ich fassungslos.

Was? Du freust dich worauf? Du hast fast dein ganzes Leben im Schwimmbecken zugebracht, nur um bei den Olympischen Spielen dabei zu sein! Du hast auf unheimlich viele Dinge verzichtet, nur um überhaupt die Möglichkeit zu haben, dich zu qualifizieren. Und nun sagst du: »Ich will im olympischen Dorf viele interessante Menschen kennenlernen?«

Auch wenn ich solche Aussagen durchaus sympathisch finde, entdecke ich in solchen Momenten wieder den Ami in mir, den richtigen Ami, der ich anscheinend immer noch bin. Der von deutschen Schwimmern einmal hören möchte: »Wissen Sie, ich bin mein ganzes Leben nur geschwommen, die ganze Zeit nur geschwommen. Als meine Kumpels noch am Frühstücken waren, war ich bereits beim Training. Während meine Kumpels abends bereits schliefen, war ich noch am Trainieren, und wenn sie sich am Samstagnachmittag ein Fußballspiel angesehen haben, war ich auch beim

Training. Und deswegen werde ich bei den Olympischen Spielen vor allem eines: Ich werde gewinnen.«

Man sagt immer – besonders bei den Olympischen Spielen: Dabeisein ist alles! Aber für mich ist das so ein Quatsch! Denn am Ende des Tages wollen *alle* Journalisten Michael Phelps interviewen, alle Firmen wollen nur mit Phelps Werbeverträge vereinbaren. Und alle Frauen wollen nur Sex mit Michael haben. Nur ganz wenige würden sagen: »Och, den, der den letzten Platz gemacht hat und fast ertrunken wäre, finde ich auch ganz süß!«

Ich gehöre aber zur Mehrheit: Nicht, dass ich mit Phelps ins Bett möchte, oh nein! Aber auch ich will einen Winner sehen – während ich ganz unverschämt auf dem Sofa sitze, mir den Bauch vollschlage und sage: »Hey, Michael, das war ja alles gut und schön, aber das nächste Mal geht's doch noch ein bisschen schneller, oder?«

Partys / Parties

Es hat nicht lange gedauert, bis ich den Eindruck bekam, dass Partys hier in Deutschland ganz anders ablaufen als in Amerika. Nicht besser oder schlechter, sondern nur anders. Das fängt zum Beispiel schon bei der Planung einer deutschen Party an, die mit einer größeren Gründlichkeit vonstatten geht als in meinem Heimatland, den USA. Oft erlebe ich nämlich hier, dass bereits Wochen vor dem Fest Zettel an alle erdenklichen Türen und Wände des Hausflurs geklebt werden, auf denen die Gastgeber nicht nur ankündigen, dass bald eine Party stattfinden wird, sondern auf denen sie sich auch schon im Voraus für eventuelle Störungen entschuldigen.

In Amerika habe ich so was noch nie erlebt. In Amerika hängen wir höchstens Zettel kurz vor der Zwangsräumung auf oder bevor das Haus abgerissen wird. Aber um Partys anzukündigen? Nie. Aber solche Ankündigungen finde ich im Grunde gut, denn wenn man die Partymacher zufällig trifft, kann man immer sagen: »Hey, I see you are planing a party! It looks like it is going to be great!« Auf diese Weise habe ich schon oft eine Einladung ergattert.

Aber schnell habe ich gelernt, dass die Planung einer deutschen Party nicht nur mit den Aushängen zu tun hat. Ich bin oft auf deutschen Partys gewesen, bei denen man einige Tage vorher eine Liste mit Speisen und Getränken vom Gastgeber bekommen hat, die für die Party benötigt wurden. Als ich einmal nachfragte, ob das alles wirklich notwendig sei, antwortete mir der Gastgeber verdutzt: »Ja, selbstverständlich, denn das letzte Mal, als ich eine Party geschmissen habe, ohne vorher eine Liste verteilt zu haben, hatten wir plötzlich 20 Kartoffelsalate! Das war eine Katastrophe!«

Als er mir das erzählte, dachte ich bei mir: *Wenn so was in Amerika passieren würde, würde der Gastgeber alle herzlich begrüßen mit den Sätzen: »Hi, everyone! Welcome to my potato salad party!«*

Auf solchen Partys, auf denen vorher die mitzubringenden Speisen aufgeteilt werden, stelle ich dennoch ziemlich oft fest, dass es gerade deswegen viel Stress gibt, denn alle wollen, dass das, was sie mitgebracht haben, bei den anderen Gästen gut ankommt – das heißt, tatsächlich gegessen wird. Mir kommt es manchmal wie eine Art Wettbewerb vor. Wie zum Beispiel auch auf der letzten Party, auf der Stefanies Kartoffelsalat und Petras Nudelsalat miteinander konkurrierten, frei nach dem Motto: Welche der beiden Schüsseln wird zuerst geleert?

Aber letztendlich mache ich mir weniger Sorgen um die beliebtesten Salate, sondern mehr um die Speisen, die aus irgendeinem Grund von allen ignoriert werden. Auf jeder deutschen Party, auf der ich bisher war, scheint es immer solche Gerichte zu geben. Gerichte, die vielleicht niemand kennt oder zu außergewöhnlich aussehen. Keine Ahnung, vielleicht liegt es daran, dass ich Amerikaner bin, aber ich kann es nicht ertragen, wenn irgendjemand oder irgendwas ignoriert wird. »Make everybody feel good!« Und deswegen bin immer *ich* derjenige, der sich entweder mit der hässlichsten Frau auf der Party unterhält. Oder eben das unbeliebteste Gericht in großen Portionen auf den Teller schaufelt.

Anfangs in Deutschland ging ich zum Glück noch oft auf Studentenpartys, bei denen es im Grunde kein Kopf-an-Kopf-Rennen unter den mitgebrachten Speisen gab: Der eine brachte Salzstangen mit, der andere Erdnussflips, und noch ein weiterer – der vielleicht ein bisschen besser bei Kasse war – eine Familienpackung gemischtes Knabberzeug.

Gerade auf solchen Partys merkte ich oft, dass fast alle Gäste meistens ernsthafte Gespräche führten. Einmal war ich auf einer Feier, auf der die Stimmung scheinbar so schlecht war, dass ich mich gleich nach wenigen Minuten fragte: *Bin ich hier wirklich richtig? Vielleicht bin ich in der falschen Wohnung gelandet? Gar nicht auf einer Party, sondern auf einer Trauerfeier?* Aber dann sah ich überall die vielen Salzstangen und Chips rumstehen und war mir ziemlich sicher: *Nein, John, du bist schon richtig hier. Die haben hier alle einen Riesen-Spaß – nur du als Ami erkennst das nicht!*

Denn mir ist nach und nach aufgefallen – zu Beginn meiner Karriere als Partygänger in Deutschland –, dass man sehr gerne und auch sehr ausführlich über alle möglichen, total ernsthaften Themen redet. Das fand ich damals – wie heute – auch gut, denn das ist für mich als Amerikaner was ganz Neues gewesen. Auf amerikanischen Partys ist es sehr schwierig, wenn nicht unmöglich, dein Gegenüber oder eine ganze Gruppe in ein Gespräch über Erderwärmung, nukleare Abrüstung oder Krieg zu verwickeln. Auf deutschen Partys ist das überhaupt kein Problem!

Ich war einmal auf einer Party in Köln, auf der fünf oder sechs Leute total angeregt über den Kosovo-Krieg diskutierten. Und während ich daneben saß und verfolgte, wie total aufrichtig und ernsthaft über das Thema diskutiert wurde, stellte ich mir vor, wie in Amerika solch eine Diskussion ablaufen würde.

»Hey, Jim, what do you think about Kosovo?«

»Kosovo? Do I know her? Is she hot? Is she also here?«

Ich habe ausländische Freunde, die mir immer sagen, wie schwer es für sie ist, auf solchen Partys mit Deutschen in Kontakt zu treten. Ich dagegen habe ganz andere Erfahrungen gemacht. Ich muss nur sagen: »Hi, ich bin John und ich komme aus Amerika« und plötzlich bin ich bei allen Gästen total gefragt. Der eine schimpft über Amerikas Außenpolitik, ein anderer über unsere Wirtschaftspolitik und wieder ein anderer über Amerikas Klimapolitik. Einmal fragte ich aus Spaß, um die angespannte Atmosphäre ein bisschen aufzulockern: »Klimapolitik? Kenn ich nicht! In Amerika kennen wir nur Klimaanlagen.«

Tatsächlich war ich der Einzige im Raum, der über diesen Witz lachen konnte.

Aber es sind nicht nur die tiefgehenden Gespräche auf deutschen Partys, die mir ziemlich schnell hier am Anfang aufgefallen sind. Ebenso schnell registrierte ich die intensive Art, wie man sich hier in Deutschland zuprostet. Denn bei uns in Amerika sagt man einfach »Cheers« mit relativ geringer Intensität – und die Sache ist erledigt. Aber beim Zuprosten hier in Deutschland ist das ganz anders. Man sagt »Prost« und guckt sich dabei mit weit aufgerissenen Augen so intensiv an, dass man irrtümlicherweise meinen könnte: *Oh, my God, dieser Mensch, mit dem ich gerade anstoße, könnte geisteskrank sein.* Und dann prostet dir eine andere Person zu und du denkst: *Der auch!*

Aber weil ich damals keine voreiligen Schlüsse ziehen wollte – was man ja leider oft als Ausländer in einem fremden Land macht –, fragte ich nach dem Grund für dieses aus meiner Sicht ziemlich ungewöhnliche Verhalten. Als Antwort bekam ich von einer sehr netten, jungen Frau auf einer sehr netten »Kartoffelsalat und Würstchen«-Party folgende Erklärung: »Wir *müssen* uns so intensiv in Deutschland zuprosten! Denn wenn man das nicht macht, bedeutet das sieben Jahre schlechten Sex.«

Und als ich das hörte, dachte ich: *Wow! Das erklärt vieles!* Und jetzt prostet keiner intensiver zu als ich.

Auch wenn man auf amerikanischen Partys keine besonderen Verhaltensregeln kennt, so gibt es dafür ganz besondere Partys, die in Deutschland undenkbar wären. Ich spreche von »Hurricane Parties«, die vor allem zwischen Maine und Texas, unweit der Küste, stattfinden.

Ein deutscher Freund, der gerade in Miami mit seiner Frau Urlaub machte, befand sich plötzlich mitten auf so einer Party, nachdem nämlich ihr Hotel ziemlich schnell an der Küste evakuiert werden musste. Kurz nachdem beide in ein anderes Hotel außerhalb der Gefahrenzone gebracht worden waren, bekam mein Freund gleich in der Lobby einen Handzettel in die Hand gedrückt, auf dem stand: »Hurricane Party tonight: 8:00 pm on the roof.« Als er mir das erzählte, dachte ich: *So was ist nur in Amerika möglich!* Denn selbst wenn es in Deutschland Hurricanes gäbe, würde keiner dir einen Zettel in die Hand drücken, auf dem stünde:

»Hurricane Party: Heute Abend um 20:00 Uhr auf dem Dach!«

Aber so recht glauben konnte ich das, was mir mein Freund erzählt hatte, nicht. Und deswegen recherchierte ich auch im Internet nach »Hurricane Parties«. Was ich dann herausfand, war unglaublich!

Nicht nur, dass es tatsächlich Hurricane Parties in Amerika gibt, sondern auch, dass es im Internet alles zu kaufen gibt, was man braucht, um eine perfekte Hurricane Party veranstalten zu können. Ich habe auch erfahren, was eine gute von einer schlechten Hurricane Party unterscheidet, und dass es auch Auszeichnungen gibt für die besten. Ich habe zum Beispiel gelesen, dass man für eine gute Hurricane Party gut gelaunte Gäste, viel zu essen und zu trinken braucht. Und natürlich auch einen Hurricane, denn ohne handelt es sich nicht um eine ordentliche Hurricane Party, sondern nur eine stinknormale Party, auf der die Gäste nicht erst nach einer Woche nach Hause gehen, sondern bereits nach ein paar Stunden.

Die Hurricane-Party-Gastgeber scheinen auch tatsächlich nicht verrückt zu sein, wie ich es am Anfang vermutet hatte. Ganz im Gegenteil: Sie veranstalten diese Partys, weil sie wissen, dass Hurricanes in ihrer Gegend häufig vorkommen, und dass es manchmal besser ist, einfach zu Hause zu bleiben, um sich dieses Naturwunder mit Freunden anzuschauen. Vorausgesetzt: Der Hurricane ist nicht *zu* groß.

Aber weil es viele Hurricanes gibt, die entweder zu weit weg oder zu schwach sind, um gefährlich zu sein, gibt es viele von diesen Partys, auf denen Menschen mit den gleichen Ängsten – nämlich ihre Häuser und Autos durch die Luft fliegen zu sehen – sich in einer wie ich finde pseudolockeren Atmosphäre treffen. Auf einer amerikanischen Website hat sogar ein Mann geraten, dass man viel zum Essen und zum Trinken vorrätig haben sollte, denn Hurricane Parties dauerten in der Regel zwischen drei bis fünf Tage. Man erfährt auch, dass es in diesem Falle nicht unhöflich sei, Gästen im Voraus zu sagen, was sie mitbringen sollen. Bei stinknormalen, amerikanischen Partys bringt man ja meistens eher Chips, Brezeln oder eine Flasche Wein mit. Aber bei Einladungen zu Hurricane-Partys wird einem eher geraten, Dinge wie Taschenlampen, Batterien, Klopapier und Schlafsäcke im Gepäck zu haben. Und natürlich auch viel Alkohol. Denn viele Gastgeber haben die Erfahrung gemacht (Überraschung, Überraschung!): Je schlimmer der Orkan, desto mehr trinken die Gäste. Wer hätte das gedacht?

Die Tatsache, dass Hurricane Parties in den USA eine ziemlich normale Erscheinung sind, sagt meiner Meinung nach viel über die amerikanische Mentalität aus. Draußen wird alles verwüstet und drinnen wird gefeiert. Aber so sind wir Amis halt. Ein Deutscher würde sich in einer solchen Situation wahrscheinlich eher fragen: »Deckt meine Hausratsversicherung den ganzen Schaden ab? Und was ist mit dem Schaden, der durch meinen VW Golf entstanden ist, der sich nun nicht mehr auf dem Parkplatz befindet, sondern im Wohnzimmer meines Nachbarn?«

Mit solchen Situationen beschäftigen sich meine amerikanischen Landsleute nicht. Stattdessen wird immer wieder gefragt: »Does everyone have enough to drink?«

Aber Amerikaner brauchen nicht erst eine Naturkatastrophe, um sich einen Drink zu genehmigen. Amerikanische Studenten zum Beispiel können sehr gut auch ohne Orkanböen, Sturmfluten und Earth Quakes feiern. Auf so genannten »Beer Parties« nämlich. Auf diesen Festen finden seltsame Spiele statt wie zum Beispiel das berühmte »Beer Pong«, eine Mischung aus Bier saufen und Tischtennis spielen.

Bei »Beer Pong« steht jeweils ein Team an einem Ende

eines Tischtennistisches und versucht, einen Tischtennisball gezielt in einen mit Bier gefüllten Becher zu werfen. Dadurch wird die gegnerische Mannschaft dazu gezwungen, das Bier auszutrinken. Gewonnen hat die Mannschaft, die am Ende noch Bier in ihren Bechern hat. Die Verlierer müssen dann auch noch die Becher ihrer Gegner zusätzlich austrinken.

Als ich einen deutschen Freund fragte, ob solche Spiele auch in Deutschland eine Chance hätten, zögerte er nicht eine Sekunde: »Nein, das kann ich mir nicht vorstellen!« Als ich ihn fragte, warum, antwortete er: »Ganz einfach: Das deutsche Bier schmeckt einfach zu gut, als es die Gegner trinken zu lassen. Bei eurem faden Bier kann ich mir das eher vorstellen. Das ist wohl wirklich eine echte Strafe, es auch noch trinken zu müssen.«

Umwelt / Environment

In meiner ersten WG hatte ich immer wieder Ärger mit meinen Mitbewohnern. Aber nicht, weil ich zu laut Musik hörte oder wilde Sexpartys feierte oder den Kühlschrank leer aß. Nein, sondern weil ich meinen Müll immer in die falschen Behälter warf.

Als wir wieder einmal eine Auseinandersetzung deswegen hatten, sagte einer meiner Mitbewohnter plötzlich: »Sei nicht so hart mit John.« Ich freute mich, dass wenigstens einer mich verteidigte. Doch dann fügte er leise hinzu: »Der ist Ami. Der weiß es nicht besser.«

Als ich das hörte, war ich zuerst beleidigt, aber dann dachte ich: *Warte, das stimmt eigentlich! Ich habe tatsächlich keine Ahnung von Mülltrennung.*

Wenn ich ganz ehrlich bin, war ich ein beschissener Mülltrenner. Aber wie soll ich es als Amerikaner auch besser wissen? Ich bin nicht mit Fragen aufgewachsen wie »Was ist das für Müll? Ist das Hausmüll, Plastikmüll, Altpapiermüll, Biomüll, Verpackungsmüll, Sondermüll, Elektromüll, Sperrmüll, Kompostmüll, Recyclingmüll, Giftmüll, Industriemüll, Chemiemüll oder Restmüll?

Für uns gab es früher nur eine Müllsorte. Alles war einfach Müll. – Nein, das stimmt nicht: Wir stellten uns immerhin die Frage: »Ist das ganz gewöhnlicher Müll oder Atommüll?«

Und deswegen hatte ich damals so viele Probleme in Deutschland. Aber weil meine Mitbewohner so müllbewusst waren, entwickelte auch ich langsam ein gewisses Bewusstsein dafür. So etwas bleibt auch einem Amerikaner bei einem längeren Aufenthalt hier in Deutschland nicht erspart. Und das ist das Tolle an Deutschland, denn früher oder später wird jeder zum Mülltrenner, ob er es will oder nicht. Als ich ein Jahr später zu meiner deutschen Frau zog, ging meine Ausbildung zum Mülltrenner weiter. Ich hatte gelegentlich Rückfälle, indem ich zum Beispiel Papiermüll und Plastikmüll zusammen in dieselbe Tonne warf, aber zum Glück hatte ich meine deutsche Frau, die mich jedes Mal dafür anmeckerte.

Bis vor kurzem dachte ich immer noch, dass in Amerika kein Müll getrennt wird, aber dann wurden mir die Augen geöffnet. Bei meinem letzten Besuch in den USA fragte mich meine Cousine Melynda, ob ich Lust hätte, mit ihr ins »Recycling-Center« zu fahren, um das Altpapier und den anderen Müll zu entsorgen. Ihre Frage überraschte mich.

Ich dachte: *Ins Recycling-Center fahren? Haben wir hier so was überhaupt?*

Auf dem Weg zum »Recycling-Center« fragte ich mich, ob das etwas mit Obama zu tun hatte, nach dem Motto: Guantánamo wird geschlossen und dafür werden Recycling-Centers eröffnet!

Aber während wir gemeinsam den Müll sortierten, erzählte meine Cousine, dass in den USA schon lange der Müll getrennt wird. Und da wurde mir klar, dass *ich* es anscheinend war, der in den typischen Klischees lebte, von denen auch einige Deutsche ausgehen wie zum Beispiel:

»Die Amis haben keine Kultur.«

»Die Amis sind alle dick.«

»Und an jeder Straßenecke wird einer erschossen.«

Das stimmt überhaupt nicht – okay, an jeder zweiten

schon. Aber dass meine Landsleute auch schon Recycling betreiben, hätte ich ihnen auch nicht zugetraut.

Diese neue Erkenntnis wurde gleich ein paar Tage später nochmals untermauert. Nämlich als ich Melyndas Vater, meinen Onkel Joe, der Lehrer ist, an seiner Schule besuchte. Während er mir die ganze Schule zeigte und wir die verschiedenen Gänge des Gebäudes entlangliefen, fiel mir auf, dass überall Recycling-Tonnen aufgestellt waren. Links standen Müllcontainer für Plastikflaschen und rechts einige für Blechdosen, Altpapier und Kompost. Und dann gab es auch noch Entsorgungsbehälter für alte Handys, leere Druckerpatronen und sogar für Batterien.

Und während ich mir alles anschaute, fragte ich mich: *Nehme ich die vielen Recycling-Container nur wahr, weil ich in Deutschland dafür sensibilisiert wurde? Hat meine fast grenzenlose Begeisterung nur etwas damit zu tun, dass ich in dieser Hinsicht deutsch geworden bin? Früher hätte ich nur Fast-Food-Läden wahrgenommen.*

Bei näherer Betrachtung der Müll-Container an Joes Schule stellte ich anerkennend fest, dass alle Container nicht nur ziemlich voll waren, sondern auch immer gefüllt mit dem *richtigen* Müll! Ich war begeistert! Das liegt sicherlich nicht zuletzt daran, dass viele Lehrer bundesweit das Thema Mülltrennung und Umweltschutz in ihren Unterricht einbauen. Das finde ich super! Und ich kann mir vorstellen: Meinem früheren Umweltschutz-Vorbild Hans Christian Ströbele wäre es genauso gegangen.

Heute kann ich behaupten, dass die USA sogar noch einen Schritt weitergehen als Deutschland: Seit mehr als zwölf Jahren gibt es nämlich den ARD. Bei diesem Tag geht es nicht um den deutschen Fernsehsender »ARD«, sondern um unseren »America Recycles Day«, der jedes Jahr am 15. November stattfindet. An diesem nationalen Gedenktag gibt es bundesweit Hunderte von Veranstaltungen, die sich mit Mülltrennung und Recycling beschäftigen. Mit dem Ziel, die Bevölkerung für dieses Thema zu sensibilisieren.

Und weil wir Amerikaner, wie schon gesagt, den Wettkampf so lieben und immer die Nummer 1 sein wollen, gibt es seit 2001 in den Vereinigten Staaten sogar einen nationalen Wettbewerb, den man »RecycleMania« nennt. Dass es in Amerika so was wie »WrestleMania« gibt, bei der sich muskelbepackte Jungs gegenseitig durch die Gegend schmeißen, die auf Namen hören wie »Hulk Hogan«, »The Rock« oder »Sergeant Slaughter« (was auf Deutsch heißt »Feldwebel Schlachter«), liegt auf der Hand. So sind wir Amis halt. Aber dass es so was wie »RecycleMania« gibt, bei der Studenten nicht nur ans Biertrinken und coole Partys denken, sondern vor allem hinterher an das Recyceln der leeren Bierdosen, das ist außergewöhnlich. Dieser Wettbewerb wurde von Ed Newman von der Ohio University und Stacy Edmonds Wheeler von der Miami University ins Leben gerufen, als beide feststellten, dass die Studenten an den jeweiligen Unis ziemlich unverantwortlich mit dem von ihnen verursachten Müll umgingen. Und das wollten sie unbedingt ändern.

Im Jahre 2001 gab es gerade mal zwei Unis, die an diesem Uni-gegen-Uni-Mülltrennungs-Wettbewerb teilnahmen. Mittlerweile sind es über 500!

Wer hätte gedacht, dass amerikanische Studenten irgendwann total aufs Recyceln abfahren würden? Dass sie auf Partys und Paris Hilton abfahren, wusste man bereits, aber aufs Recycling? Niemals!

Aber verstehen Sie mich nicht falsch: Ich finde es gut so

und hoffe, dass aus den 500 Unis 10 000 und mehr werden, denn wir Amerikaner müssen nicht nur umdenken, sondern auch handeln! Denn leider sind wir trotz aller bisheriger Anstrengungen die Müllproduzierer Nummer 1 auf der Welt: Mit einer Pro-Kopf-Müllproduktion von über zweieinhalb Kilo pro Tag. Deshalb ist es auch so wichtig, dass die Studenten der Ohio University mit gutem Beispiel vorangehen. Im Gegensatz zu den Bären-, Löwen- oder Tigermaskottchen anderer Unis haben sie ein »Recycling«-Maskottchen, das bei allen wichtigen Sportereignissen und Veranstaltungen immer dabei ist: Eine Mülltonne auf zwei Beinen. Das ist ein wenig ungewöhnlich, aber wenn ein Student, der als Mülltonne verkleidet ist, dafür sorgt, dass seine Kommilitonen ein größeres Bewusstsein für das Thema Recycling bekommen, dann finde ich das mehr als in Ordnung! Nach dem Motto: »Ab in die Tonne – für eine bessere Umwelt!«

Namen / Names

Viele Deutsche meinen, dass sich amerikanische Künstler auch immer einen Künstlernamen zulegen würden. Und weil ich Amerikaner und Künstler bin, werde ich oft nach meinen Auftritten gefragt, ob »John Doyle« mein richtiger Name sei. Ich bejahe das natürlich, weil es stimmt, habe aber oft das Gefühl, dass man mir das nicht glaubt. Und in solchen Situationen beneide ich Künstler, dessen Namen sich so dermaßen künstlernamenmäßig anhören, dass keiner sie hinterfragt. Keiner fragt den Rapper 50 Cent zum Beispiel, ob er wirklich ›50 Cent‹ heißt. »Excuse me, is your name really 50 Cent? I thought it was Half Dollar.«

Oder keiner fragt die Popsängerin Pink nach einem ihrer Konzerte: »Excuse me but is your name really ›Pink‹? I thought it was ›Orange‹.«

Aber ich habe Verständnis dafür, wenn manche Leute hinterfragen, ob ich wirklich John Doyle heiße, denn für viele amerikanische Künstler sind Künstlernamen tatsächlich selbstverständlich. Und deswegen kennt die ganze Welt Alecia Moore nicht als Alecia Moore, sondern als Pink und Curtis James Jackson nicht als Curtis James, sondern als 50 Cent. Und Marvin Lee Aday ist auch nicht wirklich bekannt, dafür Meat Loaf umso mehr. Wahrscheinlich kam er auf seinen Künstlernamen, als der Jung-Rocker von seiner Mutter mit den Worten gerufen wurde: »Marvin, es gibt Abendessen! Meat Loaf!« Und dabei dachte Marvin vielleicht: *Meat Loaf ist nicht nur mein Lieblingsessen, sondern auch der perfekte Name für einen echten Rockstar!*

Aber es gibt auch einige amerikanische Stars, die ihre bürgerlichen Namen beibehalten haben wie Mariah Carey zum Beispiel. Nicht alle nennen sich »Dr. Dre«, oder »Mr. T«, oder »Ice T« oder »Ice Cube«. Der Rapper »LL Cool J« heißt natürlich auch nicht mit bürgerlichem Namen »L.L. Cool J« (übrigens eine Abkürzung für »Ladies Love Cool James«), sondern »James Todd Smith«. Aber irgendwann, ganz früh in seiner Karriere als Musiker, stellte er wahrscheinlich fest: »Ich kann mich nicht James Todd Smith nennen, wenn ich Rapper werden will. Das hört sich nicht an wie ein Rapper! Das hört sich an wie ein NOTAR!«

Ich finde es gut, dass Musiker hier in Deutschland – vor allem im Vergleich zu Amerika – scheinbar nicht so oft das Bedürfnis verspüren, sich einen Künstlernamen zuzulegen. Marius-Müller Westernhagen heißt mit bürgerlichem Namen so, und wenn er auf der Bühne steht, heißt er immer noch Marius-Müller Westernhagen. Bei Herbert Grönemeyer ist das genau so. Ich finde es total cool, dass es hier möglich ist, eine riesige Musikkarriere hinzulegen, selbst mit dem Vornamen Herbert. In Amerika würde man dich fragen: »You want to become a big pop star and your first name is Herbert? Are you fucking crazy?«

Wie gesagt, ich finde es gut, wenn selbst deutsche Künstler, die eine große Karriere starten wollen, ihren bürgerlichen Namen beibehalten. Til Schweiger zum Beispiel ging nach Hollywood und blieb trotzdem bei seinem Namen. Ich bin mir sicher, dass er oft von amerikanischen Casting-Direktoren immer wieder gefragt wurde: »Wie heißen Sie?«

»Til.«

»Bill?«

»No, not Bill. Til! Das ist fast wie Bill, nur mit ›T‹ statt ›B‹!«

Und obwohl er sicherlich merkte, dass sein Vorname für die Amerikaner ein bisschen schwierig auszusprechen war – übrigens wie sein Nachname –, blieb er hartnäckig bei Til Schweiger, ohne auch nur einen einzigen Buchstaben an seinem Namen zu ändern. Ob er deswegen wieder in Deutschland lebt? Who knows …

Dabei haben einige deutsche Promis aber auch manchmal ziemlich seltsame Namen – obwohl oder gerade weil es ihre bürgerlichen sind. Als ich im Sommer 2003 bei Star Search dabei war, gab es ein männliches deutsches Model als Gast-Juror – mit Namen Nico Schwanz. Ich kann mich noch sehr gut daran erinnern, was ich dachte, als ich diesen Namen das erste Mal hörte: *Nico was? Schwanz? Wie kann man nur Schwanz heißen? – Aber vielleicht habe ich mich irgendwie verhört und er heißt gar nicht »Schwanz«, sondern »Schanz«, und ich habe nur »Schwanz« verstanden, weil ich halt immer noch ein leicht verklemmter, blöder Ami bin?*

Aber er heißt wirklich Nico Schwanz. Und dass »Schwanz« nicht sein Künstlername sein konnte, war klar, denn wer würde seinen Namen von Schumacher, Schumann oder Schubert in Schwanz ändern? Außer wenn derjenige Porno-star werden will. Dann könnte ich so was verstehen.

Aber im ganz normalen Alltag, wo es Schulen, Banken und Steuerprüfungen gibt, ist ein Nachname wie Schwanz eher ein Nach- als ein Vorteil. Der Schulrektor sucht dich zum Beispiel auf dem vollen Pausenhof und schreit: »Hat jemand den kleinen Schwanz gesehen? Ich muss unbedingt mit dem kleinen Schwanz sprechen.« Und dann wirst du älter, aber die Sache wird trotzdem nicht besser für dich. Als

Nicos Freundin schwanger wurde, hatten überall im Lande verschiedene Zeitschriften und Zeitungen Überschriften wie »Nico Schwanz bekommt ein Schwänzchen«, »Ich freue mich auf mein kleines Schwänzchen« oder »Hier ist das erste Foto von meinem kleinen Schwänzchen«.

Doch jetzt genug zu Nico Schwanz, der sich wahrscheinlich köstlich darüber amüsiert, dass es so viele Menschen in Deutschland gibt, die sich nur mit seinem Schwanz ... äh, ich meine, mit seinem Namen beschäftigen.

Manche meiner Landsleute sind ziemlich kreativ und sogar ein bisschen »crazy«, wenn es um Vornamen für ihre Kinder geht. Besonders die Stars.

Frank Zappa, der ein sehr kreativer Musiker und Komponist war und leider viel zu früh gestorben ist, nannte eines seiner Kinder Moon. Moon Unit, um genau zu sein. In Deutschland wäre so ein Name undenkbar.

»Was? Sie wollen Ihr Töchterchen wie nennen? Moon Unit? Sie wollen Ihre Tochter nach einem Mondfahrzeug benennen? Ausgeschlossen!«

Zappas andere Kinder bekamen auch spannende Namen. Irgendwie logisch, denn du kannst nicht nur ein Kind »Mond« nennen und die anderen Fred, Steve und Helen. Deswegen nannte er eines Dweezel, ein anderes Ahmet Emuukha Rodan und das jüngste Diva Thin Muffin Pigeen. Ich weiß, was eine Diva und auch was ein Muffin ist (Ich esse fast jeden Tag einen bei Starbucks), aber was ist bitte ein »Pigeen«? Keine Ahnung.

Aber bekommen Sie bitte jetzt keinen falschen Eindruck von meinen Landsleuten, liebe Leser! Nicht alle Promis in Amerika nennen ihre Kinder nach Planeten und Sonnensystemen. Manche nennen ihre Kinder auch nach Obstsorten. Wie Gwyneth Paltrow zum Beispiel. Sie nannte ihre Tochter »Apple«. Keine Ahnung warum, vielleicht waren ihr Namen wie »Moon« oder »Dweezel« einfach ein bisschen zu »exotisch …«

Ich kann mir vorstellen, dass ein Vorname wie »Apple« hier in Deutschland überhaupt keine Chance hätte.

»Was? Sie wollen Ihr Kind wie nennen? *Apfel*? Sie wollen Ihr Kind *Apfel* nennen?«

»Nein, nicht *Apfel*, sondern *Apple*! Apple, wie das englische Wort für Apfel: Apple.«

Aber man sollte an dieser Stelle nicht glauben, dass nur Amerikaner eine kreative Ader haben, was Vornamen angeht. Ich recherchierte im Internet, um zu sehen, ob Deutsche auch Spaß an kreativen, verrückten Namen haben wie wir Amerikaner. Und tatsächlich: Jemand favorisierte in einem Diskussionsforum den Vornamen »Erdmute«. Und dieser Mensch – ich weiß nicht mehr, ob es ein Mann oder eine Frau war – fügte hinzu: »Ich plädiere für den klangvollen Namen ›Erdmute‹, um das Kind vor einem frühzeitigen Trauma zu bewahren. Denn Erdmute ist ein Konglomerat aus Erde und Mut und hat nicht nur Stil, Substanz und einen guten Klang, sondern würde auch eine Ehrenmitgliedschaft im örtlichen Feministinnenverband sichern.«

Ich bin mir sicher: Meine Landsleute hätten auch mit »Erdmute« kein Problem, außer dass sie wahrscheinlich die ganze Zeit denken würden: What the fuck does Erdmute mean? Aber abgesehen davon wären sie von diesem Namen wahrscheinlich begeistert.

Auch verrückte Mittelnamen in Amerika sind – wie wir es in den USA zu sagen pflegen – »no problem.« Manche Leute packen nicht nur einfach einen Mittelnamen dazu, der recht einmalig ist: Manche entscheiden sich sogar für eine ganz besondere Bezeichnung. Der Rocker John Cougar Mellencamp, der offensichtlich eine gewisse Vorliebe für wilde Tiere hat (Cougar heißt nämlich auf Deutsch »Puma«), gab einem seiner Söhne den Namen »Speck Wildhorse« Mellencamp. Und wenn Speck Wildhorse eines Tages selbst Vater werden wird, wird er vielleicht sein Kind »Bacon Wildschwein« nennen, denn Bacon Wildschwein befriedigt nicht nur den Hunger, sondern versprüht auch wegen des deutschen Wortes Wildschwein einen Hauch Internationalität. Und deswegen wäre es – wenn auch nur in Amerika – möglich, dass es eines Tages heißt: »Ladies and Gentlemen, it is my honor to present the next president of these great United States: Bacon Wildschwein Mellencamp!«

Aber trotz Amerikas Liebe zu verrückten Vor- und Mittelnamen sind ganz normale Namen eher die Regel als die Ausnahme in den USA. Die meisten Amerikaner nennen ihre Kinder nicht nach Obstsorten oder Planeten oder Mondfahrzeugen, sondern entscheiden sich für ganz normale Mädchennamen wie Emily, Isabella oder Emma und für ganz unspektakuläre Jungennamen wie Jacob, Michael, Ethan, Joshua und Daniel. »George« ist mittlerweile nicht so beliebt. Ob das mit George W. Bush zu tun hat? Keine Ahnung. Und vollständigkeitshalber muss ich an dieser Stelle auch erwähnen, dass der Name »Wildhorse« im Moment auch nicht gerade der Renner ist.

Weitere Unterschiede zu den USA nimmt man als Fremder erst nach einer Weile in Deutschland wahr. Wie zum Beispiel, dass man in meiner Wahlheimat viel nüchterner und sachbezogener mit Namen umgeht, als es in Amerika der Fall ist. Egal, ob es sich dabei um Namen von Menschen, Ortschaften oder Geschäften handelt. Manche deutsche Unternehmen haben Namen wie »Sportfachgeschäft Bülle« oder »Beerdigungshaus Meyer«. Sachbezogene Namen halt. Und dann fährt man nach Amerika und stellt fest, dass dort der Hang zur Sachbezogenheit viel geringer ist. In Spokane, Washington, zum Beispiel gibt es eine christliche Organisation, die sich »Beans, Rice and Jesus« nennt – oder zu Deutsch: »Bohnen, Reis und Jesus.« In Deutschland wäre ein solcher Name, glaube ich, undenkbar, in den USA ist er dagegen kein Problem. In Dallas, Texas, zum Beispiel gibt es eine Autowerkstatt, mit dem nicht sonderlich christlich klingenden Namen »S 'n M Car Works«. Aber ob man sich dort auspeitschen lassen kann, während man auf die Reparatur seines Wagens wartet – wer weiß? Aber wow! Was für ein Name!

Die Liste der verrückten, nicht sonderlich sachbezogenen Geschäftsnamen in Amerika ist schier endlos. So gibt es auch einen schönen Laden in New York City, der die besten Nüsse der ganzen Gegend verkauft. Dieses Geschäft hat den schönen Namen »My Family's Nuts«, was auf Deutsch so viel bedeutet wie: »Die Nüsse meiner Familie« oder »Meine Familie ist verrückt«. Der Laden ist angeblich total beliebt! Ich bin mir nicht so sicher, wie gut ein solcher Laden mit diesem Namen in Deutschland bei den Käufern ankäme.

Ich finde es interessant, dass sich Amerikaner oft für besonders verrückte Namen entscheiden, egal ob es dabei um Geschäftsnamen oder persönliche Namen geht, und dass man hier in Deutschland oft viel nüchterner mit diesem Thema umgeht. Ich habe das Gefühl, das trifft auch zu, wenn man sich die Ortsbezeichnungen verschiedener amerikanischer Städte anschaut.

Als ich meine Mutter einmal in Florida besuchte, entdeckte ich ein Schild, das den Ortsnamen »Celebration« trug. *Wie kann man eine Ortschaft nur »Celebration« nennen?*, war mein erster Gedanke. Und mein zweiter: *Warum eigentlich nicht?* Denn einmal, als ich nach Aachen fahren wollte und versehentlich zu früh von der Autobahn abgebogen war, landete ich plötzlich auf einer Landstraße mit der Ausschilderung, die ich folgendermaßen interpretierte: »Wenn ich in die eine Richtung fahre, komme ich nach Geilenkirchen und in die andere Richtung nach Titts.« Und ich dachte: *Wenn »Geilenkirchen« und »Titts« in Deutschland möglich sind, warum dann nicht auch »Celebration« in den Vereinigten Staaten?*

Dieser Gedanke löste eine gewisse Neugierde bei mir aus, und ich wollte herausfinden, ob es noch andere Orte mit ähnlich auffälligen Namen in den USA gab. Und tatsächlich: Ich entdeckte »Beauty«, Kentucky. Und wieder fragte ich mich: Wie kommt man darauf, einen Ort »Beauty« zu nennen? In Deutschland würde wohl keiner auf die Idee kommen, eine Kleinstadt »Schönheit« zu nennen.

»Hello, herzlich Willkommen in Schönheit. Wir hoffen, Sie werden es schön bei uns finden.«

Aber tatsächlich ist Amerika voll mit solchen Namen: In Michigan gibt es sogar eine Stadt, die »Paradise« heißt.

Und dann gibt es noch den schönen Ort, in dem Ex-Präsident Bill Clinton aufgewachsen ist. Und nein, dieser Ort heißt nicht »Blow Job«, USA – wie das einer meiner deutschen Freunde einmal behauptete –, sondern Hope,

Arkansas. (Die Amerikaner würden in tausend Jahren keinen Ort mit einem Namen wie »Blow Job« genehmigen. In Deutschland wäre das wahrscheinlich überhaupt kein Problem.)

Und an dieser Stelle möchte ich sagen, dass ich es schön finde, dass es in Deutschland dagegen viele Ortsnamen gibt, die ganz leicht in die Schmuddelecke gerückt werden können, ohne dass sich viele Leute darüber aufregen, geschweige es überhaupt merken würden. In Amerika würden sich sicherlich viele Leute beschweren und auf die Barrikaden gehen, wenn an ihrem Ortseingang ein Schild hängen würde, auf dem stünde: »Welcome to Titts. We hope you enjoy your visit.« Und am Ortsausgang: »Thank you for visiting Titts. Please, come again.«

Nein, bei so etwas verstehen wir Amerikaner keinen Spaß. Orte wie Titts, Geilenkirchen oder Poppenhausen, das in der Nähe von Schweinfurt liegt, hätten bei uns Amerikanern keine Chance. Und das Gleiche gilt für tolle deutsche Ortschaften wie Wixhausen nördlich von Darmstadt, Tuntenhausen im schönen Oberbayern, Petting am Waginer See oder Busenbach in der Nähe von Karlsruhe.

Nein, im Gegensatz zu Deutschland setzen Amerikaner viel weniger auf Ortsnamen, die irgendwas mit dem Thema »Sex« zu tun haben, sondern viel mehr auf Namen wie Bill Clintons Heimatstadt Hope, Arkansas. Hope wie Hoffnung. Hoffnung auf eine bessere Zukunft, Hoffnung auf Glück … Aber diese Stadt ist nicht der einzige Ort in den USA mit einem sehr positiven, optimistischen Namen. Es gibt auch noch Friendship, Texas, und Nirvana, Michigan – ganz, ganz oben im Norden der USA. Und ich kann mir vorstellen, dass jeden Tag Leute nach Nirvana zum Einkaufen fahren (oder um Drogen abzuholen) und alle dort sehr glücklich sind. Aber fairerweise muss man auch erwähnen, dass es in Michigan nicht nur ein Nirvana gibt, sondern auch einen Ort namens Hell. Ja, es gibt wirklich einen Ort in Amerika, der Hell heißt und nur ein paar hundert Meilen südöstlich von Nirvana liegt. Bestimmt dürfen die Braven in Nirvana bleiben und die anderen werden nach Hell umgesiedelt.

Aber im Großen und Ganzen muss man sagen, dass es in meinem Heimatland USA mehr Orte gibt, die eher an Glückseligkeit erinnern als an tiefe Depression. Wie Happyland zum Beispiel. Ja, diesen Ort gibt es tatsächlich. Er liegt ein Stück südwestlich von Oklahoma City. Ich selbst war noch nie da und kann deswegen nicht sagen, ob alle Einwohner glücklich sind. Aber sie sind wahrscheinlich glücklicher als die Leute, die in Hell, Michigan, leben. Denn wie heißt es so schön: Nomen est omen.

Ich denke, meine Heimat, die USA, wird nicht ohne Grund »das Land der unbegrenzten Möglichkeiten« genannt. Das scheint sich mir vor allem in den Ortsnamen widerzuspiegeln. Wir haben in Amerika für jeden etwas, das heißt auch für jeden den passenden Ortsnamen:

Für Skeptiker den Ort *Why* in Arizona.

Für Rätsellöser *Enigma* in Georgia.

Für Christmasfreaks *Santa Claus* in Indiana.

Für Autofreaks *Cadillac* in Florida.

Für Schwule *Gay* in Michigan.

Und natürlich gibt es auch Orte für Leute, die gerne viel essen. Also im Grunde Orte, an denen sich *alle* Amerikaner wohlfühlen. Orte wie *Two Egg*, Florida. Oder *Bacon*, Indiana. Oder *Hot Coffee*, Mississippi. Ja, diese Orte gibt es wirklich! Und für Leute, die Picknicks lieben, gibt es sogar einen Ort namens *Picnic*, Florida.

An dieser Stelle möchte ich gerne eine Pause einlegen, denn der Ami in mir bekommt langsam Hunger ...

Verkehr / Traffic

Viele Ausländer, die ich hier kenne, behaupten, dass unsere Wahlheimat Deutschland in vielen Belangen total langsam ist. Aber diese Behauptung konnte ich nicht bestätigen, als ich das erste Mal auf der deutschen Autobahn fuhr. Ganz im Gegenteil: Ich dachte als Erstes: *Shit! These people drive fast!* Eine Woche später fuhr ich wieder auf der Autobahn und dachte wieder: *Shit, these people are still driving fast!* Als ich dagegen ein halbes Jahr später in Amerika war und mit meinem Mietwagen auf dem Highway fuhr, dachte ich: *Shit! These people really drive slowly!* Früher, als ich noch in Amerika gewohnt hatte, war es mir überhaupt nicht aufgefallen, wie »slow« man bei uns fährt. Und dieses Feeling von »slow« habe ich heute immer noch, wenn ich einen kurzen Abstecher auf Americas Highways mache. Ich fuhr einmal auf einem in New Jersey. Einer, der sich direkt vor mir befand, fuhr unheimlich langsam. Und als ich an ihm vorbeifuhr, um ihn zu überholen, kurbelte ich meine Fensterscheibe runter und schrie ihm das zu, was man in Deutschland in solchen Situationen so schreit: »Entschuldigung, aber soll ich schieben?«

Aber viel besser und geschickter verhalten habe ich mich auch nicht, als ich meine eigenen ersten Erfahrungen auf den hiesigen Autobahnen sammelte – damals, vor mehr als 18 Jahren. Ich ging zu Sixt und sagte dem Typ am Schalter: »Ich würde gerne ein Auto mieten.« Tatsächlich wollte ich ein schnelles Modell, um es bei meiner ersten Fahrt richtig krachen zu lassen. Aber weil ich kaum Geld hatte, bekam ich nur einen Fiat Panda. Die Marke kannte ich damals zwar nicht, aber ich befürchtete schon: »Wenn das Ding ›Panda‹ heißt, dann wird's wahrscheinlich nicht besonders schnell sein. « Und so war es dann auch.

Ich fuhr auf die Autobahn, gab Gas und stellte fest, dass das nicht unbedingt bedeutete, dass das Auto dann auch sofort schnell fährt. Ich hatte vorher in einem Magazin gelesen, dass es Autos gibt, die von 0 auf 100 in fünf Sekunden beschleunigen können. Aber mein Fiat Panda war leider keines von diesen. Ich wäre damals mehr als froh gewesen, hätte ich die 100 km/h in einer Minute knacken können. Aber das schaffte ich leider auch nicht. Und die Sache wurde noch schlimmer, als ich bei dem Versuch, so schnell wie möglich auf 100 zu beschleunigen, einfach auf die linke Autobahnspur wechselte. Nicht in die Mitte. Nicht nach rechts, sondern nach links. Ganz nach links. Ich dachte mir: *Warum nicht? Die linke Spur ist leer. Ich bin fast bei 95. Was kann schon schiefgehen?*

Sehr schnell musste ich feststellen: Verdammt viel!

Nach ein paar Minuten schaute ich in meinen Rückspiegel und dachte: *Wow! Mein Auto hat ja richtig schöne Ledersitze!* Und nach ein paar Sekunden stellte ich erschrocken fest: »Oh, shit! Das sind ja gar nicht meine Ledersitze, sondern die des dicken Mercedes hinter mir!« Plötzlich fing der Mercedes-Fahrer an, sehr schnell mit der rechten Hand vor seinem Gesicht rumzuwedeln. Und meine erste Reaktion war: »Hey, ist der nett! Der winkt mir ja zu! Der Typ scheint ein richtig netter Mensch zu sein.«

Heute weiß ich, dass dieser »nette Typ« damals mir was ganz anderes mitteilen wollte. Weder Nettigkeiten noch den Hinweis »Auf dem nächsten Rasthof gebe ich einen aus!«, sondern eher: »Entschuldigung, aber soll ich schieben?«

Aber damals wusste ich noch nicht, dass man als Langsamster ganz rechts fährt. Hätte ich das damals schon gewusst, dann wäre ich nie und nimmer mit meinem netten, sympathischen, aufgemotzten Rasenmäher auf der linken Spur gefahren.

Dass die Amerikaner generell so langsam auf den Highways fahren müssen, hat natürlich einen triftigen Grund.

Anfang der siebziger Jahre herrschte ja nicht nur in den USA, sondern weltweit eine große Ölkrise. Und um Sprit zu sparen, entschied man in Washington, eine flächendeckende, bundesweite Höchstgeschwindigkeit von 55 Meilen pro Stunde (umgerechnet 89 km pro Stunde) auf allen Highways einzuführen. Sonderlich glücklich waren die Amerikaner darüber natürlich nicht. Überall gab es Proteste – besonders in den ländlichen und dünn besiedelten Gebieten wie Montana oder North Dakota, wo Bisons, Elche und Coyoten zahlreicher vertreten waren als Menschen.

Diese Geschwindigkeitsdrosselung bekam ich leibhaftig zu spüren, als mein »armer« Cousin Charlie, der in den Neunzigern viel Geld an der Börse verdient hatte und sich daher einen Porsche 911er Turbo leisten konnte, mich eines Tages in seinem tollen Wagen mitnahm. Während wir eine kurvige Straße entlangfuhren, merkte ich, wie wir schon 55 km/h erreicht hatten, bevor Charlie überhaupt in den zweiten Gang schalten konnte. Als ich aber merkte, dass er gar nicht vorhatte, schneller zu fahren, sondern langsamer, sagte der Deutsche in mir: »Gib Gas, Charlie! Gib Gas! Du fährst einen Porsche mit mehr als 300 PS, gib endlich Gas!« Es kam mir vor, als ob er sich ein teures Rennpferd gekauft hätte, das er nun nur zum Ponyreiten einsetzen würde. Als wir dann immer langsamer und langsamer fuhren, wollte ich am liebsten losschreien: »Mensch, soll ich schieben?« Aber das habe ich mir verkniffen und stattdessen zu meinem Cousin gesagt: »Mensch, Charlie, jetzt hast du so einen tollen Wagen! Jetzt brauchst du nur noch das passende Land dafür.«

Aber als Amerikaner ist mir recht bald in Deutschland aufgefallen, dass nicht nur die Autofahrer schnell fahren, sondern auch die Fahrradfahrer. Viele deutsche Fahrradfahrer sehen für mich aus, als würden sie für die Tour de France trainieren, anstatt ins Büro zu fahren. Sie tragen professionelle Kleidung, einen aerodynamischen Fahrradhelm und sitzen auf einem 5000,– Euro teuren Bike. Ich kann mir vorstellen, dass manche von ihnen sogar dopen – nur um das professionelle Feeling zu bekommen. In Amerika ist das Fahrrad eher ein Spielzeug als ein Verkehrsmittel. Viele sehen aus, als hätte man sie auf dem Flohmarkt gekauft. Die meisten haben außer einem Lenker, zwei Rädern und einer Bremse keine weiteren Extras.

Aber deutsche und amerikanische Fahrradfahrer unterscheiden sich nicht nur in der Optik, sondern auch in der Geschwindigkeit.

Deutsche Fahrradfahrer fahren so fucking schnell. So fucking schnell. Deshalb ist es auch klar, dass hier jeder aussieht wie ein zweiter Lance Armstrong. Hier gibt jeder Gas, hier gibt jeder alles! Nicht nur der durchtrainierte Sportler, sondern alle fahren in einem irren Tempo. Denn jede Sekunde zählt! Der Arzt muss rechtzeitig zur OP, der Schüler pünktlich in die Schule und die Rentnerin zügig zu ihrem Stück Kuchen.

In meiner Anfangszeit in Deutschland war mir gar nicht bewusst, wie verdammt schnell deutsche Fahrradfahrer unterwegs sind. Ich habe dieses Tempo total unterschätzt.

Früher stand ich zum Beispiel oft völlig ahnungslos auf einem Fahrradweg, ohne überhaupt zu wissen, dass ich auf einem Fahrradweg stand. Und wenn ich dann ein »Ring, ring« hörte, dachte ich jedes Mal: *Oh, ein Fahrrad kommt!* Aber nach einer Weile musste ich feststellen: Nein, »Ring, ring« bedeutet nicht: Ein Fahrrad kommt! sondern: Das Fahrrad ist schon da!

Heute fahre ich selbst Fahrrad. Zwar nicht so schnell wie der durchschnittliche Rentner, der zu seinem Kaffeekränzchen fährt, aber für einen Amerikaner ziemlich schnell. Und weil meine Deutschwerdung in diesem Punkt auch ziemlich stark vorangeschritten ist, habe ich mich mittlerweile der deutschen Fahrweise angepasst. Ich trödele nicht einfach rum, wenn ich mit meinem Fahrrad unterwegs bin, sondern fahre ziel- und zeitbewusst von A nach B. Und nicht nur das. Ich setze sogar meine deutsche Klingel ein, aber nur, wenn es absolut nötig ist, denn ich will so wenig Menschen wie möglich erschrecken. Allerdings fahre ich, das muss ich zu meiner Schande gestehen, genauso wie die deutschen Fahrradfahrer bei Rot über die Ampel. Ja, Fahrradfahren ist toll. Zum Beispiel merkt man in Berlin beim Radfahren erst, wie groß diese Stadt ist. Du steigst aufs Rad, fährst los und kommst drei Tage später an. Ich habe sogar herausgefunden, dass es in Deutschlands Hauptstadt insgesamt über 80 Kilometer Fahrradwege gibt.

Aber so hoffnungslose Fälle, wie ich immer gedacht habe, sind wir Amerikaner anscheinend doch nicht. Amerika scheint bei diesem Thema wie ich deutscher und deutscher zu werden, denn heutzutage fahren viel mehr Leute in den USA mit dem Fahrrad als früher. Okay, vielleicht nicht so viele in New York City, wo man als Fahrradfahrer eher lebensmüde wäre. In Ohio oder Kansas auch nicht, wo man viel lieber mit dem Traktor fährt als mit dem Rad. Aber an der Westküste der USA, da ist, was das Fahrradfahren angeht, echt was los. In San Francisco fahren zum Beispiel jeden Tag 40 000 Menschen mit dem Fahrrad zur Arbeit. Eine irre Zahl, wenn man bedenkt, wie viele Hügel diese Stadt hat! Oje! Wenn ich jeden Tag mit dem Rad zur Arbeit fahren müsste, würde ich wahrscheinlich gar nicht erst ankommen.

Oder nehmen wir zum Beispiel Davis, California. Diese Stadt ist so fahrradverrückt, dass der Schulbusbetrieb eingestellt werden musste, weil fast alle Kinder nur noch mit ihren eigenen Fahrrädern in die Schule fahren.

Oder Portland, Oregon, das als Amerikas fahrradfreundlichste Stadt gilt, geht sogar noch einen Schritt weiter. Denn sie hat nicht nur unglaublich viele Fahrradwege, sondern liefert Radfahrern sogar eine eigene Infrastruktur. »Bike Central« ist ein Netzwerk von Dienstleistern, das vor allem Berufspendlern nicht nur Abstellmöglichkeiten für ihre Fahrräder anbietet, sondern auch Saunas, Whirlpools, Dusch- und Umkleideräume sowie Kleiderschränke, in denen man die frisch gewaschenen Klamotten für die ganze Woche lagern kann. Die machen alles für dich – außer fahren! Das Motto lautet: Weg vom Auto – hin zum Rad!

Aber Portland ist nicht nur deshalb Amerikas Bike City Number 1. Portland ist auch »Bike City USA«, weil es viele Initiativen gibt, die Fahrräder plus Zubehör an finanziell schwache Menschen verschenken, damit diese durch diese Mobilität wieder zurück in die Gesellschaft finden. Das heißt: In Portland ist das Fahrrad viel mehr als nur ein Fahrrad. Und auch viel mehr als nur ein Verkehrsmittel, sondern eine Chance auf ein besseres Leben!

Das finde ich super – solange sie mich als Fußgänger nicht überfahren, ich nicht im Krankenhaus und anschließend in der Reha lande, habe ich damit kein Problem!

Arbeit/Work

Ich finde es super, dass man in Deutschland viel mehr Freizeit hat als in Amerika. Es gibt nämlich nicht nur Arbeitstage und Wochenendtage hier in Deutschland, sondern auch Feiertage, Urlaubstage, Krankheitstage, Weiterbildungstage und sogar Brückentage!

Als ich noch Single und neu in Deutschland war, hatte ich einen Job als Auspacker beim Deutschen Paket Dienst im Saarland. Ich war völlig baff, als sich ein Kollege an einem Mittwoch von mir mit dem Satz »dann bis Montag« verabschiedete. Ich fragte mich: »*Dann bis Montag?*« *Aber heute ist doch erst Mittwoch!* Ich war völlig verwirrt. Aber mein Kollege war ein ziemlich netter Mensch, der bereit war, mich aufzuklären.

»Morgen ist ein Feiertag und Freitag nehme ich einen Brückentag. Am Wochenende wird nicht gearbeitet. Und deswegen: bis Montag!«

Brückentag? Was ist das denn? A bridge day? Is that a day where Germans walk over bridges? Jetzt war ich komplett verwirrt.

Sogar als kleiner Auspacker bekam ich 30 bezahlte Urlaubstage. Als ich meiner Mutter damals davon erzählte, war sie ebenfalls vollkommen verwundert.

»Was? 30 Urlaubstage? Und das alles in einem Jahr?«

Im Durchschnitt haben Amerikaner 16 Urlaubstage im Jahr, was weniger ist als alle anderen Industrieländer. Sogar die Japaner, die auch ziemlich »verrückt« sind, was das Arbeiten angeht, machen mehr Urlaub als wir Amerikaner.

Und nicht nur das: Ich habe sogar herausgefunden, dass Amerikaner mehr Zeit auf dem Klo verbringen als im Urlaub. Also, wenn das nicht »crazy« ist, dann weiß ich auch nicht. »No, Heinrich, you go alone to Hawaii. I'm happy sitting here on the toilet.«

Amerikaner haben im Durchschnitt nicht nur 16 Urlaubstage; sie lassen auch etwa drei Tage davon im Jahr verfallen. Das heißt im Klartext, dass mehr als 436 Millionen Urlaubstage überhaupt nicht genommen werden.

Aber warum tun die Amerikaner das, fragen Sie sich jetzt vielleicht? Es gibt dafür viele Gründe. Manche haben Angst, den Arbeitsplatz zu verlieren. Manche sehen sich im ständigen Wettkampf mit ihren Kollegen, wenn es darum geht: Wer wird befördert? Wieder andere meinen: »Ohne meine ständige Anwesenheit würde die Firma Pleite gehen!« Und wieder andere haben tatsächlich ein schlechtes Gewissen, wenn sie statt zu arbeiten, irgendwo in der Sonne rumliegen und die ganze Zeit Piña Coladas trinken. In den 18 Jahren in Deutschland habe ich so was noch nie gehört.

Amerikaner haben noch nie so viel gearbeitet – und auch noch nie so wenig frei gehabt – wie heutzutage. Und mag man den Statistiken glauben, sind das pro Jahr 350 Arbeitsstunden mehr bei den Amerikanern als durchschnittlich bei den Europäern. Das ergibt umgerechnet neun Arbeitswochen zusätzlich. Die Situation wurde vor ein paar Jahren zum Teil so prekär, dass das Problem einen Namen bekam: »Shrinking Vacation Syndrom.« PriceWaterhouseCoopers, eine der führenden Wirtschaftsprüfungs- und Beratungsgesellschaften in den USA, hat sich sogar entschlossen, zweimal im Jahr ihre ganze US-Dependance zu schließen, damit Tausende von Mitarbeitern endlich in ihren Urlaub fahren und sich vom ganzen Arbeitsstress erholen können.

Und nicht nur das: Die Firma ist auch bekannt dafür, ihren Mitarbeitern automatische E-Mails zuzuschicken, um sie auch auf diese Weise daran zu erinnern, dass es auf der Welt nicht nur Arbeit, sondern auch Urlaub gibt.

Aber so schnell wird sich die Lage wahrscheinlich nicht ändern, denn laut Umfragen sagen mehr als 80 Prozent der Amerikaner, dass sie in nächster Zeit nicht vorhaben, ihren Urlaub auf einmal zu nehmen.

Eine solche Haltung wäre in Deutschland nie und nimmer denkbar. Ich habe einen deutschen Freund, der seinen kompletten Jahresurlaub auf einmal nimmt und noch hinzufügt: »Ich brauche die ersten vierzehn Tage, um überhaupt runterzukommen. Erst dann beginnt der Urlaub für mich richtig.«

Mensch, lange bevor der überhaupt sein Badehandtuch ausgebreitet hat, sind wir Amis schon wieder zurück am Arbeitsplatz.

Ich denke, weil die Beziehung der Deutschen zu ihrem Arbeitsplatz weniger belastet ist als bei den Amis, läuten sie das Ende des Arbeitstages und den Anfang der Freizeit viel positiver ein, indem sie sagen: »Schönen Feierabend«, »Ich habe Feierabend!« oder »Gott sei Dank, jetzt ist Feierabend!«. Ich finde den Begriff »Feierabend« sehr schön, denn »Feierabend« kommt von »feiern«. Man feiert sozusagen das Ende des Arbeitstages.

In Amerika tut das keiner. Bei uns heißt es statt »celebration time« »quitting time«. Bei näherer Betrachtung hat »quitting time« ziemlich wenig mit der Idee des Feierns zu tun, sondern viel mehr mit »man kapituliert vor der Arbeit«.

111

Die OECD, die Organisation für wirtschaftliche Zusammenarbeit und Entwicklung mit Sitz in Paris, hat bestätigt, dass es nur ein Land in der 30-Länder-Organisation gibt, das mehr Freizeit pro Tag hat als Deutschland. Und dieses Land heißt Belgien. Aber ich kann mir vorstellen, dass es wahrscheinlich nur daran liegt, weil viele Deutsche in Belgien leben.

Laut einer Studie, die im Mai 2009 veröffentlicht wurde, haben die Belgier 6 Stunden und 39 Minuten Freizeit pro Tag. Die Deutschen sind dicht dahinter auf Platz 2 mit 6 Stunden und 34 Minuten. Am wenigsten Freizeit haben die Menschen in Mexiko, Japan, Australien und in der Türkei. Wir Amerikaner befinden uns ungefähr in der unteren Hälfte der insgesamt 30 Länder.

Bei uns in den USA sind viele Menschen fest davon überzeugt, dass Deutsche NUR leben, um zu arbeiten. Aber ich habe festgestellt, dass dieses Klischee nur teilweise stimmt. Natürlich arbeiten Deutsche sehr viel und sehr hart, denn die vielen tollen deutschen Autos, die weltweit exportiert werden, bauen sich ja nicht von alleine. Aber was auch festgehalten werden muss und oft unterschlagen wird, ist die Tatsache, dass Deutsche nicht nur leben, um zu arbeiten, sondern auch leben, um Freizeit zu haben. Und das finde ich sehr sympathisch. Ich habe einen deutschen Kumpel, der mir immer sagt, dass er ein schlechtes Gewissen hat, wenn er seinen ganzen Jahresurlaub auf einmal nimmt. Und jedes Mal, wenn er mir das erzählt, antworte ich: »Entspanne dich, Klaus. Don't worry, be German.«

Freizeit / Free Time

Apropos Freizeit: Ich stellte sehr bald fest, wie sehr man es als Deutscher liebt, in seiner Freizeit wandern zu gehen. Das sieht man allein schon an den vielen Wandermöglichkeiten, die es hier gibt: Man kann in den Bergen wandern, am See, im Wald, in der Stadt, auf dem Land. Und sogar auch im Watt!

Ich war einmal in den Sommerferien auf der Nordseeinsel Norderney. Und ich hatte zunächst auch nicht ans Wandern gedacht, sondern eher an Sonnenbaden und Entspannung und – wenn ich ehrlich bin – an was Leckeres zu essen. Bis ich mit einem leidenschaftlichen deutschen Wanderer ins Gespräch kam. Wir standen zusammen am Strand und schauten auf das Wasser, als er ankündigte: »Sehen Sie da draußen, dort werde ich wandern, wenn das Wasser weg ist.«

Diese Aussage hat mich total verblüfft. Ich schaute auf das Wasser, drehte mich dann zu ihm um und outete mich als echter Ami, indem ich ihn fragte: »Warum? Warum würde man so was tun wollen?« Aber im selben Moment dachte ich: *Hey, warum eigentlich nicht? Die Deutschen lieben es zu wandern, und deshalb lassen sie sich auch bestimmt von nichts stoppen. Bestimmt auch nicht vom Meer!* Aber ich konnte mir nicht so richtig vorstellen, dass viele am Strand liegende Amerikaner aufs Meer gucken würden, um dann irgendwann zu sagen: »Shit! Wenn das Wasser nicht da wäre, könnten wir dort auch wandern!«

Meine erste Wattwanderung habe ich dann auf Norderney gemacht, zusammen mit meiner Frau Martina, meinem

Sohn Joshua und anderen Urlaubern. Es hat aber nicht lange gedauert, bis ich das Gefühl hatte, dass eine Wattwanderung hier in Deutschland viel weniger mit einer »Wanderung im klassischen Sinne« zu tun hatte, sondern viel mehr mit – wie soll ich sagen? – Würmern. Denn bei einer normalen Wanderung geht es in der Regel um richtige Entfernungen wie 10, 15, 20 Kilometer. Bei einer Wattwanderung merkt man: Die Entfernungen sind viel kürzer. Man läuft 20, 30 oder 40 Meter bis irgendeiner aus der Gruppe sagt: »Schauen Sie mal, ein Wurm!« Und dann läuft die Gruppe wieder ein paar Meter weiter, bis wieder ein anderer ruft: »Und da ist noch ein Wurm!« Ich hatte das Gefühl, wir machten keine Wanderung, sondern beobachteten nur verschiedene Wattwürmer. Alle paar Minuten rief unsere staatlich geprüfte Wattführerin Regina aus: »Schauen Sie: Schon wieder ein Wattwurm.« Und dann mussten wir uns alle im Kreis aufstellen, während Regina über die Besonderheiten eben dieses bestimmten Wattwurms erzählte. Dann durften wir das Tier anfassen – buchstäblich aus erster Hand. Ich weiß nicht warum, aber ich hatte in dem Moment das Gefühl, eine total alte, deutsche Tradition miterleben zu dürfen. Ich dachte nur: *Mensch, was für ein tolles Erlebnis! Man steht im Kreis mit anderen Deutschen, die man nicht kennt und reicht einen glitschigen Wurm weiter!*

Das heißt aber nicht, dass wir Amerikaner nicht auch gerne in unserer Freizeit wandern gehen würden. Nein, natürlich wandern wir auch, aber das nennen wir dann »Hiking«. Überall in Amerika gibt es so genannte »Hiking Trails« – zu Deutsch »Wanderwege« –, auf denen bergauf und bergab »gehikt« wird. Keine Ahnung, aber vielleicht hat der Hiking-Boom in Amerika etwas mit unseren 60 Millionen Deutsch-Amerikanern zu tun, die von ihren

Verwandten in Deutschland gesagt bekommen haben, dass sie endlich ihren Hintern hochkriegen sollten. Aber ich bin der Meinung, dass die Popularität von Hiking in Amerika nicht nur auf die gesundheitlichen Vorteile, die es eindeutig hat, zurückzuführen ist, sondern auch auf die Tatsache, dass es als Herausforderung verstanden wird.

»Hey, Bob, how many hours did you need to hike up that mountain yesterday?«

»What do you mean hours? I did it in 20 minutes!«

Aber der wahre Grund, warum die Amerikaner so gerne hiken, liegt für mich an der unglaublichen Schönheit der Natur, die die USA zu bieten hat. Besonders in den westlichen Nationalparks ist diese vorzufinden. Möchte man Canyons und Geysire und Mammutbäume sehen, dann begibt man sich wie gesagt auf einen Hiking Trail, um das alles zu erleben. Und wenn man lieber etwas anderes erleben will, dann gibt es auch Wanderwege in Amerika, die durch Wüsten, Regenwälder und über Berge führen. Ein sehr beliebtes Hiking-Ziel ist »Colorado's Glacier Gorge« im Rocky Mountain Nationalpark, in dem man auf Bergseen, Wasserfälle, Wild Flowers und viele andere typisch amerikanische Sehenswürdigkeiten stoßen kann.

Und was ich auch nicht vorher wusste, ist, dass mein Land sogar einen der längsten Wanderwege der Welt hat, was mich völlig überraschte. Er heißt »Appalation Trail« und erstreckt sich auf mehr als 3000 Kilometer. Ob man da auf viele Amerikaner trifft? Keine Ahnung.

Mein erstes Wandererlebnis in Deutschland hatte ich zusammen mit meinem englischen Kumpel Nigel, als wir an einem kalten Januartag versuchten, hoch auf den Bonner Drachenfels zu wandern. Aber die ganze Aktion hatte eigentlich viel weniger mit »Wandern« zu tun als mit »Wegrutschen«. Ich erinnerte mich an diverse Sportveranstaltungen im Fernsehen, bei denen die Sportler immer so gut, so fähig wirkten und sich mit einer totalen Leichtigkeit bewegten, und dachte: *So sehen wir bestimmt nicht aus.* Ich glaube, schuld daran war die völlige Überschätzung unserer Wanderfähigkeit. Statt einen lockeren Mosel- oder Rheinwandertag im Herbst zu unternehmen oder den Tag einfach nur auf dem häuslichen Sofa abzuhängen, entschieden wir uns für einen steilen Anstieg an einem sehr verschneiten, kalten Wintertag. Genauer gesagt: Wir entschieden uns für einen Weg, der überhaupt kein richtiger Wanderweg war und der von uns die Kraft, die Kondition und den Gleichgewichtssinn eines Bergziegenbocks abverlangte. Den Drachenfelsgipfel erreichten wir dann doch noch am selben Tag. Und das Schönste an der Geschichte war: Ganz ohne Knochenbrüche.

Servicewüste / Service Paradise

Viele Leute meckern über den Service hier in Deutschland: Sie bezeichnen die Verkäufer als schlecht oder unfreundlich oder – als schlecht *und* unfreundlich. Manche halten meine Wahlheimat sogar für eine »Servicewüste«. Andere halten den Begriff für untertrieben und meinen sogar: »Nein, keine Servicewüste, sondern ein Servicedesaster.«

Wenn ich ganz ehrlich bin, dachte ich damals genauso. Und zugegeben: Dieses Gefühl habe ich auch noch heute manchmal, zum Beispiel wenn ich im Café sitze und zahlen will. Denn kurz nachdem ich »Zahlen, bitte« sage und die Kellnerin »Sofort« antwortet, wird mir bewusst, dass dieses »Sofort« nicht unbedingt »sofort« bedeutet, sondern viel eher »bald!«, »irgendwann«, »vielleicht später«. Oder »nie.«

Dieses Problem habe ich auch manchmal mit deutschen Verkäufern, bei denen ich das Gefühl habe, dass sie nicht so wahnsinnig daran interessiert sind, etwas zu verkaufen. Früher, als ich neu in Deutschland war, hatte ich oft Probleme, überhaupt einen Verkäufer zu finden. Ich suchte und suchte und suchte, aber nur ganz selten fand ich einen. Wenn ich dann doch endlich einen ausfindig machen konnte, sprach ich ihn an: »Entschuldigen Sie bitte, aber sind Sie der Verkäufer?« Viele schauten mich dann verdutzt an, als wollten sie antworten: »Nein, ich tu nur so.« Nach solchen Begegnungen vermutete ich, dass sich alle deutschen Verkäufer im Zeugenschutzprogramm befinden würden und deshalb – sobald sie als Verkäufer erkannt wurden – in eine andere Filiale versetzt würden.

Aber einmal – keine Ahnung warum, vielleicht war es mein Glückstag – erwischte ich tatsächlich einen Verkäufer in einem Elektrogeräteladen in der Kölner Innenstadt. Ich fragte ihn: »Könnten Sie mir bitte weiterhelfen?«, worauf er antwortete: »Nein, ich habe Pause.« Ich dachte nur: *Mensch! Und ich war so nah dran und jetzt muss ich weitersuchen!*

Ich telefonierte mit meiner Mutter noch am selben Tag.

»Mom, du wirst es nicht glauben, aber ich habe heute tatsächlich in einem Laden einen Verkäufer gefunden. Es dauerte nur 10 Minuten. Zwischendurch wollte ich schon aufgeben, aber dann hat es doch noch geklappt.«

»Und dann?«

»Er sagte, er hätte Pause ...«

Und so fragte sie mich weiter: »Bist du dann nicht einfach zu einem anderen Verkäufer gegangen?«

»Einfach zu einem anderen Verkäufer gehen? Wie stellst du dir das vor? So einfach ist das nicht in Deutschland, Mom. Ich hatte diesen Verkäufer bereits 10 lange Minuten gesucht. Und als ich ihn endlich gefunden hatte, sagte er mir: ›Ich habe Pause!‹ Einfach so. ›Ich habe Pause.‹ So was muss man erst verarbeiten. So was muss man erst sacken lassen, bevor man sich auf den Weg macht und einen anderen Verkäufer sucht.« Meine Mutter verstand das nicht.

»Warum nicht?«

»Na ja, einmal habe ich es schon versucht. Da ging ich zu einem anderen Verkäufer, der sich nicht versteckt hatte, sondern scheinbar nur gelangweilt rumstand, und sagte: ›Ich habe eine Frage.‹ Daraufhin schaute er mich an, als wollte er gleich sagen: ›Das kann jeder behaupten!‹ Sein verständnisloser Blick hatte mich so verunsichert, dass ich einfach abhaute. Die Verkäufer hier in Deutschland sind nicht so wie die Verkäufer in Amerika. Sie stehen nicht einfach dort, wo alle sie sehen können, mit einem Lächeln im Gesicht und mit dem offensichtlichen Wunsch, dich zu bedienen. Und nur dich! Nein, so ist das in Deutschland nicht. Und wenn sie dich mal ansprechen – was hier eher selten passiert –, fragen sie nicht, wie es dir geht und wie du heißt oder was du gerade brauchst. Mom, wenn dich ein Verkäufer hier in Deutschland mit ›Hello, ich bin Heinz. Wie geht es Ihnen heute? Wie kann ich Ihnen helfen?‹ ansprechen würde, würdest du als Deutscher wahrscheinlich denken: *Dieser Heinz braucht unbedingt sofort psychologische Betreuung.* – Mom, die Verkäufer hier in Deutschland sind wie Ostereier. Sie kommen nicht zu dir. Du musst sie suchen, wenn du sie finden willst. Deshalb muss ich jetzt auch auflegen, denn ich will versuchen, heute Nachmittag noch einen Verkäufer zu erwischen. Bye!«

In den ersten Jahren in Deutschland habe ich den Satz »ich habe Pause« tatsächlich verdammt oft gehört. Ich habe es sogar einmal erlebt, dass zwei Verkäufer, die nebeneinander standen, anscheinend zur gleichen Zeit Pause hatten. Ich ging nämlich zum ersten hin und fragte: »Könnten Sie mir bitte weiterhelfen?« und er antwortete: »Nein, ich habe Pause.« Dann drehte ich mich um und bat seinen Kollegen um eine Beratung. Dieser schaute mich nur teilnahmslos an und antwortete: »Nein, ich habe auch Pause.«

Wie war das überhaupt möglich? Die konnten doch nicht alle Verkäufer zur gleichen Zeit in die Pause schicken, oder? Das wäre echt eine organisatorische Meisterleistung ganz nach dem Motto: »Achtung! Achtung! An alle Verkäufer von Karstadt, Kaufhof, Media Markt, Pro Markt und Saturn! John Doyle beabsichtigt gerade, etwas bei Ihnen zu kaufen und das bedeutet: GEHEN SIE SOFORT IN DIE PAUSE! Ich wiederhole: GEHEN SIE SOFORT IN DIE PAUSE! Ende der Durchsage!«

Früher – als ich es noch nicht besser wusste – hatte ich allen Ernstes gedacht, dass die Verkäufer mich hier in Deutschland absichtlich ignorierten. Das habe ich ein Jahr lang angenommen und war deshalb dem Einkaufen gegenüber ziemlich negativ eingestellt. Und oft habe ich bedauert, dass die Verkäufer hier in Deutschland nicht so waren wie in Amerika. Nicht mal annähernd so wie in Amerika!

Aber dann, vielleicht ein paar Jahre später, stellte ich fest, dass ich das deshalb so empfunden hatte, weil ich vom deutschen Verkäufer genau das verlangt hatte, was ich fast immer vom amerikanischen Verkäufer bekam. Ich wollte an die Hand genommen werden und durch den Dschungel der vielen Produkte möglichst unterhaltsam gelotst werden. Und da das halt unmöglich war, führte das zu einer gewissen Enttäuschung. Bis ich zu der Erkenntnis kam, dass deutsche Verkäufer nicht dafür da sind, um mich an die Hand zu nehmen, sondern um mich eingehend und fachlich zu beraten. Und das finde ich, machen sie ziemlich gut.

Jetzt – nach so vielen Jahren in Deutschland – sehe ich die Sache einigermaßen positiv, denn das freundliche amerikanische System hat auch seine Nachteile. So erlebte ich es zum Beispiel im letzten Sommer.

Bei einem Besuch in den USA fuhr ich zu einem Garten-Center in New Jersey, um ein paar Blumentöpfe für meine Schwester zu besorgen. Nachdem ich das Auto geparkt hatte, steuerte ich direkt auf den riesigen Eingang des Centers zu. Drinnen befand ich mich in einem vollklimatisierten Raum, der so groß war wie ein Flugzeughangar. Mein erster Gedanke war: *Mensch, ist das groß hier drin.* Mein zweiter: *Mensch, und auch verdammt kalt!* Erst da merkte ich, dass ich schon wieder meinen Pulli zu Hause vergessen hatte. (Ein kleiner Tipp am Rande für alle, die vorhaben, Amerika zu besuchen: Nie den Pulli vergessen! Besonders im Supermarkt, Garten-Center und in allen öffentlichen Räumen, die über eine Klimaanlage verfügen – was letztendlich bedeutet, dass es am besten ist, während des gesamten Amerika-Aufenthaltes einen Pulli zu tragen.)

Während ich mir die Hände vor Kälte rieb und durch die Gänge eilte, begegnete ich Betty, Verkäuferin des Monats Mai, Juni und Juli. Und Betty schien so gut drauf zu sein, dass ich den Eindruck hatte: Den August wird sie auch noch kriegen!

Betty war vielleicht Anfang 60, aber sie strahlte so viel Energie wie eine Achtzehnjährige aus. (Oder war sie erst 18, sah aber aus wie 60? Egal.)

Ich fand Betty einfach toll! Sie trug Turnschuhe, Jeans, einen Pulli vom Gartencenter mit einem Schild, das den Namen »Betty« trug, und wirkte wie die Freundlichkeit in Person.

»How are you today? My name is Betty. How can I help you?«, fragte sie mich in einer überschwänglichen Art und Weise, die nur wir Amerikaner richtig drauf haben.

Ich hätte sie gerne gefragt: »Könnte ich bitte Ihren Pulli haben, Betty, denn ich friere mich zu Tode?«, aber das habe ich natürlich nicht, sondern ich sagte: »I'm doing pretty good, Betty. My name is John and I need some pots for my sister's plants.«

Und während ich so sprach, dachte ich noch: *Mensch, ist es schön, wieder in der Heimat zu sein! Hier kann ich so was sa-*

gen, ohne dabei das Gefühl zu haben, ich klinge wie ein Vollidiot.
Betty antwortete wie erwartet sehr hilfsbereit:

»Come with me. I will show you the pots for your plants.
Just over here.«

Mensch, war die freundlich! Aber: Der Nachteil bei dieser Art von amerikanischer Freundlichkeit ist, dass du dich immer verpflichtet fühlst, als Kunde mehr zu kaufen, als du eigentlich vorhattest. Und das nur, weil der Verkäufer oder die Verkäuferin halt so freundlich war!

Betty: »Do you need anything else?«

Ich: »Ja, Schrauben und Dübel, um Bilder aufzuhängen …« Und weil sie so nett war, kaufte ich nicht nur ein paar Töpfe, Schrauben und Dübel, sondern auch noch eine Bohrmaschine und eine Kreissäge. Und das alles nur, weil die Betty so nett war. Das Blöde daran war nur: Ich musste das ganze Zeug nach Deutschland zurückschleppen, denn meine Schwester hatte schon eine Bohrmaschine und eine Kreissäge. Sie war offensichtlich ebenfalls schon im Garten-Center bei Betty gewesen.

Mensch, war das ein Chaos am Flughafen, am Check-In-Schalter! Die Frau von Lufthansa fragte mich: »Entschuldigung, aber was wollen Sie da einchecken?«

Und ich antwortete: »Nichts Besonderes. Nur eine Bohrmaschine und eine Kreissäge. Mehr nicht.«

Man sieht: Es ist so leicht, das Einkaufen in den USA als paradiesisch zu bezeichnen und das in Deutschland als so schlecht. Aber so einfach ist es eben nicht. Shopping in Deutschland hat echte Vorteile. Die Wahrscheinlichkeit hier in Deutschland etwas Unsinniges zu kaufen, nur weil der Verkäufer nett ist, ist sehr gering. In Deutschland gehst du nämlich in einen Baumarkt und kaufst NUR ein paar

Schrauben und Dübel, denn es gibt keinen Verkäufer, der dich fragt: »Und wie wäre es noch mit einer Bohrmaschine? Oder einer Kreissäge?«

Und das finde ich gut. Denn *ich* habe ja nur eine Bohrmaschine und eine Kreissäge, weil die Betty so nett war!

Früher, wie gesagt, ärgerte es mich, wenn die Kellnerin im Café »Sofort« sagte, aber dann stundenlang nicht auftauchte. Aber heute sehe ich die Sache anders, was vielleicht mit meiner Deutschwerdung zu tun hat. Denn wenn ich heutzutage wieder von der Kellnerin ignoriert werde, genieße ich die Tatsache, dass ich nicht sofort das Lokal verlassen muss, wie es in Amerika der Fall ist. Denn wenn man in einem amerikanischen Café oder Restaurant »Check, please« sagt, dann kommt die Rechnung in den meisten Fällen sehr schnell. Und das heißt auch, dass man, sobald man die Rechnung bezahlt hat, gehen muss. Da kann man nicht einfach weiter herumsitzen und die schöne Aussicht genießen, denn dein Tisch wird bereits für den nächsten Gast gebraucht.

In Deutschland genieße ich diese Tatsache sehr, mir im Restaurant oder Café Zeit lassen zu können, denn sie erlaubte es mir unter anderem, dieses Buch nicht nur zu Hause, in meiner eigenen Wohnung zu schreiben, sondern auch unterwegs.

Als ich meiner Mutter einmal davon erzählte, dass ich manchmal stundenlang in einem Café sitze mit nur einem einzigen bestellten Grande Macchiato, fragte sie mich: »Ja, aber musst du nicht sofort gehen, wenn du deinen Kaffee ausgetrunken hast?«

»Nein, Mom, überhaupt nicht. Ich sitze oft vier, fünf, manchmal sogar sechs Stunden am Stück auf demselben

Platz. Das stört aber keinen Menschen. Ich habe sogar das Gefühl, dass ich ein kurzes Nickerchen machen könnte, wenn ich das wollte. Auch das würde wahrscheinlich niemanden stören.«

»Echt«, fragte mich meine Mutter. »Ist das wahr?«

»Ja, natürlich, Mom. Ein Nickerchen in einem Café hier in Deutschland ist kein Problem. Solange du nicht laut schnarchst.«

Wenn Amerikaner über Service reden, dann meinen sie meistens einen Service mit viel Komfort. Denn ein Leben mit viel Komfort ist ein Leben, in dem es weniger Arbeit gibt, die man selbst erledigen muss. Man will nicht kochen? Kein Problem, dafür gibt es Fertiggerichte. Man will das Geschirr nicht abwaschen? Auch kein Problem, denn dafür sind Pappteller da. Man will ein Maxi-Menü verschlingen, ohne aus dem eigenen Auto aussteigen zu müssen? Warum nicht? Denn dafür sind die Menschen da, die sagen: »Herzlich willkommen bei McDonald's! Ihre Bestellung, bitte.«

Amerikaner lieben Komfort so sehr, dass es nicht nur überall im Land Drive-Thru Fast Food gibt, sondern auch Drive-Thru Starbucks – das erklärt auch, warum so viele von uns dicke Becherhalter im Auto haben –, Drive-Thru Postämter, Drive-Thru Bibliotheken, Drive-Thru Apotheken, Drive-Thru Banken und sogar Drive-Thru Heiratskapellen!

Man braucht sich nur unsere US-Schlitten anzuschauen, um zu sehen, wie sehr wir in Amerika Komfort lieben. Eine Gangschaltung wie in Deutschland? Forget it! Too much work! Harte Sitze, wie bei den meisten Autos in Deutschland? Forget it! Das tut meinem amerikanischen Po weh. Bei meiner letzten USA-Reise waren die Sitze in meinem

Mietwagen so weich, dass ich am Steuer fast eingeschlafen wäre. Aber das eigentlich Schlimme daran war: Ich war der Fahrer! Ich hatte das Gefühl, überhaupt nicht in einem Auto zu sitzen, sondern auf einem großen, weichen Sofa! Mittlerweile muss ich sagen, dass ich in diesem Punkt sehr deutsch geworden bin. Wenn ich Auto fahre, will ich das Gefühl haben, dass ich tatsächlich *in einem Auto* fahre. Das heißt, ich will ein Autofahr-, kein Sofafahrgefühl haben. Dann bin ich glücklich.

Seit ich in Deutschland lebe, ist mein amerikanisches Komfortbedürfnis insgesamt viel kleiner geworden. Als ich mein erstes Stehcafé hier in Deutschland besuchte, sagte ich: »Was? Ich soll was? Ich soll *stehen*? Aber ich will nicht stehen. Ich bin Amerikaner. Ich will sitzen!« Und so habe ich mich auch gefühlt, als ich meinen ersten deutschen Supermarkt besuchte. Ich dachte: *Was? Ich soll was? Ich soll meinen Einkauf »selbst einpacken«? Aber wo ist die Person, die diesen Job normalerweise macht? Ist sie heute krank?* Nach einer Weile musste ich feststellen: »Nein, John, hier in Deutschland bist *du* die Person, die das macht.« Bei Aldi dachte ich nur: *Wow! Hier muss man nicht nur alles selbst machen, sondern auch noch sehr schnell!* Das ist unglaublich! In diesem Laden ist es wie auf der deutschen Autobahn. Aber nur schneller! In Amerika würde man schreien: »Das Band läuft zu schnell! Das Band läuft zu schnell! Würden Sie, liebe Kassiererin, bitte das Band etwas langsamer stellen?«

Aber in Deutschland beschwert sich niemand. Hier legt man ganz schnell seine Sachen aufs Band, und dann läuft man ganz schnell zum anderen Ende, um alles wieder in den Einkaufswagen zurückzuwerfen – zum Legen hat man ja keine Zeit! Und dann zahlt man und geht ganz schnell aus dem Geschäft. Keiner beschwert sich darüber, dass alles so schnell ablaufen muss. Dass ein paar Leute sicherlich jedes Mal einem Herzinfarkt nahe sind. Kein einziger Mensch …

Aber das Gute an solchen Erfahrungen ist: So was härtet ab. Man kommt als komfortverwöhnter Amerikaner nach Deutschland, wo man in Geschäften und Stehcafés für dieses Land fit gemacht wird. Fit für einen Lebensstil, der viel weniger auf Komfort ausgerichtet ist. So bin ich in den letzten Jahren echt deutsch geworden – auf alle Fälle was das Einkaufen im Supermarkt angeht. Als ich zum Beispiel das letzte Mal in Florida war, besuchte ich mit meiner Mutter Judy einen Supermarkt, und als wir beide an der Kasse standen, tat ich das, was ich mittlerweile in Deutschland in solchen Situationen immer tue: Ich fing nämlich an, meine Sachen *selbst* einzutüten. Sie hätten mal das Gesicht der Einpackerin sehen müssen, lieber Leser! Sie schaute mich an, während ich anfing, die schweren Sachen nach unten in die Tüte zu packen und die leichteren Sachen nach oben, als wollte sie mich gleich fragen: »Excuse me, young man, but what are you doing?« Und meine Mutter schaute mich genauso an. Aber das war mir egal, denn ich dachte: *Warum soll ich meine Sachen nicht selbst einpacken? Ich bin immer noch bei vollen Kräften, und außerdem will ich nicht, dass eine total fremde Person meine Bananen, Joghurtbecher und Weintrauben anfasst. Wenn sie Lebensmittel anfassen will, kann sie sich selber welche kaufen!*

Als ich mit meiner Mutter wieder im Auto saß, fragte sie mich: »John, was war denn mit dir gerade los?«

»Gar nichts. Ich wollte nur alles selbst einpacken. Wie in Deutschland halt.«

Nachdem das geklärt war, wollte ich meine Mom zu einem Caffé Latte bei Starbucks einladen – und fuhr aus alter Gewohnheit durch den Drive-Thru.

Geographie / Geography

Ich gebe zu, wir Amerikaner sind, was Geographiekenntnisse angeht, nicht gerade die Besten auf der Welt. Und die Zweitbesten sind wir leider auch nicht. Schuld daran sind aus meiner Sicht:

Punkt 1: Die riesigen Entfernungen in den USA, die dazu führen, dass wir im Gegensatz zu den Deutschen nicht die Gelegenheit haben, in einem Land zu tanken, in einem zweiten Geld vor dem Fiskus zu verstecken und in einem dritten Land Haschisch zu kaufen. In Amerika muss man das alles in ein und demselben Land machen.

Punkt 2: Die Tatsache, dass nicht so viele US-Amerikaner Reisepässe besitzen. Das letzte Mal, als ich das überprüft habe, waren es nur 20 Prozent von einer Gesamtbevölkerung von 300 Millionen Menschen.

Punkt 3: Schlechter Geographieunterricht, der tatsächlich dazu führt, dass viele US-Bürger nicht einmal ihr eigenes Land auf einer Weltkarte finden. Das könnte man bei einem fremden Land wie Liechtenstein oder Birma verstehen. Aber bei der eigenen Heimat? Wie peinlich!

Und nicht zu vergessen:

Punkt 4: Viele Amerikaner haben einfach keinen Bock auf den Rest der Welt!

Aber bleiben wir bei Punkt 1 und den riesigen Entfernungen.

Stellen Sie sich zum Beispiel vor, dass Sie nicht in Aachen oder Berlin oder Flensburg oder München wohnen, sondern im schönen US-Bundesstaat Wyoming – mitten in der Pampa sozusagen. Sie müssen wissen, dass dieser Bundesstaat fast genauso groß ist wie Großbritannien, aber nur 500 000 Einwohner hat, also etwa so viele wie Hannover. Und stellen Sie sich jetzt vor, die Bevölkerung von Hannover würde sich auf die gesamte Fläche Großbritanniens verteilen. Bei so wenigen Menschen auf einem derart großen Lebensraum kann ich mir vorstellen, dass man möglicherweise kein sonderlich großes Bedürfnis hat, die große, weite Welt für sich zu entdecken, denn die »große, weite« Welt hat man ja direkt vor der eigenen Haustür. Im eigenen Bundesstaat. In Wyoming.

Aber wenn Sie trotzdem sagen: »Das ist mir egal. Ich setz mich einfach ins Auto und fahre so lange in Richtung Norden, bis ich in Kanada bin«, dann schlage ich vor, den Wagen vorher vollzutanken, denn sobald Sie aus Wyoming raus sind, durchqueren Sie Montana – einen Bundesstaat, der ungefähr so groß ist wie ganz Deutschland.

Das Tolle an der Lage von Deutschland ist, dass es im Gegensatz zu meinem Heimatland USA nicht nur zwei Nachbarn hat, sondern sage und schreibe neun! Und man kann alle diese Länder besuchen. Und selbst dann, wenn man es überhaupt nicht vorhatte. So ist es mir einmal ergangen, als ich mit meinem Auto nach Aachen unterwegs war.

Auf meiner Fahrt dorthin war ich versehentlich auf der Autobahn falsch abgefahren und befand mich plötzlich in Belgien. Das hat mich ziemlich geärgert, denn ich wollte nicht ins Ausland, sondern nur nach Aachen. Nach 20 Minuten fragte ich mich, während ich versuchte, aus Belgien rauszukommen: »Wie kannst du nur so blöd sein, John? Du willst nach Aachen und bist jetzt in Belgien. Wie kannst du nur so blöd sein?« Dann hielt ich an und fragte einen Passanten:

»Entschuldigung, aber können Sie mir sagen, wie ich raus aus Belgien komme?« Und er antwortete irritiert: »Sie sind hier in Holland!«

Ich kam mir richtig blöd vor! Wie konnte ich nur so blöd sein! Ich fuhr von Köln nach Aachen mit einem Umweg über Belgien und Holland. Doch dann kam wieder der optimistische Ami in mir hoch, als ich wieder in Deutschland war und feststellte: »Wow! Drei Länder in 20 Minuten! Nicht schlecht!«

Mann, das Ausland ist überall so nah in Europa! Wenn wir Amis auch so nah beieinander gelegene Grenzen hätten, müsste man sich nicht ständig fragen: »Wo liegt eigentlich Mexiko? Und wo Kanada?« Man würde einfach ins Auto steigen, sich verfahren und dann wissen, wo sich diese Länder befinden.

Monate später war ich auf eine Party in Amerika eingeladen. Dort erzählte ein Mann, der mir von Anfang an ziemlich unsympathisch gewesen war: »Ich war neulich in Europa und besuchte drei Länder in sieben Tagen!« Und ohne mit der Wimper zu zucken, erwiderte ich daraufhin: »Sieben Tage? Das habe ich schon in zwanzig Minuten geschafft!«

Musik / Music

Auch wenn ich hier in Deutschland lebe, ist in musikalischer Hinsicht meine Heimat USA nie weit weg. Ich sitze in einer Kneipe, trinke ein Bier, schaue dabei die Leute an und genieße den Abend, während im Hintergrund fast immer ein amerikanischer Song zu hören ist. Manchmal ist es Bruce Springsteen, manchmal Madonna, manchmal 50 Cent. Von Bruce erfahre ich, dass er in den USA geboren wurde. Von Madonna, dass sie nicht mehr Jungfrau ist. Schon lange nicht mehr. Und von 50 Cent höre ich: »I'll take you to the candy shop. I'll let you lick the lollipop.« Mensch, wer hätte das gedacht, dass so ein amerikanischer Gangster-Rapper so ein Schleckermäulchen ist?

Das Schöne an Musik ist, man hört ein Lied und wird dann oft in die Vergangenheit zurückversetzt. In eine Zeit, bevor es die Schweinegrippe gab, das Ozonloch noch klein und George W. Bush noch nicht Präsident war. In die gute, alte Zeit sozusagen. Ich sitze in einer Kneipe in Köln, trinke mein Kölsch und höre plötzlich Madonnas »Like a Virgin«, in dem Madonna singt: »touched for the very first time.« Dann erinnere ich mich an damals, als ich das Lied das erste Mal gehört hatte und ich mich fragte: »And when am I going to be touched for the very first time? What about me?« Diese Zeitreisen mache ich hier immer wieder, weil amerikanische Musik in Deutschland allgegenwärtig ist.

Als Deutscher hat man in den USA eher selten die Möglichkeit, die Heimat und Muttersprache so einfach in Erin-

131

nerung zu rufen. Du lebst jahrelang in Arizona, Iowa oder Arkansas, und es ist eher unwahrscheinlich, dass du dort oft fragen würdest: »Hey, ist das ein deutsches Lied, das gerade im Radio läuft?« – »War das nicht gerade Grönemeyer, Westernhagen oder die Wildecker Herzbuben?« Für jeden Deutschen, der in die USA auswandern will und trotzdem das Bedürfnis verspürt, öfters im Radio »Herzilein, du musst nicht traurig sein« zu hören, für den sind die USA nicht das ideale Land.

Es gibt natürlich Ausnahmen. Mitte der achtziger Jahre hörten wir in den USA auch Nena mit ihren »99 Luftballons«. Sogar auf Deutsch. Und ich kann mich noch daran erinnern, wie ich mit meinen Freunden vor dem Fernseher saß, als ihr Video auf MTV lief. Einer meiner Kumpel meinte: »That's really a nice song.« Das fand ich auch. Aber ein paar Sekunden später fragte er: »But what language is that?« Ich wusste es auch nicht, aber ich fand das Lied trotzdem schön.

Diese Frage stellen sich deutsche Jugendliche nicht, die mit englischsprachiger Musik aufwachsen. Sie hören irgendeinen Rap-Song, in dem das Wort »Fuck« 20 Mal vorkommt. Und das gerade mal in der ersten Minute! Dann wissen sie ganz genau: »Hey, das ist ein Song aus Amerika!«

Ich trat einmal bei einer Firmenveranstaltung in Heidelberg auf, und nach dem Auftritt wurde getanzt. Da wurden Songs gespielt wie »Time after Time« von Cindy Lauper und »I'm so excited« von den Pointer Sisters. Und dann etwas von Whitney Houston aus der Zeit, bevor sie von ihrem Mann ständig geschlagen wurde und zu koksen anfing. Und während ich mein Bier trank und versuchte, mich so zu bewegen, als ob ich tatsächlich tanzen könnte, sagte ich zu dem DJ, der neben mir stand: »Wow! Das sind alles die Songs aus meiner Jugend.« Und ohne mit der Wimper zu zucken sagte er: »Aus meiner auch.«

Ich war etwas verwundert. Nicht, weil ich nicht wusste, dass englischsprachige Musik überall zu hören war, sondern weil er ausgerechnet diese Songs als die Songs seiner Jugend bezeichnet hatte. Als ich ihn fragte: »Aber konntest du damals schon alles verstehen, was gesungen wurde?«, antwortete er: »Nee, aber alles muss man ja auch nicht immer verstehen.«

Selbst meine Frau Martina, die in der DDR aufgewachsen ist, hat in ihrer Jugend amerikanische Musik gehört. Das muss man sich mal vorstellen: Die DDR, die uns Amis nicht gerade liebte, die uns an guten Tagen als »den Klassenfeind« bezeichnete und an schlechten Tagen einfach nur als »imperialistische Schweine«, die wegen uns einen anti-imperialistischen Schutzwall gebaut hat, damit wir sie nicht überfallen konnten, diese DDR spielte amerikanische Popmusik.

Kaum zu glauben: Tagsüber auf die »Scheiß-Amis« schimpfen und spätabends dann Meat Loaf und Michael Jackson hören. Als ich meine Frau fragte, ob das alles nicht ein bisschen verlogen gewesen wäre, sagte sie: »Ja, natürlich, aber auf der anderen Seite konnte der Staat nicht den ganzen Tag im Radio nur die Erfolge der Arbeiter und Bauern rauf- und runterleiern. Wie zum Beispiel die Tatsache, dass das Planziel bei der Kartoffelernte erreicht wurde oder dass der VEB Fortschritt den hundertsten Schuh produziert hat oder dass zusätzliche zehn Traktoren die Werkshallen verlassen haben. So was nervt nach einer Weile.«

Dann stellte ich ihr wieder die Frage, die mich am meisten interessierte: »Aber hast du alles verstanden, was du ge-

hört hast?« Und Martina antwortete (ich zitiere): »Nee ...,
manchmal ... ein bisschen.« Und: »... in der DDR hatten
wir Russisch.«

Über dasselbe Thema sprach ich vor einigen Jahren mit
einer Radiomoderatorin aus der Hauptstadt der Mongolei,
aus Ulan Bator. (Ich weiß, dass das, was ich gleich erzählen
werde, wie erfunden klingt, aber es stimmt hundertprozentig.)

Ich war damals Moderator einer Musiksendung der Deutschen Welle in Köln, und meine englischsprachige Sendung,
die »Hits in Germany« hieß, wurde eins zu eins von ihrem
mongolischen Sender ausgestrahlt.

»Bist du wirklich John Doyle?«, fragte mich die junge
Mongolin als Erstes, als wir uns im Kölner Studio kennen-
lernten. Nachdem ich bejaht hatte, erfuhr ich von ihr was
echt Lustiges.

»Bei uns in der Mongolei bist du ein richtiger Star.«

Auf diese Nachricht war ich überhaupt nicht vorbereitet
gewesen. Ich war zunächst ganz schön verwirrt. Wow, wer
hätte das gedacht? Ich bin ein Star in der Mongolei! Und
dann fragte ich mich: *Ist das jetzt gut oder schlecht? Was sage
ich meinen amerikanischen Landsleuten, wenn sie mich fragen, wie
meine Karriere in Deutschland läuft? »In Deutschland ist es okay,
aber in der Mongolei hervorragend!« Die würden mich für einen
Spinner halten.*

Plötzlich wurde ich in meinen Gedankengängen unterbrochen, als die Moderatorin sagte: »What we really like
about your show is that you not only play English music but
also German music.«

Und das stimmte. Wir spielten nicht nur »I'd do anything
for love« und »I will always love you« und alle anderen
Songs, die von »love« handelten. Wir spielten auch viele

deutsche Songs. Songs von Grönemeyer, Westernhagen, BAP, die Fantastischen Vier, Tic Tac Toe. Sogar von den Wildecker Herzbuben. (Okay, nur ein Mal.)

Und dann fügte sie hinzu: »We also like those guys who sing that song about the ›vergammelte Speisen‹.«

»You mean Die Prinzen?« Und dann habe ich ein bisschen aus dem Lied vorgesungen: »Vergammelte Speisen zu überhöhten Preisen sind zurückzuweisen.« Nach fünf Sekunden unterbrach sie mich und sagte: »Yes, that's the song. That's it. But what does it mean?«

»It means«, sagte ich ihr. »If you get bad food at the restaurant, you should give it back. Just give it back.«

»Oh«, sagte sie. »I would have never thought that. I thought it was a love song.«

Ich fand es sehr schön damals, dass Die Prinzen auf Deutsch gesungen haben und nicht auf Englisch. Nicht weil ich Deutsch besser finde als Englisch, sondern weil Deutsch die Sprache ist, die die Menschen hier in Deutschland nicht nur besser verstehen, sondern auch besser spüren. Und darum geht es, meiner Meinung nach, in der Musik. Dass man etwas spürt, dass man berührt wird. Dass man das Gefühl hat, dass das, was gesungen wird, ein Teil des eigenen Lebens ist. 50 Cent, Bruce Springsteen und Madonna mögen gute Musik machen, aber fragen Sie mal jemanden in Oberhausen oder Bochum, von wem er mehr berührt wird. Von Bruce Springsteen, der über die USA, oder von Herbert Grönemeyer, der über das Ruhrgebiet singt? Selbst ich habe eine Gänsehaut gekriegt, als ich bei einem Konzert das Lied »Bochum« gehört habe. Und ich bin überhaupt kein Deutscher! Oder vielleicht doch? Und deswegen bin ich sehr froh, dass es heutzutage mehr deutschsprachige Bands gibt

135

als je zuvor. Bands wie Söhne Mannheims, Culcha Candela, Seeed, Ich+Ich, Silbermond und auch die Sportfreunde Stiller. Ich meine, ist das nicht geil? Selbst der Name Sportfreunde Stiller klingt deutsch. Sehr sogar. Und ich möchte nur eins dazu sagen: mehr davon!

Freizügigkeit / Permissiveness

Ich mag Deutschlands Freizügigkeit. Nein, das stimmt nicht. Ich *liebe* Deutschlands Freizügigkeit. Und hätte ich damals als amerikanischer Teenager nur ansatzweise gewusst, wie freizügig Deutschland tatsächlich ist, wäre ich viel früher hierhergekommen! Ich hätte mit 15, 16 Jahren meiner Mutter verkündet: »Mom, ich erkläre hiermit meine verkorkste Pubertät in den USA für gescheitert und wandere deswegen nach Deutschland aus!« Dann hätten wir uns darüber gestritten, und ich hätte ihr erklärt, dass man in Deutschland nackt in die Sauna geht und manchmal genauso nackt im Park rumliegt. Und dass man manchmal auch nackt in der Zeitung abgebildet wird. Spätestens dann hätte sie – weil sie ein total lockerer Typ ist – wahrscheinlich gesagt: »Wow! Das hört sich gar nicht so schlecht an. Kann ich auch mitkommen?« Aber weil ich damals nichts, überhaupt gar nichts von Deutschlands Freizügigkeit wusste, dauerte es Jahre, bis ich hierherkam.

Der Besuch eines FKK-Strandes auf der Nordseeinsel Norderney war der Anfang.

Ein Kumpel, mit dem ich die Reise unternommen habe, fragte mich, als wir am ersten Tag in Richtung Strand liefen: »So, John, zu welchem Strand willst du überhaupt gehen?« Ich verstand ihn nicht und dachte bei mir: *Zu welchem Strand? Natürlich zu dem schönsten Strand!* Gefragt habe ich ihn aber: »Gibt es denn unterschiedliche? Ich meine, ist nicht ein Strand genauso wie der andere?«

In dem Moment glotzte mich mein Kumpel an und sagte:

»Mensch, John, muss man euch Amis wirklich alles erklären?« Und ich antwortete: »Mir anscheinend schon.« Und dann fing er an, die verschiedenen Strände, die es hier in Deutschland gibt, aufzulisten: »Es gibt den normalen Strand, den Spaziergängerstrand, den Hundestrand, den Kinderstrand und auch natürlich den FKK-Strand.«

»Den ›FKK-Strand‹? Was ist das denn? Was bedeutet ›FKK‹?«, wollte ich wissen.

»FKK bedeutet Frei-Körper-Kultur.«

Diese Antwort half mir auch nicht gerade wirklich weiter, und deswegen fragte ich weiter: »›Frei-Körper-Kultur‹, was ist das denn?«

»Unter Frei-Körper-Kultur versteht man die Möglichkeit, als Mensch nackt am Strand rumlaufen, baden und Sport treiben zu können – wie Volleyball zum Beispiel.« Als ich mir seine Erläuterungen angehört hatte, sagte ich meinem Freund, dass ich das auch gerne machen würde, denn »Kultur« finde ich sehr wichtig.

Daraufhin gingen wir zum FKK-Strand, wo ich mein erstes Volleyballspiel mit nackten Spielern sah. Und ich muss sagen: Das war eine echte Offenbarung! Denn die Leute, die gerade spielten, sahen nicht wie auf Hawaii oder in Kalifornien jung und braungebrannt, muskelbepackt und vollbusig aus, sondern ganz im Gegenteil. Ganz anders. Wie soll ich sie beschreiben? Ich will nicht gemein sein, aber das waren acht in die Jahre gekommene deutsche Rentner, bei denen schon einiges schlaff war. Aber nicht, dass Sie mich falsch verstehen, lieber Leser. Ich wäre froh, wenn ich in dem Alter noch genauso gut aussehen würde wie diese Herrschaften. Im Grunde war ich eigentlich nur überrascht, dass ich so viele – sagen wir – »normal« aussehende Menschen nackt spielen sah.

Wenn man in Amerika an nackte Menschen denkt, die am Strand Volleyball spielen, dann denkt man an Leute wie Pamela Anderson, Paris Hilton, Angelina Jolie oder Brad Pitt. Das heißt, in den USA denkt man unweigerlich an Sex, wenn man an so viele nackte Volleyballspieler denkt. Aber als ich auf Norderney mein erstes Match sah, dachte ich interessanterweise nicht eine Sekunde lang an Sex. Während des Spiels kam mir das Wort »Sex« überhaupt nicht in den Sinn. Das Wort »Schwerkraft« schon eher, aber »Sex« überhaupt nicht.

Gerade das finde ich so toll, dass »nackt sein« in Deutschland nicht unbedingt mit Sex zu tun haben muss. Es *kann* mit Sex zu tun haben, *muss* es aber nicht. Und diese Haltung finde ich gut. Nein, sogar *sehr* gut, denn das wirkt motivierend und macht Mut. Bei mir führte es damals auch dazu, dass ich mir wünschte: Obwohl ich Amerikaner bin, möchte ich eines Tages genauso nackt rumlaufen können wie meine deutschen Mitbürger! Und diese für mich »befreiende« Einstellung führte dazu, dass ich schnell Deutschlands Saunalandschaften für mich und andere befreite Menschen entdeckte. Mich hatte mal einer meiner deutschen Kumpels gefragt, warum wir Amerikaner immer einen Badeanzug in der Sauna tragen würden. Und bevor ich was erwidern konnte, fügte er hinzu: »So was finde ich pervers.«

Mensch, wie toll! In Deutschland ist nackt sein in der Sauna normal und angezogen pervers! Was ist Deutschland für ein Super-Land!

In Amerika hatte ich tatsächlich einmal vergessen, mich für die Sauna vorher standesgemäß anzuziehen. Und sofort – wie man sich vorstellen kann – gab es richtig Stress. Stress zwischen mir und einer bekleideten Frau, die mit mir die Sauna teilte.

Unser Gespräch begann zunächst noch recht ruhig.

»Excuse me, Sir, but you can't do that!«

»I can't do what?«

»You can't be in the sauna with no clothes on.«

Und in diesem Moment stellte ich fest, dass ich tatsächlich dasaß, ohne etwas anzuhaben. Ich war nackt, in einem öffentlichen Raum, und ich hatte es überhaupt nicht bemerkt. Ich dachte: Mensch, meine Deutschwerdung ist viel weiter vorangeschritten, als ich gedacht habe. Aber meine Gedankengänge wurden leider abrupt durch ein »Excuse me, Sir. But just go and get a towel!« unterbrochen. »Sir, just get a towel! Sir, just please get a towel!« Nach dem gefühlten zwanzigsten »Sir, please get a towel!« spürte ich, wie ich richtig Bock bekam, ihr klar und deutlich zu antworten: »Do you know something, lady? In Germany penises live in freedom!« Aber das habe ich ihr natürlich nicht entgegnet, denn das hätte sicherlich meine Verhaftung zur Folge gehabt – was ich natürlich unbedingt vermeiden wollte.

In Deutschland könnte so etwas nie passieren. Hier kann man nackt in die Sauna gehen und kein einziger Mensch denkt daran, dich anzuzeigen, geschweige verhaften zu lassen. Du kannst dich ausziehen und sagen: »Das ist alles echt« oder »Alles made in Germany« oder »Ganz ohne Silikon«, und kein Mensch würde sich darum kümmern. Das finde ich wirklich toll.

Es ist sehr vorbildlich, dass in Deutschland nackte Körperteile nur Körperteile sind und die Menschen in diesem Land generell so locker mit diesem Thema umgehen. Wenn ich in Deutschland in eine volle Sauna gehe, spüre ich, dass alle Besucher totale Profis sind. Der eine sagt: »Ich mach den nächsten Aufguss.« Der andere fächelt sich mit seinem Handtuch Luft zu. Links und rechts und oben und unten gibt es große und kleine, dicke und dünne Personen – und alles dazwischen. Und ich habe nie das Gefühl, dass die dickeren neidisch auf die dünneren sind. Oder dass die Männer, die unten herum bestückter sind, sich männlicher vorkommen als die Männer, die unten herum weniger vorzuweisen haben. Und das gefällt mir. Das gefällt mir sogar sehr. Die Nacktheit macht alle irgendwie gleich. Es gibt keine Reichen und keine Armen, sondern nur Nackte. Superlockere Nackte sogar.

Bei einem Saunabesuch blieb zum Beispiel ein Mann, der neben mir saß, sogar dann noch locker, als ich ihn fragte: »Entschuldigen Sie bitte, aber ist das Ihr Penis auf meinem Handtuch?«, denn er antwortete ganz cool: »Das weiß ich nicht. Ich schaue mal nach.«

In Amerika würde niemand so was sagen. Man würde schreien oder verzweifelt mit dem Zeigefinger hindeuten. Oder Jack Bauer aus »24« rufen und sagen: »Jack, bitte, entschärf das Ding – und zwar sofort!«

Meine Frau Martina, die wie gesagt aus der ehemaligen DDR stammt, war ebenfalls immer schon sehr locker drauf, was das Thema Freizügigkeit angeht. Sie sagte mir anfangs immer: »Und wenn du denkst, dass man in Westdeutschland gerne nackt war, dann hättest du die DDR erst mal erleben müssen!« Und jedes Mal wenn sie mir von den nackten DDR-Bürgern erzählte, die damals anscheinend überall herumgelegen haben, antwortete ich ihr: »Schade, dass es die DDR nicht mehr gibt!«

Aber die freie DDR-Nacktheitskultur hält meine Frau am Leben, indem sie fast jeden Tag nackt durch unsere Wohnung läuft. Ich habe sie sogar einmal dabei beobachtet, als sie in ihrem Evaskostüm nach Briefumschlägen suchte.

Ich fragte sie ganz verwundert: »Was machst du denn da?«
Und sie antwortete ganz unbekümmert: »Ich suche einen
Briefumschlag.«

»Aber warum nackt?« Und weiter lag mir auf der Zunge:
»Hat man nackt bessere Chancen, Briefumschläge zu finden, als angezogen?« Aber ich habe das gelassen, denn ich
dachte mir: Bei solchen Fragen gibt's nur Ärger.

Amerikaner sind generell nicht nackt, wenn sie durchs Haus
laufen. In meiner gesamten Jugend habe ich noch nie meine
Eltern oder meine Geschwister nackt durchs Haus laufen
sehen. Und auf der Suche nach Briefumschlägen schon gar
nicht. Nein, wenn wir Amerikaner unterwegs sind, zum
Beispiel vom Badezimmer ins Schlafzimmer oder umgekehrt, dann haben wir meistens ein großes Badehandtuch
um die kritischen Körperstellen gewickelt, damit es nichts –
und wenn ich »nichts« sage, meine ich »nichts« – zu sehen
gibt. Nein, ich glaube, die einzige Person, die ich damals
regelmäßig nackt zu Gesicht bekommen habe, war ich
selbst. Und das war schlimm genug!

Es gibt viele Thesen, warum wir Amerikaner so sind wie
wir sind. Manche meinen, dass unsere »Zurückhaltung« mit
dem starken Einfluss der Kirche in Amerika zu tun hat.
Dass die Kirche es halt nicht will, dass wir Amerikaner die
ganze Zeit nackt durch die Gegend laufen nach dem Motto:
Es reicht schon, wenn man nackt auf die Welt kommt!

Andere wiederum meinen, dass Nacktheit etwas mit
Scham zu tun hat und dass Menschen, die nackt durch die
Gegend laufen, sich schämen sollten, weil sie andere Menschen dadurch provozieren würden – sowohl sexuell als
auch ästhetisch. Aber wenn ich ehrlich bin, fühle ich mich

überhaupt nicht provoziert, wenn ich andere Leute nackt in der Sauna sitzen sehe. Aber vielleicht bin ich in dieser Hinsicht einfach nur deutscher geworden?

Und dann gibt es diejenigen, die meinen: »Wenn ich schon meinen nackten Körper schrecklich finde, warum sollte ich dann diesen Anblick anderen Menschen unbedingt zumuten?«

Ich denke, dass diese Kultur des »Bloß-nicht-nackt-Seins« oft zu ganz merkwürdigen Situationen in Amerika führt. Meine Cousine Melynda zum Beispiel, die Spanischlehrerin an einer Highschool ist, erzählte mir einmal von einer Begebenheit, die sich an ihrer Schule abgespielt hatte. Ein Schüler, der zusammen mit seiner Klasse gerade von einer Sprachreise aus Rom zurückgekommen war, hatte ein Poster von Michelangelos »David« an die Wand des Klassenzimmers geklebt. Auf dem Poster war – wie jeder weiß – David in seiner vollen Schönheit zu sehen. Okay, so weit, so gut. Aber am nächsten Morgen, als alle zum Unterricht kamen, konnte man plötzlich nichts mehr von Davids Pracht sehen. Denn die Klassenlehrerin hatte – wahrscheinlich in einer Nacht- und Nebel-Aktion – sein Geschlechtsteil mit einem blickdichten Pflaster überklebt.

»Aber warum machte sie so was?«, fragte ich Melynda. »Das ist doch Kunst, und bei Kunst kann man doch nicht einfach Bestandteile des Werks überkleben.« Melynda war genau der gleichen Meinung und sagte noch dazu: »Die Lehrerin ist wahrscheinlich prüde und meint, dass keiner in ihrem Klassenraum einen nackten Penis sehen darf.«

Ich erzählte Melynda, dass »David« in ganz Deutschland ohne Überklebung auskommt – und auch die Leute, die an heißen Sommertagen oben ohne im Park liegen. Und dass auch keine schwarzen Sicht-Balken an nackten Menschen zu sehen sind, die im Fernsehen Werbung für Shampoos, Rasierer, Rasierschaum- oder Feuchtigkeitscremes machen.

Nachdem ich Melynda das alles erzählt hatte, musste ich an meine Anfangszeit hier in Deutschland denken. Ich saß vor meinem Fernseher in Köln, in meiner kleinen Studentenwohnung, und versuchte beim Fernsehschauen Deutsch zu lernen. Was ich damals ziemlich oft machte. Dann lief eine Werbung mit einer nackten Frau in der Dusche. Mit einer ziemlich schönen, nackten Frau, und mein erster Gedanke war, wenn ich ganz ehrlich bin: *Oh, my God! She's naked! How wonderful!*

Ich weiß, das hört sich sehr klischeehaft an und ist genau das, was man von einem Amerikaner in einer solchen Situation erwarten würde. Aber so war ich damals wirklich drauf, als ich noch nicht wusste, dass Nacktsein in Deutschland was ganz Normales ist. Was total Alltägliches. Damals wusste ich zum Beispiel noch nicht, dass der Gipfel der deutschen Nacktheit auch in deutschen Tageszeitungen zu sehen war. Und das fast jeden Tag. Und sogar auf »Page One«, wie wir Amis zu sagen pflegen. Aber jetzt kenne ich das alles. Jetzt, 18 Jahre später, sage ich nicht mehr, wenn ich nackte Frauen in der Fernsehwerbung sehe: »Oh, my God! She's naked!«, sondern nur noch: »Warum nicht? Man kann sich halt besser duschen, wenn man nackt ist.«

Als letzten Gedanken zu diesem Thema möchte ich einen kurzen Abstecher nach Italien machen. In das Land, das nicht nur wegen des schönen Davids bekannt ist, sondern auch wegen Silvio Berlusconi, der auch – so heißt es – eine gewisse Schwäche für italienische Schönheiten haben soll.

Als ich von dieser Geschichte, die ich jetzt erzählen werde, erfuhr, dachte ich zuerst, das wäre ein schlechter

Scherz oder nur in Amerika möglich. Aber niemals hier in Europa und auf keinen Fall in Italien. Aber ich wurde eines Besseren belehrt.

Ein Mitarbeiter des italienischen Ministerpräsidenten ließ im Sommer 2008 eine Kopie eines Bildes des venezianischen Malers Giambattista Tiepolo, das an der Wand des Pressesaals im Palazzo Chigi, dem Amtssitz Berlusconis, in Rom hing, überarbeiten, damit der nackte Busen der abgebildeten Frau nicht mehr zu sehen war. Das Problem dabei war nicht nur, dass dieser Busen klar und deutlich zu erkennen war, sondern dass er jedes Mal klar und deutlich hinter Ministerpräsident Berlusconi zu erkennen war, wenn er Pressekonferenzen abhielt.

Am Ende wurde das Problem nicht, wie es in Amerika der Fall gewesen wäre, mit einem undurchsichtigen, einfachen Pflaster gelöst, sondern mit ein bisschen Stoff, das der Frau als Oberbekleidung hinzugemalt wurde. Aber im Gegensatz zu den Amerikanern, die mit Davids undurchsichtigem Pflaster weniger Probleme hatten, hatten laut einer Zeitungsumfrage in Rom 97,7 Prozent der Befragten sehr große Probleme damit, dass das Bild eines bekannten Malers so verunstaltet wurde. Selbst wenn es sich nur um die Kopie eines berühmten Bildes handelte.

Genützt haben die Proteste nichts: Die Dame ist seither angezogen.

Geschlechtsverkehr / Sex

Anfangs hatte ich in Deutschland oft das Gefühl, dass alle in diesem Land Sex hatten. Außer mir. Ein tolles Gefühl war das nicht unbedingt. Ich glaube, ich hatte diesen Eindruck wegen der vielen Kondomautomaten, die man in Deutschland überall sieht. Du fliegst zum Beispiel von irgendeinem Flughafen ab, und wenn du vor dem Einsteigen noch mal aufs Klo gehst, siehst du einen Kondomautomaten in der Toilette. Und dann landest du wieder und gehst erneut aufs Klo und entdeckst wieder einen.

Und was man für eine Auswahl hat! Da gibt es die Genoppten und die Gerippten und die, die nach unserem ehemaligen Präsidenten Bill Clinton genannt wurden, die Billy Boys. Und nicht zu vergessen sind die Gefühlsechten und die, die im Dunkeln leuchten. Wenn man dagegen in Amerika von A nach B fliegt, macht man nicht so viele »Condom Experiences«, von denen man nachher erzählen kann.

Kondomautomaten gibt es aber hier nicht nur auf dem Flughafen, sondern auch in Kneipen, Restaurants – und sogar bei einigen IKEA-Filialen. Ich erzählte einmal einem deutschen Freund von dieser wunderbaren Entdeckung, worauf er ganz trocken antwortete: »Warum nicht? Solange sie nicht aus Holz sind, ist das doch kein Problem.«

Wegen solcher Antworten liebe ich euch Deutsche. In Amerika müsste ich lange suchen, bis ich jemanden mit so einer Antwort finden würde. In Deutschland habe ich sogar ein Internetforum zum Thema gefunden, und die Leute haben ganz Ähnliches geschrieben. 90 Prozent der Einträge klangen total locker und waren auch ziemlich lustig. Einer schrieb zum Beispiel: »Lieber Billy Boy als Billy-Regal.« Ich teile diese Meinung, denn mit Billy Boy bist du nicht stundenlang mit Schrauben beschäftigt!

Ein anderer meinte: »Warum nicht? IKEA ist ja nicht die katholische Kirche!«

Und wieder ein anderer ergänzte: »Wenn auf öffentlich zugänglichen Toilettenräumen Kondome zu kaufen sind, ist es doch wohl ziemlich egal, ob das bei Ikea oder beim Finanzamt ist!«

Mensch, was für ein Gedanke! Man würde das deutsche Finanzamt in einem ganz neuen Licht betrachten, wenn überall Kondomautomaten an den Wänden hängen würden. Man könnte eine neue Image-Kampagne starten à la: »Hier wird man nicht verarscht, sondern vernascht.«

Ich kann mir vorstellen, dass eine solche Kampagne echt Lust auf die alljährliche Steuererklärung machen und dass kaum einer bis zum letzten Tag warten würde, um seine Unterlagen abzugeben.

Aber mein Lieblingseintrag zum Thema »Kondome bei Ikea« kam von einer vierundsiebzigjährigen Frau, die Folgendes schrieb: »Wie schön, dass es Kondome bei Ikea gibt! Als vierundsiebzigjährige Großmutter liebe ich Kinder über alles – aber Kondome müssen sein. Hoffentlich sind auch ein paar lustige, bunte Kondome dabei, denn das peppt den Appetit auf alles, was Freude macht, wieder auf.« Und zum Schluss schrieb sie noch: »Ich muss auch mal wieder zu Ikea fahren – viel Spaß.«

Ich finde diese lockere Haltung in Bezug auf Sex und Kondome hier in Deutschland sehr gut, denn als meine Pubertät im vollen Gange war, musste ich in Amerika in die

Apotheke gehen und speziell nach Kondomen fragen, um überhaupt welche zu bekommen. Und das fand ich immer so peinlich, denn der Apotheker in unserem Ort gehörte der gleichen Kirchengemeinde an wie wir. Und deswegen war es für mich nicht so leicht … nein, sehr schwierig eigentlich, einfach in seine Apotheke zu gehen und zu sagen: »Hi, Mr. Stevens, I'd like to buy some condoms, please. Yes, … – those ones! The green ones with the ribs.« Denn hätte ich das tatsächlich zu ihm gesagt, wäre ich wahrscheinlich in den lokalen Abendnachrichten zu sehen gewesen, und ein total ernster Nachrichtensprecher hätte in die Kamera geschaut und gesagt: »A local teenage boy tried to buy condoms at the Jefferson Township Pharmacy today. After asking the pharmacist at the counter: ›Could I have those green condoms, please … the green ones with the ribs?‹, the pharmacist did the only thing he was able to do in that situation: He got out his gun and shot the horney teenager! – And now the weather.«

Aber die Situation war noch schlimmer, denn man brauchte in vielen amerikanischen Bundesstaaten bis 1977 die schriftliche Genehmigung der Eltern, um Kondome überhaupt kaufen zu dürfen. Stellen Sie sich das mal vor:

»Mom, kannst du mir bitte eine Erlaubnis schreiben, damit ich Kondome kaufen gehen kann?« Ich meine, wie peinlich ist das denn? Eine deutsche Mutter hätte wahrscheinlich zurückgefragt: »Für die 50er-Packung oder reicht dir die 20er?«

Zum Glück beschloss dann 1977 der oberste Gerichtshof in Amerika, der US-Supreme Court, – das höchste Gericht im Lande – eine Änderung dieses Gesetzes und verkündete: Weg mit der schriftlichen Erlaubnis! Und spontan feierten Millionen von pickligen Teenagern im ganzen Land und verkündeten lauthals: »Kommt, gehen wir in die Apotheke und kaufen den ganzen Scheißladen leer!«

Seit dieser Zeit ist es gesetzlich verboten, Teenagern in Amerika den Kauf von Kondomen zu verweigern. Alle müssen bedient werden. Das heißt im Klartext, seit 1977 ist in den USA der Kondomkunde König, egal wie alt oder jung er ist. Oder ob er im Stimmbruch ist und mehr Pickel hat, als er zählen kann.

An so einem Fall stelle ich wieder fest, dass auch Amerika entwicklungsfähig ist.

Es sind viel mehr Kondome im Umlauf in meinem Heimatland als je zuvor. Und das hat nicht nur dazu geführt, dass die Amerikaner mehr Spaß haben. Diese Entwicklung hat glücklicherweise auch dafür gesorgt, dass die Zahl der ungewollten Schwangerschaften und auch die der übertragbaren Geschlechtskrankheiten unter amerikanischen Teenagern stark zurückgegangen ist.

Aber wie entwicklungsfähig Amerika tatsächlich ist, das wusste selbst ich als Ami nicht.

Denn haben Sie zum Beispiel gehört, dass es in Amerika mittlerweile einen *National Condom Day* gibt? Ich war auch ziemlich baff, als ich vor einiger Zeit mit einem Freund in Amerika telefonierte und er zu mir sagte: »Oh, übrigens: Happy Condom Day wünsche ich dir!«

Ich fragte: »›Happy Condom Day?‹ Wieso wünschst du mir einen Happy Condom Day? Was hat das zu bedeuten? Ich kenne ›Happy Thanksgiving!‹ oder ›Happy Holidays!‹ oder ›Happy Halloween!‹, aber ›Happy Condom Day‹?«

»Ja, natürlich«, entgegnete mir mein Kumpel, »der 14. Februar ist in Amerika nicht nur Valentinstag, sondern auch NATIONAL CONDOM DAY.«

»In Amerika?«, fragte ich verdutzt.

»Ja, natürlich in Amerika!«

»In *unserem* Amerika?«

»Ja, natürlich in *unserem* Amerika. Gibt es denn noch ein anderes Land, das so heißt?«

Warum hatte ich nichts davon gewusst?

Und dann fügte er hinzu: »National Condom Day wurde von der Universität Berkeley eingeführt, um etwas gegen ungewollte Schwangerschaften und Aids zu tun.«

Als er mir das alles erzählte, fragte ich mich: *Mensch, warum war Amerika nicht so kondomfreundlich, als ich in Amerika lebte?* Wenn man hier in Deutschland an Amerika denkt, denkt man oft in Kategorien wie »reich oder arm«, »gebildet oder ungebildet«, »bewaffnet oder unbewaffnet«, aber nicht an Kategorien wie »kondomorientiert und nicht kondomorientiert«.

Wenn ich von solchen Entwicklungen erfahre, habe ich das Gefühl, dass Amerika auf dem richtigen Weg ist. Für mich selbst ist es wohl bei diesem Thema zu spät. Ich habe das Gefühl, dass der Schaden irgendwie irreversibel ist. Denn dieses ungute Gefühl habe ich immer noch jedes Mal, wenn ich amerikanischen Boden betrete und Kondome kaufe.

Einmal ging ich zum Beispiel in einen Laden, holte eine Packung Kondome aus dem Regal und ging damit zur Kasse. Und als ich direkt vor der Kassiererin stand, guckte sie mich an, als ob sie gleich sagen wollte: »Sie wollen Kondome kaufen, junger Mann?« Ich wusste, dass sie das sagen wollte, denn ich kannte diesen Blick von früher, von meinem Apotheker in Jefferson Township. Und weil ich diesen Blick so gut kannte, wollte ich total selbstbewusst antworten: »Ja natürlich! Ich bin alt genug, um Kondome zu kaufen. Ich bin schon über 40!« Und wenn ich richtig selbstbewusst gewesen wäre, hätte ich hinzugefügt: »Und seit 1977 muss man noch nicht mal 40 sein, um Kondome kaufen zu dürfen. Das entschied der Oberste Gerichtshof in Washington, D.C. The Supreme Court, baby. Und weil das so ist, habe ich nur eins zu sagen: Her mit den fucking condoms!«

Das habe ich natürlich nicht gesagt. Als ich den Laden verließ, mit meinen Kondomen in einer Tüte, dachte ich: *Mensch, in Deutschland muss man diesen ganzen Zirkus überhaupt nicht durchmachen, wenn man Kondome kaufen will. Man muss nur auf eine öffentliche Toilette gehen und dann kann man so viele Kondome kaufen, wie man will. Hauptsache, man hat genug Münzen!*

Aber nicht nur Kondome kriegt man in Deutschland ganz leicht. Alles, was mit Sex zu tun hat, kriegt man hier in Deutschland ganz leicht. Wegen der vielen Sex-Shops, die es hier in Deutschland gibt. Ich fahre nach München und laufe um die Ecke und sehe einen Sex-Shop. Und dann fahre ich zurück nach Köln und laufe durch die Innenstadt und sehe einige Sex-Shops. Und es ist nicht, als ob ich sie suchen würde. Ich habe viel eher das Gefühl, sie suchen mich! In Deutschland könnte ich mir vorstellen, dass es sogar eine Verordnung gibt, die besagt: »Um das erotische Bedürfnis der Deutschen befriedigen zu können, muss alle 500 Meter ein Sex-Shop vorzufinden sein.« In Amerika wäre das nicht möglich. In Amerika muss es alle 500 Meter einen Starbucks oder mindestens einen McDonald's geben.

Und was auch sehr toll ist, ist die Tatsache, dass Deutschlands Sex-Shops nicht wie in Amerika hinter Indianer-Reservaten oder Raketensilos versteckt sind, irgendwo in der Pampa, sondern meistens mitten in der Stadt sind. Man geht in den Supermarkt und holt Milch. Nebenan bei McDonald's gibt's einen Burger. Und einen Laden weiter holst du dir eine Tube Gleitcreme. No Problem.

Aber in Amerika ist das alles ein riesiges Problem, denn in den USA kannst du nicht so einfach sagen: »Schatz, ich geh mal schnell um die Ecke und hole eine Tube Gleitcreme.« Wenn du in Amerika eine Tube Gleitcreme brauchst, dann musst du dich erst ins Auto setzen, und wenn du Glück hast, findest du irgendwann, irgendwo am Rande der Zivilisation einen kleinen, schlecht ausgeleuchteten Laden, wo es Gleitcreme gibt.

Meine erste Erfahrung mit deutschen Sex-Shops machte ich in Dr. Müller's Sex-World in Köln. Und ja, das ist wirklich der Name des Ladens. Normalerweise wäre ich dort gar nicht reingegangen − wegen meiner total amerikanischen Verklemmtheit. Aber als ich den Namen »Dr. Müller« gelesen hatte, und besonders den Titel »Dr.« dachte ich: *Mensch, warum soll ich da nicht hineingehen? Der Name hört sich nicht wie irgendein schmuddeliger Sex-Shop an, sondern wie die Praxis vom netten Hausarzt von nebenan.*

Trotzdem trat ich ziemlich nervös ein und dachte: *Was ist, wenn Leute, die mich aus dem Fernsehen und von der Bühne kennen, mich in dem Sex-Shop sehen? Was sage ich dann? Im Baumarkt wäre das kein Problem. Da kann man immer sagen: »Ich wollte nur schnell ein paar Dübel holen.« Aber was sagst du im Sex-Shop? »Uns sind die Handschellen zu Hause ausgegangen?« oder »meine Freundin braucht eine neue Peitsche?«*

Während ich mich umsah, machte ich folgende Entdeckung: Keiner, der sich im Shop befand, war so angespannt und nervös wie ich. Was natürlich damals keine große Kunst war. Auf der rechten Seite des Ladens gab es ein Regal mit Sex-Magazinen. Davor standen viele Männer und einige Frauen, die total entspannt durch die Hefte blätterten. Es war für mich alles so unglaublich unaufgeregt, so dass ich einen Moment lang das Gefühl hatte, ich wäre nicht in einem Sex-Shop, sondern in der Stadtbibliothek. Mit dem einzigen Unterschied, dass es in der Stadtbibliothek wohl keine Zeitschriften gibt, die »Anal Fatal« oder »Dicke Dinger« heißen.

Ich fand diese Entspanntheit bemerkenswert. Trotz Gummischwänzen, Knebelmasken und Peitschen, die überall im Laden angepriesen wurden, waren meine deutschen Mitbürger nicht aus der Ruhe zu bringen. Auch nicht durch einen Gummischwanz, der so groß wie eine Bahnschranke war. Auf dem dazugehörigen Informationsblatt stand: »Das neueste Sex Toy in unserem Sortiment!«

Ich dachte: *Ein was? Ein Sex Toy? Wie kann das ein Sex Toy sein? Das Ding ist riesig! Okay, vielleicht ist das Ding ein Sex Toy im Jurassic Park, aber so? Als normaler Mensch kannst du damit eher einen Einbrecher verprügeln!*

Aber wie gesagt, ich fand es sehr schön, dass die Atmosphäre so entspannt war.

Ich hörte sogar einem Fachgespräch zwischen einer Verkäuferin und einer Kundin über Vibratoren zu. Es ging um »Umdrehungen« und »Vibrationswellen« und ich dachte: *Mensch, ohne einen Abschluss zum Ingenieur versteht man doch kein Wort.*

Aber die Kundin verstand anscheinend alles, denn sie stellte auch einige Fragen wie: »Wie viele Intensitätsstärken hat dieser Vibrator?« und »Wie ist der Energieverbrauch?« Stiftung Warentest hätte nicht sachlicher fragen können. Nach wenigen Minuten dachte ich: *Vielleicht reden sie überhaupt nicht über einen Vibrator, sondern nur über einen Toaster, und ich bilde mir alles Weitere nur ein?*

In Amerika könntest du die Verkäuferin solche Dinge nicht fragen. Auch nicht: »Entschuldigen Sie bitte, aber ich habe meine Lieblingssex-Puppe Suzy gestern Abend unabsichtlich zerquetscht. Können Sie mir weiterhelfen?«

Wenn du so etwas fragen würdest, würde die Verkäuferin wahrscheinlich die totale Krise kriegen. Die deutsche Verkäuferin würde dir wahrscheinlich sogar noch Tipps geben, wie du so was in Zukunft vermeiden kannst.

Letztens erwähnte ein deutscher Freund, dass er den Tag zuvor auch in einen Sex-Shop gehen wollte, aber dann doch nach Hause gegangen war.

»Hattest du moralische Bedenken? Gewissensbisse?«, fragte ich ihn. »War das der Grund, warum du doch nicht in den Laden gegangen bist?«

»Nee«, antwortete er, »ich hatte mein Portemonnaie zu Hause vergessen.«

Und diese lockere Haltung siehst du auch nachts hier in Deutschland, wenn du den Fernseher einschaltest. Auf dem einen Kanal siehst du nackte Frauen in der Badewanne. Auf dem anderen eine Frau, die sagt: »Ich bin die geile Sekretärin« und auf einem dritten eine total streng aussehende Frau, die mir befiehlt: »RUF MICH AN!«

Als ich diese Werbung das erste Mal gesehen habe, und diese »RUF MICH AN«-Aufforderung hörte, dachte ich: *Wow. Das sagt meine Mutter auch immer zu mir, aber sie hat dabei bestimmt keine Peitsche in der Hand.*

Ich finde es auch gut, dass man hier in Deutschland nicht nur jung und schlank sein muss, um Werbung für Sex machen zu können. Man kann übergewichtig sein, sogar sehr übergewichtig und auch ein bisschen älter. Das finde ich gut, denn das zeigt, dass »sexy sein« hier nicht nur mit Anfang 20 möglich ist, sondern auch mit 50, 60 und sogar 70 plus. Wahrscheinlich kommt daher auch der deutsche Ausspruch: »Je oller, desto doller.«

Ich habe einmal sogar eine Werbung mit einer Frau gesehen, die sagte: »Eine Oma will dich verwöhnen.« Halbnackt auf einer Couch wiederholte sie ganz locker: »Ruf mich an, eine Oma will dich verwöhnen.« Da wurde mir eines klar: Hier sieht man den großen Unterschied zu Deutschland, denn wenn eine ältere Amerikanerin »verwöhnen« sagt, dann heißt das: Sie will dir einen Kuchen backen!

Wenn du in den USA nicht schlafen kannst und mitten in der Nacht den Fernseher einschaltest, ist an Sex-Werbung nicht zu denken. Das kannst du voll vergessen.

Auf dem einen Kanal versucht einer sein Fitnessgerät an den Mann zu bringen. Auf dem anderen sieht man ein übertrieben freundliches Paar, das dir eine Saftpresse andrehen will, und wieder woanders steht ein dicker Koch in einer Studioküche, der ununterbrochen von seinem Gurkenschäler schwärmt. Und obwohl wir in den USA oft Hunderte von Fernsehkanälen haben, scheint die Devise bei allen zu sein: »At all times keep your clothes on!«

Mit der Zeit habe ich auch festgestellt, dass Deutschland kaum Grenzen kennt. Es geht sogar bis ins Kulinarische. Ich war zum Beispiel einmal in einem Restaurant, und ganz oben auf der Speisekarte stand: »Strammer Max mit zwei Eiern.« Nicht irgendwo versteckt auf der Speisekarte, sondern tatsächlich ganz oben und für alle lesbar!

In Amerika wäre das undenkbar. Ich meine, stellen Sie

sich mal vor: Sie gehen in ein Restaurant in Amerika und sagen bei der Bestellung: »I would like a stiff Max with two big balls, please.« Das kann man in Amerika nicht sagen! Denn wenn man das sagen würde, würde man denjenigen wahrscheinlich sofort verhaften. Und dann würde man im Gefängnis landen, in dem man jeden Tag einen Stiff Max bekommen würde. Aber leider nicht den, den man bestellt hat!

Freundschaft/Friendship

Um Freundschaften hier in Deutschland zu schließen, braucht man echt viel Zeit und Geduld. Natürlich übertreibe ich ein bisschen, aber ich habe oft das Gefühl, dass das in den USA viel schneller vonstatten geht als in Deutschland.

In Amerika schließt du Freundschaften ungefähr so: Man spricht jemanden mit einem freundschaftlichen »Hi, ich bin John« an, und dann sagt der andere: »Und ich bin Jim.« Und innerhalb von fünf Minuten hat man bereits das Gefühl, dass man mit Jim gut befreundet ist. Und zehn Minuten später, dass man sogar mit Jim sehr gut befreundet ist. So gut sogar, dass es überhaupt kein Problem ist, einer dritten Person – die sagen wir, Fred heißt – zu sagen: »Nice to meet you, Fred. My name is John. And this is my really good friend Jim.«

Nein, natürlich übertreibe ich auch hier ein bisschen. Natürlich brauchen auch Amerikaner mehr als zehn Minuten Zeit um gute Freundschaften zu schließen. Ich habe gehört, es gibt welche, die zwanzig Minuten brauchen! Das war auch der Grund, warum ich anfangs mit der Kontaktaufnahme in Deutschland »leichte« Schwierigkeiten hatte. Ich erwartete amerikanische »Hi, how are you?-Turbo-Freundschaftsschließungen und bekam dafür abwartende, vorsichtige, deutsche Freundschaftsgeschwindigkeiten. Ich war verwirrt. Ich war unsicher. Ich fühlte mich sofort abgewiesen, besonders wenn Leute, die Manfred oder Sven oder Stefan hießen, sofort das Weite suchten, wenn ich mit meiner damals sehr auffälligen amerikanischen Art anrückte. Aber Gott sei Dank tauchte ziemlich bald Martina, meine damalige Retterin, baldige Freundin und zukünftige Ehefrau in meinem Leben auf. Sie sagte mir etwas, was mir ungemein geholfen hat, um die Deutschen besser zu verstehen und gern zu haben. Sie schaute mir tief in die Augen, als ich gerade in einer gewissen »Why don't the Germans like me?«-Stimmung war, und sagte mir etwas, was ich bis zum heutigen Tag nicht vergessen habe: »John, die Tatsache, dass es für dich schwierig ist, mit Deutschen Freundschaften zu schließen, liegt hundertprozentig an dir. Und nur an dir.«

Nein, Quatsch! Das hat sie natürlich nicht gesagt! Was sie sagte – und das werde ich tatsächlich nie vergessen – war Folgendes: »Gib den Deutschen einfach mehr Zeit, John. Du musst ihnen einfach mehr Zeit geben, wenn du mit ihnen befreundet sein willst.«

»Aber mehr Zeit wofür?«, fragte ich in meiner damals recht ahnungslosen Art.

»Mehr Zeit, um zu sehen, ob es sich überhaupt lohnt, mit dir befreundet zu sein.«

Ich war etwas schockiert, beleidigt und noch verwirrter, weshalb ich Martina erneut fragte: »Ob es sich lohnt? Ob es sich lohnt, mit mir befreundet zu sein? Aber warum sollte es sich nicht lohnen, mit mir befreundet zu sein?«

Und langsam kapierte ich, dass es auf dem Weg in eine »Freundschaft mit Deutschen« einige Stufen gibt, die zu erklimmen sind und die man nicht einfach überspringen kann.

Als Erstes muss man die Stufe »Bekannter« nehmen. Und nach einer Weile, wenn alles gutgeht, kann man sich überlegen, ob man bereit ist, die Stufe »guter Bekannter« zu wagen. Bei der Arbeit heißen die gleichen Stufen nicht »Bekannte« oder »gute Bekannte«, sondern vielmehr »Kollege« und »guter Kollege.« Und man weiß, dass man sich auf der »Kollegen«-Ebene befindet, wenn man morgens mit »Guten Morgen, Herr Kollege« begrüßt wird. Und meistens erfährt man, wenn eine dritte Person anwesend ist, dass man schon die Stufe »guter Kollege« erreicht hat, wenn man so etwas hört wie »Du, Heinz, ich möchte dich mit einem guten Kollegen von mir bekannt machen. Das ist John. Aus den USA. Aber keine Angst, er ist trotzdem nett.«

Und dann irgendwann – bei manchen dauert es ein bisschen länger, und bei anderen geht es ein bisschen schneller – merkt man: »Wow! Ich bin nicht nur ein guter Bekannter oder ein guter Kollege, sondern ich bin jetzt richtig mit einem Deutschen befreundet! Tatsächlich befreundet. Und das Tolle daran ist, es hat nur zwei Jahre gedauert!« Und wenn dann alles richtig gut läuft – ich meine, richtig gut läuft –, dann wird aus einer Freundschaft hier in Deutschland oft eine sehr gute Freundschaft und aus einer sehr guten Freundschaft vielleicht sogar auch eine Busenfreundschaft.

So was haben wir in Amerika nicht – Busenfreundschaften, meine ich. Und das finde ich schade, denn man stelle sich die tollen Gespräche vor, die sich ergeben könnten, wenn wir in Amerika auch so was hätten. Man wäre auf einer Party und dann würde man sagen: »Hey, Steve, please come over here. I'd like you to meet my new tit-friend Klaus from Germany.«

Und dann würde Steve sagen: »Nice to meet you, Klaus. Jim has been telling me a lot about his new tit-friend. It's so nice to finally get to know you! And by the way: nice titts.«

Begeisterungsfähigkeit/Enthusiasm

Wenn ich jetzt in Amerika zu Besuch bin, behauptet meine Mutter Judy, dass ich nicht mehr so richtig begeisterungs-fähig sei wie früher. Und das stimmt. Und weil *sie* extrem begeisterungsfähig ist, komme ich mir immer vor, wenn ich sie in Florida besuche, als würde ich unter starken Depressionen leiden, sobald wir irgendwas zusammen unternehmen. Wenn wir zum Beispiel Essen gehen. Wir gehen irgendwohin, und sobald das Essen kommt, ist meine Mutter so was von begeistert, dass sie nicht nur »Wow!« sagt. Oder OHHHHH. Oder OHHHHHH und »Wow!«, sondern dass sie auch noch oft ihre Kamera auspackt, um schnell ein Foto von ihrem Gericht zu machen. Und dann, wenn ich gerade anfangen will, stoppt sie mich und sagt: »Not yet. Not yet. I need to take a picture of your meal too.«

In Amerika ist es im Gegensatz zu Deutschland ganz normal, in allen möglichen Lebenslagen Begeisterung zu zeigen. Man geht ins Restaurant, isst eine Pizza und sagt danach total begeistert: »Wow! Das war die beste Pizza, die ich je in meinem Leben gegessen habe!« Und dann wiederholt man das Ganze eine Woche später und sagt genau das Gleiche über die nächste Pizza. In Deutschland hört man beim Pizzaessen ganz selten solche Äußerungen. Wenn ich mit meinen deutschen Freunden Essen gehe, frage ich anschließend: »So, Guys, wie war die Pizza?« Und dann höre ich fast nie, »super« oder »prima« oder »das war die beste Pizza meines Lebens«, sondern eher, »ganz gut«, oder »ging so« oder »war nicht schlecht«.

Aber Amerikaner sind nicht nur begeisterungsfähig, was Pizzas angeht. Jack Welch, der Ex-CEO von General Electric, setzte auf Begeisterungsfähigkeit am Arbeitsplatz, als er sagte: »Man muss aus seinem Unternehmen den aufregendsten Ort der Welt machen.«

Ralph Waldo Emerson, amerikanischer Philosoph, Dichter und Essayist, war vollkommen der Meinung: »Nichts Großes ist je ohne Begeisterung geschaffen worden.«

Und Henry Ford, das US-amerikanische Automobil-Genie, hatte damals Folgendes zu sagen: »Die Begeisterungsfähigkeit trägt deine Hoffnungen empor zu den Sternen. Sie ist das Funkeln in deinen Augen, die Beschwingtheit deines Ganges, der Druck deiner Hand und der Wille und die Entschlossenheit, deine Wünsche in die Tat umzusetzen.« Und wenn man richtige Begeisterungsfähigkeit »made in the USA« erleben will, braucht man nur zu politischen Veranstaltungen zu fahren und die ganze Stimmung, die dort herrscht, aufzusaugen. Tausende von Anhängern schwenken ihre Fahnen. Andere schreien: »Four more years! Four more years!« Und wieder andere schreien den Namen des Kandidaten. Und wenn dann auch noch die Tochter des Kandidaten auf die Bühne kommt, um ihren Vater anzukündigen, flippen alle richtig aus. Vor allem wenn sie etwas sagt wie: »Ladys and Gentlemen, I'd like to present to you the next senator from this great state of California: My father, who I love very much … Tom Smith!«

Wenn ich ganz ehrlich bin, kriege ich auch eine Gänsehaut, wenn ich so was höre.

Aber dann fragt plötzlich die deutsche Stimme in mir: »Leute, was ist denn hier los? Ich meine, das ist nicht Robbie Williams oder Bruce Springsteen oder – von mir aus – David Hasselhoff, sondern ein Politiker.« Ein Politiker, der vielleicht irgendwann bald in einen Immobilien- oder Spendenskandal oder – Schreck lass nach – in einen Sexskandal verwickelt sein wird, wie es bei dem republikanischen Gouverneur von South Carolina, Mark Sanford, 2009 der Fall war. Er musste in einer Live-Pressekonferenz seine Präsidentschaftsambitionen für 2012 völlig begraben, nachdem er zugeben musste, dass er eine Affäre mit einer Argentinierin hatte. Unter Tränen entschuldigte er sich bei seiner Gattin, seinem Schwiegervater, seinem besten Freund, bei den »gläubigen Menschen« von South Carolina und – last but not least – bei »jedem, der in South Carolina lebt«.

Wegen solcher Politiker habe ich gelernt, mich generell ein bisschen mehr zurückzuhalten, was meine politische Begeisterungsfähigkeit angeht. Amerikaner sind in der Regel begeisterungsfähiger, weil sie oft vergessen, dass Politiker auch ganz normale Menschen sind, mit ganz normalen Schwächen, wie wir sie alle haben. (Mit Ausnahme von Barack Obama natürlich.)

Aber das ist das Tolle an Deutschland, denn in diesem Land vergisst man so was nicht. Hier weiß man, dass Politiker nur Menschen sind. Sie sind keine Heiligen, keine Stars und schon gar keine Sexsymbole. (Okay, Angela Merkel vielleicht schon.)

Ich war vor Jahren bei einer Wahlkampfveranstaltung von Rudolf Scharping, und ich weiß, dass der Rudolf nicht gerade als Maßstab für deutsche Begeisterungsfähigkeit steht. Aber ich war doch überrascht, wie unglaublich lahm die Stimmung im Saal war. Ich habe keine Menschen gesehen, die Fahnen schwenkten und auch keine, die ausflippten, als Herr Scharping angekündigt wurde. Und außerdem wurde er nicht von seiner Frau angekündigt mit den Worten: »Meine Damen und Herren, begrüßen Sie jetzt unseren nächsten Bundeskanzler und den Mann, den ich über alles in der Welt liebe: RUUUUUUUUUUUDOOOOOOOLF SCHAAAAAARPING!« – wie man es in Amerika machen würde. Sondern es kam ein etwas dicklicher, nicht gerade attraktiver Genosse von Anfang 60 auf die Bühne, der relativ lustlos verkündete: »Liebe Genossen und Genossinnen, hiermit erteile ich das Wort an Herrn Rudolf Scharping.« Mensch, als ich das mitansehen musste, dachte ich bei mir: *Es ist kein Wunder, dass alle aussehen, als würden sie gleich einschlafen. Rudolf inklusive!*

Viele Deutsche, mit denen ich mich darüber unterhalte, fragen mich oft: »Hey, John, warum sind wir Deutschen nicht so begeisterungsfähig wie ihr Amis?« Ich antworte dann immer: »Na ja, das ist ein bisschen schwierig zu erklären. Zum Teil hat es damit zu tun, dass wir Amerikaner eine positive Grundhaltung haben. Und dann kommt noch die Tatsache hinzu, dass viele Amerikaner meinen: ›Alles ist möglich, alles ist erreichbar!‹ Aber dann gibt es natürlich auch welche, deren Begeisterungsfähigkeit auf Psychopharmaka zurückzuführen ist. Und wenn man das alles zusammennimmt, dann schaukelt sich einfach alles von alleine hoch, und plötzlich sind alle begeistert. Auch wenn keiner wirklich weiß, warum.«

Die nächste Frage, die mir in diesem Zusammenhang oft gestellt wird, ist: »Und John, kann man als Deutscher so was lernen?« Meine Antwort auf diese Frage lautet dann immer: »Nein, eigentlich nicht.«

Das ist natürlich Quatsch. Natürlich kann man Begeisterungsfähigkeit lernen. Am schnellsten, wenn man nach Amerika auswandert. Am zweitschnellsten, wenn man oft in Amerika Urlaub macht. Und wenn diese zwei Möglichkeiten aus irgendeinem Grund wegfallen, gibt es ja auch hier in Deutschland die Möglichkeit, diese amerikanische Art der Begeisterungsfähigkeit zu üben. Man braucht nur den Fernseher einzuschalten und amerikanische Dauerwerbesendungen, die synchronisiert wurden, anzuschauen. Dann sieht man Jim und Betty, die total begeistert irgendwelche Klobürsten präsentieren und derartig von diesen Klobürsten schwärmen, als wären es die besten fucking Klobürsten der Welt. Nun braucht man nur ihre Sätze, sagen wir, 10 oder 20 Mal nachzusprechen, und nach kurzer Zeit bekommt man ein eigenes Gefühl für die amerikanische Begeisterungsfähigkeit.

Viele Deutsche sind meiner Meinung nach wegen des Neid-Faktors nicht so begeisterungsfähig. Denn statt zu seinem Nachbarn zu sagen, der gerade einen teuren Neuwagen gekauft hat: »Hey, toller Mercedes, Markus!«, hört man viel eher, nachdem er um die Ecke verschwunden ist: »Der Markus hält sich auch für was Besseres.« Oder: »Der Markus verdient zu viel Geld.« Oder: »Der hat das Auto bestimmt nur geleast.« Und bei solchen Gedanken ist es halt sehr schwierig, diese Begeisterung mit Markus zu teilen.

Selbst viele Deutsche halten Neid für eine »Begeisterungsbremse«. Thomas Gottschalk hat einmal gesagt: Wenn ein Kandidat in Amerika 500 000 Dollar gewinnt, jubelt jeder. Wenn man in Deutschland 10 000 Euro gewinnt, heißt es: »Was, dieses Pickelgesicht?«

Wolfgang Petersen, der Regisseur von »Das Boot« und »Die unendliche Geschichte«, vertritt eine ähnliche Meinung. Er sagte einmal, während in Amerika eine gewisse »naive Freude am Erfolg« dominiere, treffe der Erfolgreiche in Deutschland auf »eine gewisse Häme und Missgunst«.

Und der verstorbene Mainzer Soziologieprofessor Helmut Schoeck meinte sogar, dass jeder, der irgendwie erfolgreich ist in Deutschland, ständig auf Knien herumrutschen muss, um seine Mitmenschen dafür um Verzeihung zu bitten.

Das halte ich zwar für ein bisschen übertrieben, aber im Kern ist was Wahres dran.

Aber um an dieser Stelle irgendwelchen Missverständnissen vorzubeugen, möchte ich jetzt unbedingt Folgendes loswerden: Natürlich gibt es begeisterungsfähige Menschen auch hier in Deutschland. Manchmal sogar ausgelöst durch deutsche Politiker – so ist es nicht. Nehmen wir Joschka Fischer zum Beispiel, der für mich damals *die* verkörperte Begeisterungsfähigkeit war. Er musste nur fünf Minuten über, sagen wir, erneuerbare Energien im Bundestag reden, und schon fing der ganze Plenarsaal an zu jubeln. Das hätte Rudolf Scharping in zehn Stunden nicht hingekriegt.

Beim Sport ist es genauso, besonders beim Fußball. Denken wir nur an die WM 2006 hier in Deutschland. Da waren Millionen von Menschen, die wochenlang so extrem und begeistert feierten, dass ich mich einmal fragte: *Mensch, hat man die ganzen Deutschen ausgetauscht und durch Millionen verrückte Amis ersetzt?* Kaum zu glauben: Es waren tatsächlich Deutsche, die da gefeiert haben!

Und deswegen möchte ich an dieser Stelle sagen: Gut gemacht, Leute! Ich bin stolz auf euch! Und wenn es so was wie eine amerikanische Ehrenmedaille für besondere Begeisterungsfähigkeit geben würde, dann hätte ich sie während der WM bestimmt Millionen Mal verliehen.

Präsidenten / Presidents

Als Präsident Bill Clinton regierte, war es cool, Amerikaner zu sein. Taxifahrer sagten oft zu mir: »Das ist toll! Das ist schön, dass Sie Amerikaner sind! Ich mag Amerika. Und ich mag auch den Clinton.« Einmal sagte mir eine Taxifahrerin aus München, dass sie Clinton sogar liebt. Worauf ich sie fragte: »Weiß Hillary davon?«

Mensch, waren das Zeiten, als Bill Clinton seinen berühmten Sexskandal hatte. Monica Lewinsky war verliebt. Hillary Clinton war sauer. Und ich war glücklich, als Amerikaner hier in Deutschland zu sein. Und warum? Ganz einfach: Ich hatte das Gefühl, je mehr Sex der Clinton hatte, desto besser ging es mir hier in Deutschland. Denn obwohl viele Deutsche mit Clintons Affäre nicht einverstanden waren, hatte ich das Gefühl, dass sich mehr Mitbürger darüber empörten, *wie* Clinton in den Medien und überall in Amerika behandelt wurde. Er hatte Sex. Er wurde erwischt. Er wurde an den Pranger gestellt. Und monatelang – und nicht nur in Amerika, sondern auch weltweit – gab es in allen Medien nur ein Thema: Bill und Monica. Und je länger dieser Skandal andauerte und alle anderen Nachrichten, die es auf der Welt gab, verdrängte, desto sympathischer wurde meiner Ansicht nach mein Präsident in den Augen vieler Deutscher. Und von dieser Sympathie habe ich auch profitiert, denn ich kann mich daran erinnern, dass Leute mir damals sagten:

»Bill Clinton für Deutschland!«

»Das ganze Tamtam wegen Sex ist völlig übertrieben!«

169

»Man soll den Präsidenten in Ruhe lassen, damit er endlich seinen Job machen kann!«

»Mensch, der arme Bill. Wie der behandelt wird, das ist schrecklich. Komm, ich lade dich auf ein Bier ein.«

Und dann kamen die Bush-Jahre, und dann wurde ich nie wieder auf ein Bier eingeladen. Diese schlechte Stimmung bekam ich auch bei allen Taxifahrern Deutschlands zu spüren – ganze acht Jahre lang. Man muss sich das mal vorstellen: Acht Jahre lang fuhr ich mindestens ein oder zwei Mal im Monat mit dem Taxi, und nicht ein Mal führte ich ein Gespräch über ehrgeizige Praktikantinnen. Es war eine traurige Zeit. Anders kann ich es nicht beschreiben. Einfach nur traurig.

Und dann kam Barack Obama. Und wie bei Bill Clinton waren die schlechten Zeiten im Nu wie weggeblasen. Das war unheimlich. Ich hatte das Gefühl, dass wir Amerikaner über Nacht wieder *in* waren. Und das machte sich auch bei den Taxifahrern bemerkbar.

Ein Taxifahrer begrüßte mich zum Beispiel mit den Worten: »Yes, we can! Yes, we can!« Ein anderer meinte: »Wir brauchen auch einen Obama für Deutschland. Einer, der auch ein so leidenschaftlicher und guter Redner ist.« Worauf ich antwortete: »Wie der damalige deutsche Außenminister Joschka Fischer, denn der war ebenfalls leidenschaftlich und ein sehr guter Redner.« Der Taxifahrer schaute mich komisch an und fragte: »So gut wie Obama?« Ich bejahte, aber ich spürte, dass er mir irgendwie nicht glaubte, und deswegen ergänzte ich: »Ich habe Joschka Fischer einmal im Fernsehen gesehen, als er über das Thema Mülltrennung redete. Nein, er hat nicht nur einfach über das Thema Mülltrennung geredet, er hat *leidenschaftlich* über das Thema Mülltrennung geredet. Du konntest die Leidenschaft in seinen Augen sehen und in seiner Stimme hören. Er war so leidenschaftlich, dass auch ich sofort Bock bekam, meinen eigenen Müll zu trennen. Kurz danach hatte ich nur einen Gedanken im Kopf: John, trenne deinen Müll. Trenne endlich deinen verdammten Müll! Und das habe ich dann auch getan. Okay, erst zwei Wochen später, aber immerhin hab ich es getan.« Und dann sagte der Taxifahrer: »Ja, das stimmt, was Sie sagen, junger Mann. Der Fischer war gar nicht so übel.«

An ein ganz bestimmtes Barack-Obama-John-Doyle-Taxigespräch erinnere ich mich gerne. Es fand kurz nach Obamas Wahl zum Präsidenten statt.

»Zum Flughafen Köln-Bonn, bitte«, sagte ich, während ich vorne beim Taxifahrer einstieg. Ich musste mal wieder für ein paar Tage geschäftlich verreisen.

»Sie kommen nicht aus Deutschland, oder?«, fragte mich dieser sofort – wir hatten noch nicht einmal die erste Ampel erreicht. Wie gesagt: Sobald ich meinen Mund aufmache, werde ich als Ausländer identifiziert.

»Ist das schlimm?«, fragte ich ihn vorsichtig zurück.

»Nein, überhaupt nicht.« Der Mann lachte laut auf und sah mich mit seinen dunklen Augen freundlich an. Daraufhin wollte ich ihm gerne sagen, wo ich herkomme, und auch ein bisschen davon erzählen, dass ich, obwohl ich Amerikaner bin, mich manchmal nicht wie einer fühle, denn er schien offen zu sein, und ich war auf der Suche nach Antworten. Doch als ich seinen Vornamen auf dem Taxi-Ausweis am Armaturenbrett las, erschrak ich und dachte: *John, halt besser den Mund und schau geradeaus.*

Ich weiß, das klingt nicht gerade nett, denn er hatte ja

nichts Negatives gesagt, geschweige denn getan, aber wenn ich einen Namen wie »Hassan« höre oder lese, denke ich nicht gerade an Menschen, die aus Ländern kommen, die Amerikanern unbedingt wohlgesinnt sind.

Ich dachte weiter angestrengt nach: *Soll ich ihm vielleicht sagen, dass ich Kanadier bin, denn die mögen alle? – Aber nein, waren die Kanadier nicht mit in den Irak-Krieg gezogen? Hm, keine Ahnung. Oder was ist mit Dänemark? Ich sehe aus wie ein Däne. Ich bin groß, blond und ich kann im Spiegel eindeutig die Gesichtszüge der Wikinger erkennen. – Nein, schlechte Idee, wegen der Mohammed-Karikaturen … – Was ist mit Liechtenstein? Ja, Liechtenstein ist gut. Wir haben einen Gewinner und der heißt Liechtenstein. Denn wer hat schon was gegen dieses winzige Land? Ich nicht. Und ich kann mir vorstellen, Hassan auch nicht. »Scheiß-Amerikaner« hört man ja oft, aber »Scheiß-Liechtensteiner«? Nie!*

Und dann riss mich Hassan plötzlich mit einer völlig unerwarteten Frage aus meinen Gedanken.

»Sind Sie Amerikaner?«

Völlig verdutzt antwortete ich leise mit *Ja*, denn in dem Moment fand ich es einfach zu albern, mich als Liechtensteiner auszugeben, abgesehen davon, dass ich überhaupt nichts über dieses Land wusste. Noch nicht einmal, wo es lag – eine Schwäche in Geographie, die wie gesagt bei Amerikanern schon mal vorkommen kann.

»Ja, Herr Hassan, ich komme aus Amerika.« Ich hoffte auf Gnade. Aber mit seiner Antwort hätte ich in tausend Jahren nicht gerechnet.

»Amis finde ich toll!« Und um diesen Satz noch zu bekräftigen, fügte er hinzu: »Amis finde ich einfach unglaublich!«

Das hat er wirklich gesagt! Hassan aus »Keine-Ahnung-Woher« sagte mir, John Doyle, der eben noch in einer Identitätskrise steckte, dass er Amerikaner richtig toll fand. Das war so, als würde der iranische Präsident Mahmud Ahmadinedschad, der ja nicht gerade als Ami-Freund bezeichnet werden kann, sagen: »Ich habe Lust auf ein Happy Meal bei McDonald's.«

Als ich mich wieder beruhigt hatte und glauben konnte, dass Hassan mir durchaus positiv gesinnt und meine Angst vor Verschleppung völlig unbegründet gewesen war, begannen wir, uns zu unterhalten.

»Wo kommen Sie her, Herr Hassan?«

»Aus einem kleinen Dorf im Grenzgebiet zwischen Afghanistan und Pakistan.«

Ich konnte mir nicht erklären, warum mein Herz plötzlich anfing, schneller zu schlagen.

»Ich bin aus New Jersey, wo es im Winter sehr kalt ist und im Sommer sehr heiß.« Sein Kommentar dazu fiel etwas nüchtern aus.

»Na ja, zumindest fallen dort keine Bomben vom Himmel.« Kurz vorher wollte ich ihn wirklich noch gerne zu dem Leben in seinem Dorf befragen. Nun begnügte ich mich nur mit: »Warum finden Sie denn die Amis so toll?«

»Na ja, wegen Obama. Er ist ein guter Mann – und intelligent ist er auch«, fügte Hassan nach einer kurzen Pause hinzu.

»Ja, und im Gegensatz zu Präsident Bush ist er sogar der englischen Sprache mächtig«, pflichtete ich ihm lächelnd bei.

»Und wie!« Hassan nickte heftig. Ich wagte mich noch einen Schritt weiter.

»Seit Obama gewählt wurde, haben die Leute uns Amis wieder lieb.«

»Genießt es, solange es geht«, antwortete er und grinste breit. »Wer weiß, wie lange das anhält.«

Hassan hatte recht. Wir sollten diesen Zustand in vollen Zügen genießen. Ich erinnerte mich an die Stimmung, die damals in Deutschland kurz nach Barack Obamas Wahlsieg herrschte. In den Medien hieß es überall: »Die Amis sind wieder cool.« Und auf Privatpartys standen viele der Gäste nachts auf dem Balkon und brüllten: »Die Amis finden wir einfach *geil*!« Das alles fing im Sommer 2008 an, als Obama das erste Mal nach Deutschland kam. Er stand auf einer Bühne mitten in Berlin, wo sonst nur Päpste, Fußballer oder David Hasselhoffs auftreten dürfen und hat Geschichte geschrieben.

Etliche Jahre zuvor schrieb ein anderer Amerikaner – nämlich Ronald Reagan – ebenfalls in Berlin Geschichte. Er stand vor dem Brandenburger Tor, schaute in die Menge, blickte auf sein Manuskript und sagte dann ganz selbstbewusst und in alter Hollywood-Manier: »Mr. Gorbatschow, tear down this wall!« Und als die Menge jubelte, stellte ich mir die Leute beim Berliner Bauamt vor, die sich möglicherweise dachten: »Aber nur mit schriftlicher Genehmigung, Mr. President!«

Barack Obama dagegen brauchte keine Genehmigung, um seine Botschaft zu vermitteln.

»Amerika und Europa müssen mehr zusammenrücken.« Und Hunderttausende jubelten: »Yes, we can! YES WE CAN!«

»Wir müssen mehr für die Umwelt tun.« Und Hunderttausende dachten: *Mensch, ein Ami, der weiß, dass es so etwas wie eine Umwelt überhaupt gibt? Yes, we can!* YES WE CAN! Und wieder andere flippten total aus. Frauen kreischten: »Barack, wir wollen ein Kind von dir.« Einzelne Männer schrien lautstark: »Wir auch.« Das waren wahrscheinlich die, die aus Köln angereist waren.

Barack Obama sah, als er die Bühne betrat, aus wie eine Mischung aus John F. Kennedy und Denzel Washington. An jenem Tag in Berlin hätte er wirklich alles sagen können, und die Leute hätten geantwortet: »Yes, we can! YES WE CAN!« Er war auch sicher nicht mit zig Fragen im Gepäck angereist, wie sie sich viele Comedians vor ihrem Auftritt stellen:

Kommen überhaupt Zuschauer heute Abend?

Und werden die, die kommen, mich mögen?

Werden die am Ende der Show noch wach sein?

Und wird es wieder Zuschauer geben, die in der ersten Reihe sitzen und mich die ganze Zeit apathisch angucken? Nach dem Motto: »*Eine Wurzelbehandlung beim Zahnarzt wäre lustiger als das, was der da quatscht!*« Solche Gedanken brauchte sich Barack Obama an diesem Tag wirklich nicht zu machen.

Während ich seinen Auftritt im Fernsehen mitverfolgte, dachte ich: *Noch nie habe ich so viele optimistische Deutsche zur gleichen Zeit am gleichen Ort erlebt.* Das alles kam mir vor wie bei ›Wetten, dass..?‹.

»Ich wette, dass innerhalb von 60 Minuten 200 000 gut gelaunte, optimistische Deutsche zum Brandenburger Tor kommen werden. Und dass diese auch gut gelaunt bleiben, während ein amerikanischer Politiker eine Rede hält.«

Ich wäre nicht überrascht gewesen, wenn sich plötzlich Thomas Gottschalk ins Bild geschoben hätte, um zu sagen: »Top! Die Wette gilt!«

Erster Mann / First Lady

Ein großer Vorteil für mich als Amerikaner in Deutschland ist, dass ich die verschiedensten Dinge miteinander vergleichen kann. Das amerikanische Kino mit dem deutschen Kino. Amerikanische Autos mit deutschen Autos. Amerikanische Sex-Shops mit deutschen Sex-Shops. Ich vergleiche auch amerikanische Politiker mit deutschen Politikern. Und nicht nur die, sondern auch – wie man das sowohl in Deutschland als auch in Amerika sagt – »ihre besseren Hälften«.

Nehmen wir zum Beispiel die jetzige First Lady der USA, Michelle Obama. Neben ihrem ganz normalen Job als First Lady ist sie ständig der Medienaufmerksamkeit ausgesetzt, und ich kann mir vorstellen, dass ihr das Ganze nach einer Weile tierisch auf die Nerven geht. Hier sind einige Themen, die Michelle bestimmt nerven.

Thema 1: Ihr Gewicht.

Es ist unglaublich, wie viele Amerikaner sich mit Michelles Gewicht beschäftigen. »Hat sie zugenommen? Hat sie abgenommen?« Und wenn sie zugenommen hat, wird darüber spekuliert, ob sie nur deswegen zugenommen hat, weil sie traurig ist. Und wenn sie wieder abgenommen hat, vermutet man, dass sie wohl immer noch traurig ist.

Einen solchen Unsinn muss Joachim Sauer, Deutschlands First Man, nicht mal fünf Minuten lang über sich ergehen lassen. Keiner fragt sich: »Ist er dünner geworden? Oder dicker?« Und wenn er richtig zunehmen würde: »Warum sieht er denn jetzt aus wie einer von den Wildecker Herz-buben?« Das interessiert keinen.

Aber in den USA ticken die Uhren halt anders. Weil das so ist, kann man sogar in Las Vegas auf Michelle Obamas Gewichtsschwankungen Wetten abschließen.

»Wird Frau Obama in den nächsten vier Jahren abneh-men? Wird sie zunehmen?

Seien Sie dabei und wetten Sie bei uns!«

Es gibt sogar Internetforen, die sich mit diesem Thema beschäftigen. Bei Yahoo wird die Frage gestellt: »Ist Michelle Obama fett?« Hier sind einige Antworten:

– »Ja, sie ist fett.«

– »Nein, sie ist nicht fett.«

– »Keine Ahnung.«

– »Sie ist nicht so dünn wie ein Model.«

– »Sie ist eine sexy, kurvige schwarze Frau, und wir kön-nen nichts dafür, wenn wir kurvig sind.«

– »Ja, sie ist ein bisschen fett. Sie hat einen dicken Bauch.«

– »Ich finde sie überhaupt nicht fett. Sie hat einen norma-len Umfang.«

– »Wenn Leute meinen, dass sie fett ist, dann sollten sie sich eine Brille kaufen!«

– »Nein, sie ist nicht fett. Sie ist propper!«

– »Schau mal ihre dünnen Arme an!«

Und last but not least …

– »Nein, sie ist überhaupt nicht fett, sondern intelligent und eine gute Mutter. Denn das ist wichtiger.«

Als ich die gesamte Liste der Bemerkungen gelesen hatte, fragte ich mich: *Haben diese Leute nichts anderes zu tun, als solche Kommentare abzugeben?* Die traurige Antwort lautet: *»Wahrscheinlich nicht.«*

Thema 2: Was hat sie an?

Amerika ist nicht das einzige Land, das sich mit Michelle Obama beschäftigt. Auch die ganze Weltpresse scheint sich mit ihr auseinanderzusetzen. Besonders mit der Wahl ihrer Kleidung. Als ihr Mann Präsident wurde, hat sogar die ›People's Daily‹ aus China zu Michelle Obamas Kleid geschrieben: »Michelle Obamas Kleid war eine freundliche Botschaft der Hoffnung.«

Hier in Europa schrieb ›derStandard‹ aus Wien: »Ein glänzender Auftritt [...] Michelle Obama präsentierte sich als neue First Lady im goldenen Mantel-Kleid.«

Eine andere österreichische Zeitung, die ›Kleine Zeitung‹, ergänzte: »Mit der Wahl eines zitronengrasgelben Kleides unter einem entsprechenden Mantel fand die neue First Lady viel Applaus.« Aber weit weg in Namibia gab es noch offene Fragen. Die Tageszeitung ›The Namibian‹ kommentierte das Ganze mit einer Frage: »Michelle Obamas Kleid: Welche Farbe hatte es wirklich?«

Ich bin froh, dass man nicht jeden Tag Ähnliches über Angela Merkels Mann Joachim Sauer lesen muss. Stellen Sie sich vor, die ›Bild‹-Zeitung würde schreiben: »Der Anzug des First Gentleman passte nicht zu seiner Augenfarbe.« Und am nächsten Tag würde man über die Farbe seiner Krawatte herziehen. Und dann würde ich beim Arzt im Wartezimmer sitzen, ›Die Bunte‹ lesen und erfahren, dass er beim letzten Empfang die total falschen Schuhe angehabt hatte.

Das wäre furchtbar.

Mensch, im Vergleich zu Michelle Obama hat Joachim Sauer das bessere Los gezogen. Ich kann mir sogar vorstellen, er könnte nackt durch die Gegend laufen und keiner würde davon Notiz nehmen. Da würde höchstens die ›Bild‹-

Zeitung ein Foto mit der Unterschrift abbilden: »Joachim Sauer – der Mann der Kanzlerin auf dem Wege zum FKK-Strand.«

Thema 3: Lästige Pflichttermine

Joachim Sauer hat noch andere Vorteile gegenüber Michelle Obama. Frau Obama muss neben ihren regulären Terminen, die Politik und Gesellschaft betreffen, auch Termine wahrnehmen, so genannte »Feel-good-Termine«, um zu beweisen, dass sie kein abgehobener, sondern ein ganz normaler Mensch ist. Zum Beispiel wenn die besten Apfelkuchen-Bäckerinnen aus ganz Amerika das Weiße Haus besuchen, muss die First Lady dabei sein, um zu sagen: »Hey, super, Apfelkuchen! Wie lecker!« Und wenn die beste Schneiderin der Altersklasse U 95 das Weiße Haus besucht, muss sie auch dabei sein.

Ich denke, wenn Joachim Sauer, der renommierte Chemieprofessor, so etwas beiwohnen müsste, hätte er damit nach einiger Zeit echte Probleme. Er würde nach einer Weile wahrscheinlich sagen: »Meine Damen, das, was Sie gerade erzählt haben, ist alles ganz schön und nett, aber jetzt würde ich gerne über die Struktur der molekularen Cluster in der Gasphase reden.«

Thema 4: Zusammen wohnen

Es gibt noch einen weiteren Vorteil, den der Partner des deutschen Regierungschefs den amerikanischen First Ladys voraus hat. Wenn man zum Beispiel nicht nach Berlin ziehen will, dann muss man nicht. Wie es bei Ex-Bundeskanzler Gerhard Schröder und seiner Frau Doris der Fall war. Ich fand es erstaunlich, als Germany's First Lady Doris damals sagte: »Gerd, ich will nicht nach Berlin ziehen. Ich will mit meiner Tochter in Hannover bleiben.« So was wäre bei den Amis unmöglich. Michelle Obama hätte nie und nimmer sagen können: »Schatz, ich ziehe nicht ins Weiße Haus, sondern bleibe in Chicago.« Und vor ihr hätten Barbara Bush und Hillary Clinton das auch nicht gedurft. Obwohl ich mir vorstellen kann, dass Hillary Clinton während der Lewinsky-Affäre vielleicht öfters daran gedacht hatte, aus dem Weißen Haus auszuziehen. Ihren Ehemann Bill hätte das möglicherweise gar nicht so traurig gemacht. Vielleicht hätte er sogar gesagt: »Kein Problem, Schatz, ich helfe dir beim Packen.«

Erster Hund / First Dog

Wenn ich sehe, wie müde Präsident Obama manchmal wirkt, dann bin ich froh, dass ich seinen Job nicht habe. Und wenn ich seinen Hund, Amerikas First Dog bei all *seinen* Terminen und Verpflichtungen sehe, bin ich froh, dass ich auch *seinen* Job nicht habe.

Amerikas jetziger First Dog ist ein portugiesischer Wasserhund namens »Bo«. Oder um genau zu sein: »Bo Obama.« Und genau wie sein Vorgänger, dem schottischen Terrier »Barney«, der Präsident Bush jahrelang begleitet hat, wird auch er bestimmt kein einfaches Leben haben. Denn im Gegensatz zu Hunden von Privatmenschen sind die Anforderungen, die an Bo gestellt werden, extrem hoch. Er darf kein gewöhnlicher Hund sein, der nur in der Gegend rumliegt und pennt und anfängt zu bellen, wenn ausländische Staatsgäste vorbeischauen. Und er darf sie auf gar keinen Fall beißen, anlecken oder sich an ihren Hosenbeinen reiben. So was könnte schnell zu einer internationalen Staatskrise führen, und von denen haben wir schon genug am Hals.

Ganz wichtig, finde ich, ist auch das Thema »Gassi gehen«. Ganz gewöhnliche Hunde können sich dafür jeden beliebigen Ort aussuchen, der ihnen gerade gefällt. Sie sehen ein Auto, suchen sich einen Reifen aus und heben schnell das Beinchen. Aber stellen Sie sich vor, Bo würde so etwas tun? Vorne in der Einfahrt des Weißen Hauses steht die Limousine von Frankreichs Staatspräsident Nicolas Sarkozy, und Bo verrichtet genau dort schnell sein Geschäft. Und genau dieser Moment wird von mehreren internationalen Kamerateams eingefangen. Nicht nur von einem französischen Fernsehteam, was schlimm genug wäre, sondern auch von einem aus England, China, Deutschland, Japan, Korea, Peru und sogar Burma. Und schon bald wäre Bos »Geschäft« am linken Hinterreifen von Sarkozys Limousine ein wichtiges Thema in vielen Nachrichtensendungen.

Mit jedem neuen US-Präsidenten kommt ein neuer First Dog ins Weiße Haus. Doch bevor er einziehen kann, muss erst entschieden werden: Welcher Hund wird Amerikas First Dog? Ein großer, um Macht zu demonstrieren? Ein kleiner, um Bescheidenheit auszustrahlen? Ein dicker, um Amerika zu verkörpern?

Amerikanische Zeitungen haben bei der Auswahl sogar ihre Leser um Hilfe gebeten. Überall war der Aufruf zu lesen: »Helfen Sie uns und Amerika bei der Suche nach Amerikas nächstem First Dog.« Die Fragen lauteten:

»Was wollen Sie, liebe Leser?«

»Von welchem Hund möchten Sie regiert werden?«

»Von einem kleinen?«

»Von einem großen?«

»Sagen Sie uns, welchen Sie wollen, und wir leiten die Informationen weiter ans Weiße Haus.«

Gesagt, getan. Aus allen Ecken Amerikas kamen die verschiedensten Vorschläge. Manche schrieben: »Der Präsident sollte sich einen Pudel zulegen, um nach acht Jahren Bush endlich Bescheidenheit auszustrahlen.«

Andere fanden diese Idee total schrecklich. Sie meinten: »So ein mächtiges Land darf sich keinen Pudel als First Dog zulegen. Das geht nicht!«

Wieder andere plädierten für einen Dackel – wie in der deutschen Comedy-Serie »Hausmeister Krause«. Wahrscheinlich, weil diese Hunde viele Amerikancr an ihre Lieblingsspeisen erinnern – nämlich an Hotdogs!

Ein Leser aus Miami schrieb: »Und was ist mit einem Labradoodle?«

Ich kann mir vorstellen, dass sich viele Zeitungsleser, die diesen Vorschlag gelesen haben, fragten: »A what? A Labra what? Excuse me but what the heck is a Labradoodle?« Diese Frage habe ich mir auch gestellt. Zuerst nahm ich an, ein ›Labradoodle‹ sei etwas, was man essen kann, denn früher, als ich noch in den USA lebte, habe ich oft »Cheese Doodles« gegessen, eine Art Erdnussflips aus Mais mit leichtem Käsegeschmack. Kurz darauf erfuhr ich aus einem Fernsehbericht, dass der amerikanische Labradoodle kein Cheese Doodle war, sondern viel eher eine Kreuzung zwischen einem Labrador Retriever und einem Poodle. Zwischen einem ziemlich großen Hund und einem ziemlich kleinen. Wie man auf die Idee kommt, zwei so unterschiedliche Rassen miteinander zu kreuzen, weiß ich auch nicht. Das ist, als wenn man Heidi Klum und Kalle Pohl kreuzen würde.

Ich finde es toll, dass man sich hier in Deutschland viel weniger für solche Themen interessiert. Denn ob Angela Merkel einen Hund hat oder eine Katze oder Goldfische – oder vielleicht Eichhörnchen –, das ist den meisten Deutschen, glaube ich, ziemlich egal.

Okay, zugegeben, es gibt auch hier in Deutschland bestimmte Medien, die über so was berichten würden, wenn sie die Chance dazu hätten. Sie würden auch gerne Fotos von Hunden und Goldfischen zeigen, um darunter schreiben zu können: »Mensch, Kanzlerin Merkels Goldfische sind so was von goldig!« Oder: »Mensch, Frau Merkels neuer Hund ist so was von niedlich!« Aber im Großen und Ganzen ist der Hunger an solchen Informationen hier in Deutschland viel kleiner als in Amerika.

Aber amerikanische Präsidenten leben nicht nur mit Hunden im Weißen Haus, sondern auch mit anderen Tieren. Bill Clinton zum Beispiel hatte eine Katze namens »Socks«, Lyndon B. Johnson einen Hamster. John F. Kennedy sogar zwei – Debbie und Billie – und noch einen Hasen namens Zsa Zsa, ein Pferd namens Sardar und zwei Papageien namens Bluebell und Marybelle. Und ein paar Jahrzehnte vor ihm hatte Präsident Calvin Coolidge eine sehr lange Liste an Tieren, zu der unter anderem ein Esel, eine Gans, ein kleiner Hippo und ein Schwarzbär gehörten. Einige Leute fragten sicherlich: »Ist das Weiße Haus nun ein Regierungssitz oder ein Zoo?«

Aber der US-Präsident, der meiner Meinung nach richtig den Vogel abgeschossen hat, war John Quincy Adams, der sechste Präsident der USA, der einen Alligator im Weißen Haus hielt. Der Alligator war ein Geschenk des berühmten französischen Militäroffiziers Marquis de Lafayette gewesen, der sich wahrscheinlich gefragt hatte: »Was kann ich einem Präsidenten schenken, was er bestimmt noch nicht hat? Hm, ich weiß: einen Alligator!«

Präsident Adams hat wahrscheinlich gedacht, als er den Alligator präsentiert bekam, dass es eine Kiste mit exzellenten Rotweinen auch getan hätte.

Auf die Frage, wo im Weißen Haus der Alligator gehalten wird, gab Präsident Adams folgende knappe Antwort: »Im Badezimmer des Ostflügels natürlich.«

So was ist nur in Amerika möglich!

Zeichen der Macht / Signs of Power

Ich kann mir nicht helfen: Jedes Mal wenn ich die amerikanische Air Force One im Fernsehen sehe oder Präsident Obamas »Motorcade« – zu Deutsch Autokorso –, muss ich ehrlich zugeben, dass ich manchmal eine leichte Gänsehaut kriege. Als Präsident Obama zum Beispiel nach seinem Besuch in Dresden gerade die Stadt verlassen wollte, sah ich im Fernsehen, wie sein Motorcade davonfuhr. Und ich weiß nicht warum, aber ich fing in diesem Moment an, die ganzen Polizeiautos und -motorräder und andere Fahrzeuge zu zählen, als sie an uns vorbeirauschten. Und es waren nicht gerade wenig. Ich habe zwar die genaue Zahl nicht mehr im Kopf, aber es müssten um die 40 gewesen sein. Und als ich die Präsidentenlimousine entdeckte, mit der amerikanischen Fahne auf der Haube, spürte sogar ich Lust, aufzustehen und zu salutieren. Was ich dann auch tat. In solchen Momenten denke ich immer: *Hey … das sind Amis wie ich!*

Ähnlich geht es mir auch mit dem Weißen Haus. Immer wenn ich dieses große, schöne Gebäude im Fernsehen sehe, denke ich: *Mensch, wie geil wäre das, nicht nur das Weiße Haus zu besuchen, sondern auch im Weißen Haus zu übernachten. Und vielleicht noch mit Barack, Michelle, den zwei Kindern und dem First Dog Bo zu Abend zu essen.*

Mit meinem Ehrfurchtsgefühl bin ich, glaube ich, nicht alleine. Jedes Mal, wenn Angela Merkel oder andere deutsche Politiker das Weiße Haus besuchen, habe ich das Gefühl, dass es ihnen genauso ergeht. Kurz vor dem Abflug nach Amerika geben sie sich immer sachlich und ernst. Sie betonen in ihrer Abschlusspressekonferenz, wie hart sie in den kommenden Verhandlungen mit den Amerikanern ihren Standpunkt vertreten werden. Und dann fliegen sie in die USA, und sobald sie im Weißen Haus ankommen, sehen sie aus wie kleine Kinder, die gleich vor lauter Freude ausflippen. »Mensch, das ist ja Wahnsinn! Ich bin tatsächlich im Weißen Haus! Wie geil ist das denn?«

Es wäre irgendwie kein Wunder, wenn deutsche Politiker tatsächlich so reagieren würden, denn wie kann das deutsche Bundeskanzleramt da mithalten? Wie kann ein Gebäude, das mit den drei Buchstaben A-M-T endet, mit dem Weißen Haus konkurrieren? Denn wenn man das Wort »Amt« hört, denkt man nicht an Macht und Einfluss und politische Entscheidungen, die eine internationale Tragweite haben, sondern man denkt an eine langweilige Behörde, deren Beamte die ganze Zeit auf den Gängen herumlaufen und sich gegenseitig »Mahlzeit« zurufen.

Ich weiß nicht, ob Sie es wussten, liebe Leser, aber man kann das Weiße Haus nicht nur besichtigen. Man kann auch – vorausgesetzt man hat die richtigen Verbindungen – dort auch wirklich übernachten. Ich meine, wie cool ist das denn! Du gehst nachts aufs Klo, und auf dem Weg dorthin triffst du den Präsidenten, der in die Küche geht, um sich ein Sandwich zu machen.

Das tollste Gästeschlafzimmer, das man als Gast im Weißen Haus überhaupt bekommen kann, ist das *Lincoln-Schlafzimmer*, in dem Abraham Lincoln 1863 die Erklärung zur Beendigung der Sklaverei unterzeichnete. Aber leider kommt man dort nur rein, wenn man richtig gute Verbindungen hat.

Als Bill Clinton Präsident war – nein, ich werde keine

Monica-Lewinsky-Witze an dieser Stelle machen –, übernachteten in einer Zeitspanne von acht Jahren 900 Gäste im Lincoln-Schlafzimmer. Darunter waren viele Promis wie Barbra Streisand, Tom Hanks und Jane Fonda. Aber wahrscheinlich nicht alle in derselben Nacht.

Gänsehaut-Feelings bekomme ich auch, wenn ich die Air Force One sehe.

Jeder auf der Welt kennt die »Air Force One«, die übrigens nur Air Force One heißt, wenn der Präsident tatsächlich an Bord ist. Als ich neulich einen Dokumentarfilm über dieses Flugzeug gesehen habe, dachte ich: *Nicht schlecht! So würde ich auch gerne durch die Weltgeschichte fliegen: Ein Schlafzimmer, ein Fernsehraum und ein Sternekoch, der die ganze Zeit nur darauf wartet, mich zu bekochen!*

Mein letzter Flug in die USA war nicht annähernd so komfortabel. Als die Flugbegleiterin mit dem Essen kam und mich fragte: »Chicken or fish?«, antwortete ich: »Chicken, please.« Worauf sie meinte: »Tut mir leid. Wir haben nur Fisch.«

In der Air Force One würde einem so etwas nie passieren.

Jedes Mal, wenn ich sie sehe, frage ich mich: *Womit fliegt Angela Merkel? Hat sie auch ihr eigenes Flugzeug mit einem Koch, der für sie alles zubereitet und sich damit die »Hühnchen oder Fisch«-Frage erübrigt?* Im Internet habe ich gelesen, dass es so etwas Ähnliches gibt. Anbei die offizielle Beschreibung: »Der Airbus 310 ›Konrad Adenauer‹ der Flugbereitschaft des Bundesministeriums der Verteidigung ist nun die deutsche ›Air Force One‹: »Bundesrepublik Deutschland« prangt nun weithin erkennbar beiderseits auf dem Rumpf. Die Aufschrift »Luftwaffe« ist jetzt kleiner auf dem Höhenleitwerk zu lesen. Aber das Eiserne Kreuz vorne links und rechts mit den beiden Ziffernfolgen 10 und 21 identifiziert es auch weiterhin für jeden erkennbar als ein Flugzeug der Deutschen Luftwaffe.« Okay, zugegeben, die Beschreibung ist nicht so sexy wie die Beschreibungen, die ich über Air Force One gelesen habe. Aber ist das so schlimm? Muss die deutsche Air Force One genau so sexy sein wie die amerikanische? Ich glaube nicht. Ich glaube eher, dass es reichen würde, wenn man mit hundertprozentiger Sicherheit sagen könnte, wenn man an Bord der deutschen Air Force One ist: »Bei uns gibt es zu jeder Zeit Hühnchen und Fisch.«

Gesundheit / Health

Was ich an diesem Land toll finde, ist, dass Krankheiten nicht so oft verschwiegen werden wie in Amerika. Jeder redet über *seine* gesundheitlichen Probleme. Und danach teilt man sich ein Aspirin, und das Leben geht weiter.

Das alles fängt bereits bei der Frage »Wie geht es Ihnen?« an. Was in Amerika eine Floskel ist, ist, wie bereits gesagt, in Deutschland eine regelrechte Aufforderung, dem anderen mitzuteilen, wie es um einen selbst gesundheitlich steht. Und weil das so ist, sind die Antworten, die man dann hier hört, ganz anders als in Amerika. Dort fragt einer: »How are you doing?« und die Antworten lauten entweder »Great!«, »Fantastic!« oder »Super!« In Deutschland antwortet man stattdessen: »Ich habe Knieschmerzen«, »Ich habe Rückenschmerzen« oder auch »Ich habe Blasenschwäche«.

Vor einem Jahr war ich auf einem Familien-Barbecue in New Jersey, und jedes Mal, wenn ich jemanden fragte, wie es ihm ginge, bekam ich immer eine positive und vor allem – nie eine medizinische Antwort. Das verwirrte mich leicht und ich fragte mich: *Was ist denn mit denen hier los? Warum redet hier keiner über Bandscheibenprobleme? Oder Nackenprobleme? Oder über Harndrang?* In Deutschland hätte ich wahrscheinlich in den ersten 15 Minuten alle diese Themen abhaken können und darüber hinaus noch ein Gespräch über orthopädische Strümpfe und Gehhilfen geführt. Aber die meisten meiner amerikanischen Verwandten sagten, es ginge ihnen »great« und »fantastic« und »super«, obwohl sie überhaupt nicht »great« oder »fantastic« oder »super« aussahen.

Ich finde es sehr angenehm, dass man die »Wie geht's?«-Frage hier in Deutschland auch negativ beantworten kann, wenn man will. Dass man nicht so sehr wie in Amerika unter Druck steht, immer etwas Positives zu sagen. Wenn jemand hier in Deutschland fragt »Wie geht's dir?«, kann man sagen: »Mir geht's schlecht« oder »Mir geht's beschissen« oder wenn man überhaupt keine Lust hat, eine lange medizinische Erklärung abzugeben, sagt man einfach: »MUSS.«

In Amerika ist es nur gesellschaftlich anerkannt, frei und unbekümmert über diverse gesundheitliche Probleme zu reden, wenn man Rentner ist. Ich erlebe dieses Phänomen besonders oft, wenn ich meine Mutter in Florida besuche. Ich sitze in einem Café, und unweigerlich bekomme ich die Gespräche an den Nachbartischen mit. Der eine redet über seine Knie-OP, der andere über seine Rückengymnastik und der dritte über seine Erfahrungen mit Viagra. Solche Gespräche werden meistens nur durch Zwischenbemerkungen zu Baseballspielen oder Golfresultaten unterbrochen.

Und mittlerweile tut das meine Mutter auch. Denn sie hat das Alter erreicht, in dem das Thema Gesundheit an oberster Stelle steht. Wenn ich sie anrufe, redet sie als Erstes über ihre schmerzenden Knie und dann über ihre wunden Füße. Und zwischendurch bekomme ich Informationen über ein neues Restaurant, das in ihrer Nachbarschaft aufgemacht hat.

Das ist das Tolle an Deutschland, denn hier muss man nicht warten, bis man Rentner ist, um solche Gespräche zu führen. Ich habe einen deutschen Kumpel namens Thomas, der – obwohl er gerade mal Anfang 30 ist – klagt immer, wenn wir uns sehen, über irgendwelche Körperregionen, die nicht so richtig intakt sind. Einmal war es sein Rücken, ein anderes Mal tat ihm der Arm weh. Und dann litt er auch an Wetterfühligkeit. Und als ich ihn fragte: »Wetterfühligkeit? Was ist das überhaupt? Das haben wir in Amerika nicht«, folgte eine gefühlte zwanzigminütige Erklärung. Das letzte Mal sagte er sogar: »John, so früh kann ich nicht aufstehen. Das macht mein Kreislauf nicht mit.« Und das Unglaubliche daran war, es war schon 11 Uhr! Daraufhin sagte ich scherzhaft zu ihm: »Mensch, Thomas, das hört sich gar nicht gut an. Hast du überhaupt schon ein Testament gemacht?« Er antwortete darauf nur: »Selbstverständlich.«

Die meisten Amerikaner, wie gesagt, verhalten sich selten wie Thomas. Aber dass es ihnen so »great« geht, wie sie oft behaupten, davon bin ich auch nicht überzeugt. Besonders wenn man bedenkt, dass 45 Millionen Amerikaner überhaupt keine Krankenversicherung besitzen. Weil sie deswegen so selten zum Arzt gehen, meinen sie vielleicht, dass es ihnen gutginge.

Wenn man das Ganze auf Deutschland übertragen würde, dann würde das bedeuten, dass mehr als die Hälfte der deutschen Bevölkerung ganz selten einen Arzt aufsuchen würde. Aber das Gegenteil ist der Fall. Ich habe sogar herausgefunden, dass jeden Tag hier in Deutschland mehr als 3 Millionen Menschen zum Arzt gehen. Montags sind es sogar mehr als 6 Millionen.

Wenn man diese Zahlen betrachtet, dann ist es kein Wunder, dass man hier in Deutschland über Bandscheibenprobleme und andere Erkrankungen so gut Bescheid weiß. Ich habe sogar einen Kumpel, der so oft zum Arzt geht, dass er mit ihm jetzt richtige Fachgespräche führen kann. Sein Arzt verkündete ihm: »Sie haben leider einen Bandscheibenvorfall« und ohne mit der Wimper zu zucken, fragte mein Kumpel: »Welche Bandscheibe? Der Mensch hat 23.«

In Amerika würde kein Patient so eine Frage stellen. Er würde viel eher fragen: »Was ist überhaupt eine ›Bandscheibe‹?«

Als ich die ersten 26 Jahre meines Lebens noch in Amerika lebte, war mir echt nicht bewusst, wie viele gesundheitliche Probleme ich eigentlich schon damals hatte. Ich nahm die ganze Zeit an, ich wäre vollkommen gesund. Aber dann zog ich nach Deutschland und merkte: »Das stimmt überhaupt nicht!« Denn bereits nach kürzester Zeit entdeckte ich *meine* Kopfschmerzen, *meine* Rückenschmerzen, *meine* Knieschmerzen, *meine* Nackenschmerzen und − darüber hinaus *meine* Kreislaufprobleme und sogar *meine* Wetterfühligkeit. Aber das Tolle daran ist, dass ich nicht bis 70 warten muss, bis ich das alles »beichten« kann. Ich kann jetzt schon − mit gerade mal Mitte 40 − darüber reden. Das Einzige, was ich dafür brauche, ist jemand, der mich fragt: »Wie geht es dir, John?«

Stress / Stress

»Ich bin im Stress! Ich bin im Stress!«

Ja, ich habe tatsächlich das Gefühl, ich bin hier in Deutschland immer im Stress. Ich fahre zum Beispiel mit dem Zug, und aus irgendeinem Grund bleibt der irgendwo auf der freien Strecke stehen. Und das Schlimme daran ist, keiner sagt mir, warum. Ich sitze auf meinem Platz wie ein Blödian und frage mich ununterbrochen: »Warum gibt es keine Durchsage? Warum bekommen wir keine Informationen? Warum sind wir einfach hier stehengeblieben?« Und bei jeder dieser Fragen werde ich gestresster und gestresster. Dann nehme ich am nächsten Tag das Auto, weil ich keinen Bock mehr auf die Bahn habe, und sobald ich auf der Autobahn bin, stehe ich im Stau. Und während ich im Stau stehe, sehe ich, wie der Zug, mit dem ich gestern noch gefahren bin, heute an mir vorbeirauscht. Und dann fühlte ich mich richtig gestresst! Wenn ich dann abends auch noch den Fernseher anschalte und etwas über die Wirtschaftskrise, über Global Warming, über die Schweinegrippe und – holy shit – über Wildschweine in Berlin höre, die die Berliner Wälder verlassen, ins Stadtgebiet ziehen, Müllsäcke aufschlitzen und den Straßenverkehr behindern, dann wird mir das alles einfach zu viel.

Einmal sprach ich mit einem Freund über dieses Thema. Ich zählte ihm meine »Stress-Hitliste« auf, und als ich fertig war, meinte er nur: »Ich gratuliere, John! Du bist endlich in Deutschland angekommen!« Und dann fügte er noch an: »Und jetzt brauchst du nur noch Freizeitstress.«

Aber das mit dem hohen Stresspegel hier in Deutschland wurde laut einer Studie des Forsa Instituts im Jahr 2009 belegt. Es hat herausgefunden, dass 80 Prozent der Deutschen ihr Leben als stressig empfinden und dass jeder Dritte sich über Dauerdruck beklagt. Und nicht nur das! Sogar manche deutsche Hausfrauen fühlen sich stärker gestresst als Führungskräfte. Das habe ich nicht gewusst.

In Amerika redet man zumindest viel weniger über Stress als hier in Deutschland. Ich finde das schade, denn ich kann mir vorstellen, dass viele Amerikaner sicherlich genauso gestresst sind wie die Deutschen. Aber im Gegensatz zu den Deutschen wird der Stress in den USA eher verdrängt, verleugnet oder durch unsere optimistische Grundhaltung klein geredet.

Aber in Deutschland ist es genauso wie bei den Krankheiten. Der eine sagt: »Ich habe Stress« und der andere antwortet: »Ich auch.« Schüler sagen zu ihren Kumpels: »Ich habe Stress mit meinen Eltern«, Eltern zu ihren Freunden: »Ich habe Stress mit meinen Kindern« und Angestellte: »Ich habe Stress mit meinem Chef.« Viele Chefs sagen genau das Gleiche. Und es dauert nicht lange, dass man als Amerikaner feststellt: »Hey, in diesem Land bin ich nicht alleine mit meinem Stress. In Deutschland leiden alle darunter!«

Ich glaube, dass das Stressgefühl oft noch zusätzlich von der Presse verstärkt wird. Es schneit ein bisschen in Bayern, und prompt ist in der Zeitung von »Schneechaos« die Rede. Dann fallen auch noch ein paar Stromleitungen aus, und am nächsten Tag liest man vom »Stromchaos in Bayern«.

Dieses Wort »Chaos« findet man überall in den deutschen Medien. Hier eine kleine Auswahl:

»WETTER-CHAOS IN DEUTSCHLAND«, ›Focus‹

»IMPF-CHAOS IN DEUTSCHLAND«, ›Bild‹

»FDP WARNT VOR JOBCENTER-CHAOS«, ›Das Handelsblatt‹

»CHAOS-FANS ZWINGEN FLIEGER ZUR LANDUNG«, ›Kölner Express‹

»STURM- UND FLUG-CHAOS BEENDEN TRAUMURLAUB« ›Bunte‹

»CHAOS-TAGE IN BERLIN: MERKELS MIESE WOCHE« ›Spiegel online‹

Wenn ich alle diese Meldungen lese, dann verstehe ich die Leute hier in Deutschland, die behaupten: »Es ist stressig, alles geht den Bach runter«, »alles ist heutzutage total stressig.« Denn das ist tatsächlich der Eindruck, den man durch solche Überschriften bekommt. Ich persönlich bin nicht dieser Ansicht, denn wenn ich solche Meldungen lese, denke ich weniger, dass »das tatsächliche Chaos« hier in Deutschland ausgebrochen ist, sondern viel eher, dass viele Zeitungen und Zeitschriften und Fernsehsendungen in diesem Lande nur ein Ziel verfolgen: ihre Auflage beziehungsweise ihre Einschaltquote zu erhöhen.

Ich habe vor allem in den letzten Jahren hier in Deutschland gelernt, dass Stress zum Teil auch Einstellungssache ist. Vielleicht sogar eine Frage des Selbstwertgefühls. Ich habe Freunde, die im Grunde nicht so viel zu tun haben, aber ständig behaupten, wenn ich sie etwas frage: »Ich kann gerade nicht reden, ich bin total im Stress.«

Dann gibt es wiederum andere Leute, die unheimlich viel zu tun haben, bei denen man aber trotzdem das Gefühl hat, sie haben überhaupt keinen Stress.

Einen solchen Typen habe ich vor einigen Jahren kennengelernt, während ich eine Sendung für den WDR im

Sauerland drehte. Sein Name war Heinz, und was mir an ihm besonders imponierte, war die Tatsache, dass er überhaupt keinen Stress zu haben schien, obwohl er wirklich viel zu tun hatte. Er war gerade dabei, Tische für das alljährliche, große Schützenfest im Ort aufzustellen, und während er das tat, hat er sich ganz entspannt mit mir unterhalten.

Ich fragte ihn: »Und was machen Sie, wenn Sie Freizeit haben, Heinz?« Seine Antwort war knapp: »Vereinsarbeit.« Und als ich ihn fragte, was er so machte, wenn er keine Vereinsarbeit zu erledigen hätte, gab er an: »Gartenarbeit.« Meine letzte Frage lautete: »Aber Heinz, ist das nicht ein bisschen zu viel Stress für Sie? Neben dem ganz normalen Job auch noch so viele Nebentätigkeiten?« Er antwortete mir ganz gelassen: »Nee, das ist überhaupt nicht stressig«, und fügte noch hinzu: »Und Kirchenarbeit mache ich auch noch.«

Humor / Humor

»Deutsche haben keinen Humor.« Das höre ich oft von Amerikanern und Engländern, von Kanadiern und Australiern. Und sogar manchmal auch von Deutschen selbst. Ich habe deutsche Freunde, die, wenn sie mir gerade was vermeintlich Lustiges erzählen, das Bedürfnis haben, sich gleichzeitig dafür zu entschuldigen, wenn der Witz, den sie gerade erzählten, nicht hundertprozentig gut angekommen ist.

»Es tut mir leid, John. Das war ein schlechter Witz. Tut mir leid.«

Worauf ich antworte: »Kein Problem, Stefan, denn ich habe überhaupt nicht mitbekommen, dass das ein Witz war.«

Andere deutsche Freunde entschuldigen sich nicht, sondern haben eher das Bedürfnis, alle Witze zu erklären. Und wenn sie mit ihrer Erklärung fertig sind, schauen sie mich an, als ob sie gleich sagen wollten: »Wenn du nur ein bisschen mehr Allgemeinwissen zum Thema ›Die Schlacht im Teutoburger Wald‹ hättest, dann hättest du den Witz sicherlich verstanden.«

Ich bin nun seit mehr als zehn Jahren hier in Deutschland als Comedian unterwegs und, – um es vorweg zu sagen – Deutsche haben doch Humor! Sie trauen sich nur manchmal nicht, ihn zu zeigen.

Vor nicht allzu langer Zeit saß meine Frau Martina bei einem meiner Auftritte im Publikum, und in der Pause erzählte ihr ein Zuschauer, dass er nicht wusste, ob er während meines Auftritts lachen dürfte – nach dem Motto: »Das könnte ja vielleicht den Künstler stören.« Deshalb fragte er die Person, die neben ihm saß – meine Frau also –, ob es erlaubt wäre, während der Show zu lachen.

Als meine Frau mir diese Geschichte erzählte, war ich total baff. Ich hätte es verstanden, hätte er während eines Begräbnisses gefragt: »Darf ich hier lachen?« Aber während einer Comedyshow?

Solche Erlebnisse sind leider keine Einzelfälle. Einmal fragte mich ein Zuschauer nach einer Show, ob es mich gestört hätte, dass er während der Show so laut gelacht hatte.

»Es hätte mich viel mehr gestört, wenn Sie geschwiegen hätten«, war meine Antwort.

Einmal sagte mir eine Berlinerin, die während meiner Show in der ersten Reihe gesessen hatte und von meiner Position auf der Bühne deswegen gut sichtbar gewesen war: »Ich muss Ihnen ein Kompliment machen, Herr Doyle. Ich habe noch nie in meinem Leben so viel gelacht wie heute Abend.« Ich habe mich natürlich über ihr Kompliment gefreut, aber weil ich gesehen hatte, dass sie nur zwei Mal am ganzen Abend gelacht hatte, war ich mir nicht mehr so sicher, ob mein Auftritt so super gewesen war.

Und dann gab es den Fall, dass sich einer der Besucher nach meinem Auftritt entschuldigte, dass er nicht so viel gelacht hatte.

»Ich hätte viel mehr gelacht, aber mein Chef war dabei, und ich hatte halt Bange, ich könnte an der falschen Stelle lachen und deshalb einen falschen Eindruck bei ihm hinterlassen.« Am liebsten hätte ich ihn gefragt: »An der ›falschen Stelle‹? Was meinen Sie mit ›falscher Stelle‹?« Aber ich wollte ihn nicht noch mehr verunsichern.

Ich denke, dass Amerikaner oft meinen, dass Deutsche keinen Humor haben, weil sie ganz selten im Alltag – sei es auf der Arbeit, in der Straßenbahn oder im Aufzug – Deutsche erleben, die auch unter Fremden einen lockeren Spruch machen.

In Amerika befindet man sich jeden Tag in so einer Situation. Selbst unter Fremden. Du stehst im Aufzug. Der Aufzug ist voll. Und dann steigt einer ein und sagt: »Gut, dass ich gestern nicht so viel gefuttert habe, denn sonst hätte ich hier nicht mehr reingepasst!« Und sofort fängt einer der Mitfahrer an zu grinsen, ein anderer kichert und ein dritter gibt einen lustigen Kommentar dazu ab. Als ich selbst einen ähnlichen Kommentar in einem Aufzug hier in Deutschland machte, schauten mich alle an, als würden sie denken: »Was ist denn mit dem los?«

In Amerika brauchen wir keine Nähe oder Vertrautheit, um locker mit anderen ins Gespräch zu kommen. Wir stehen an der Bushaltestelle, in der Warteschlange im Supermarkt oder am Frühstücksbüfett im Hotel, und sobald eine andere Person da ist, versucht fast jeder, so humorvoll wie möglich zu sein.

Meinen unwissenden ausländischen Freunden, die immer noch daran zweifeln, dass Deutsche Humor haben, sage ich: »Natürlich gibt es Deutsche mit Humor. Aber im Gegensatz zu Amerika braucht man hier mehr Nähe und Vertrautheit. Und Zeit, um sich überhaupt entfalten zu können. Aber sobald die Vertrautheit sichergestellt ist, sind die Deutschen total lustig!« Und deswegen empfehle ich meinen ausländischen Kumpels, die immer noch auf der Suche nach entspannten, humorvollen, lockeren Deutschen sind, dass sie aufhören sollten, diese an ihrem Arbeitsplatz zu suchen, an dem der Druck, ernsthaft und professionell zu sein, immer sehr hoch ist, sondern besser anfangen sollten, dorthin zu gehen, wo sich entspannte, humorvolle Deutsche befinden würden. Zum Beispiel in Vereinen, Kneipen und Großraumwaggons der Deutschen Bahn. Dort ist die Vertrautheit, die Intimität am größten. Besonders wenn es sich um Damengruppen handelt, die mit ein paar Flaschen Prosecco von Hamburg nach München unterwegs sind.

Einmal saß ich ein paar Reihen hinter einer solchen Gruppe – und man hätte fast annehmen können, dass es sich nicht um vier deutsche, sondern um vier amerikanische Frauen handelte. Eine aus der Gruppe sagte ziemlich laut: »Mein Mann wollte mit uns mitkommen!«, worauf eine andere genauso laut antwortete: »Warum das denn? Weiß er nicht, dass wir Spaß haben wollen?« Und dann quietschten alle vor Vergnügen.

Dieses Gespräch erinnerte mich an eine Szene aus der amerikanischen Fernsehserie »Eine schrecklich nette Familie«. Als Peg, Al Bundys Ehefrau, nach Hause kommt und sagt: »Al, ich bin zu Hause!« Und Al antwortet: »Na ja, man kann nicht immer Glück haben.«

Ein Tipp von mir an dieser Stelle. Falls Sie, liebe Leser, irgendwann in Zukunft in den USA unterwegs sein sollten und amerikanischen Humor LIVE erleben wollen, empfehle ich Ihnen einen Besuch in einem der vielen Standup Comedy Clubs, die es überall im Lande gibt. In solchen Clubs findet man eine Mischung aus Unterhaltung und Anspruch, aus alltäglichen und ernsthaften Themen. Und deswegen reden US-Komiker nicht nur über Männer und Frauen, Verkehrsstaus und Chefs, Arztbesuche und Erektionsprobleme, sondern auch über sehr ernste Themen wie

Krieg und Frieden, Demokratie und Rassismus. Comedians, die diesen Spagat sehr gut hinkriegen, sind zum Beispiel Chris Rock, Bill Maher, Jon Stewart und der Altmeister George Carlin, der leider mittlerweile verstorben ist. Er war das perfekte Beispiel für diese gelungene Mischung. Er redete ein paar Minuten über Alltägliches, über Menschen, die Sachen kaufen, die sie sowieso nicht brauchen, und dann nochmals Shoppen gehen, um noch mehr Sachen zu kaufen, die sie nicht brauchen. Und dann wurde er plötzlich total ernsthaft und redete eine halbe Stunde über politische Themen.

Ich habe den Eindruck, dass viele Menschen hier in Deutschland, die beruflich mit Humor zu tun haben, ständig das Bedürfnis haben, alles voneinander zu trennen – das Ernsthafte vom Alltäglichen, das Politische vom Unpolitischen. Als wenn es in diesem Land ein ungeschriebenes Gesetz geben würde, das besagt, dass die Kabarettisten für den Tiefgang zuständig sind und Komiker für Blödeleien. Die Kabarettisten reden über Merkel, Schäuble, Westerwelle, Globalisierung, Arbeitsplatzabbau bei Opel. Und die Komiker über die Ehefrau, die ihren Opel nicht einparken kann.

Das wäre für mich als Amerikaner *und* Comedian ein wenig eintönig.

Sachlichkeit / Objectivity

Es dauerte nicht lange, bis ich hier in Deutschland entdeckte, wie wichtig es ist, in diesem Land sachlich zu bleiben.

Ich schalte den Fernseher ein und es läuft eine Diskussionsrunde über irgendein Thema. Einer sagt zu jemand anderem: »Bleiben Sie bei der Sache!« Worauf der andere entgegnet: »Ich bin bei der Sache!« Und oft erwische ich mich bei der Frage: *Bei welcher Sache überhaupt?*

Solche Gespräche finden oft in Politsendungen statt. Ein Politiker erzählt etwas, worauf der andere erwidert: »Was für ein unsachlicher Unfug!« Und sobald der andere denkt, er sei wieder an der Reihe, ruft der nächste dazwischen: »Ja, das ist unsachlich!« Letztendlich schaltet sich die Moderatorin ein und mahnt: »Meine Herren, ich bitte an dieser Stelle um ein bisschen mehr Sachlichkeit.« Worauf der erste behauptet: »Ich weiß nicht, was Sie meinen. Ich bin doch sachlich.«

Der Letzte fügt hinzu: »Und ich auch.«

Als ich noch ganz neu in Deutschland war, unterhielt ich mich oft mit meinem damaligen Chef vom Deutschen Paket Dienst. Immer wieder merkte ich während unserer Gespräche, wie sehr ich das Bedürfnis verspürte, mit ihm über Persönliches zu reden, während er sachlich bleiben wollte. So ungefähr verliefen unsere Gespräche:

»So, Herr Doyle, wie sieht's aus?« Ich dachte, er möchte wissen, wie mein Wochenende gewesen war. Deswegen begann ich zu erzählen, zu erzählen und zu erzählen. Davon, dass ich viel Deutsch gesprochen habe und dass das Deutschsprechen leichter fällt, wenn man Bier dabei trinkt. Und dass es sogar noch leichter fällt, wenn man viel Bier trinkt. Und während ich ihm das alles erzählte, bekam ich mehr und mehr den Eindruck, dass er das eigentlich gar nicht von mir hören wollte. Ja, natürlich wollte er etwas ganz anderes hören.

Nach einer Woche klärten mich meine Kollegen auf, und ich wusste seine Frage richtig zu beantworten. Während der Kaffeepause kam mein Chef auf mich zu und fragte erneut: »So, Herr Doyle, wie sieht's heute aus?« Und ohne mit der Wimper zu zucken antwortete ich: »Die LKWs sind leer. Die Pakete sind verschickt. Gut sieht's aus!«

Und obwohl ich bereits vor langer Zeit meine Lektion gelernt hatte, habe ich nach fast 20 Jahren immer noch das Bedürfnis, in vielen Situationen total unsachlich zu sein, oder wie mein Sohn Joshua sagen würde, »dummes Zeug zu erzählen«.

Vor nicht allzu langer Zeit waren wir im Clubhaus eines Tennisvereins Mittagessen. Und bei der Bestellung unserer Gerichte bemerkte ich, was alles schiefgehen kann, wenn man als unsachlicher Amerikaner und nicht als sachlicher Deutscher auftritt. Denn statt einfach zu sagen: »Guten Tag, ich hätte gerne einen Hamburger mit Pommes, bitte«, fragte ich die Kellnerin: »Entschuldigung, aber ist der Burger-Man heute da?« Daraufhin guckte sie mich völlig verständnislos an und fragte: »Der ›Burger-Man‹? Wer ist denn der ›Burger-Man?‹« Sie und mein Sohn Joshua sahen mich an, als wäre ich auf Drogen.

Aber das war ich nicht. Deshalb versuchte ich ihr auch zu

erklären, was ich mit »Burger-Man« meinte. Ich erzählte ihr, dass ich letzte Woche schon mal da gewesen war und dass mir der »Burger-Man«, der Koch also, den besten Burger meines Lebens gemacht hatte. Und dass ich gerne diesen Burger wieder essen wollte.

Die Kellnerin verschwand in der Küche, um mit dem »Burger-Man« – Verzeihung, dem Koch persönlich zu reden. Kurz danach hörten Joshua und ich die beiden laut lachen, woraufhin sich mein Sohn zu mir umdrehte und meinte: »Dad, warum kannst du nicht einfach wie ein Deutscher reden? Warum kannst du nicht einfach nur sagen: ›Einen Burger, bitte‹ und nicht mehr?«

»Weißt du was, Joshua?«, antwortete ich ihm. »In Amerika wäre das alles kein Problem. Du gehst in einen Laden und fragst die Kellnerin: »Excuse me, but is the burger guy there today?« Und dann antwortete sie locker: »You must mean Bob.«

Joshua schien aber nicht überzeugt zu sein: »Yes, Dad. But we're not in America here.«

Aber so sind wir Amerikaner halt. Oder viele von uns. Wir fangen einfach an zu reden, einfach loszureden, auf einer persönlichen Ebene und nicht auf einer sachlichen Ebene, in der Hoffung, dass dadurch eine lockere, vertraute Atmosphäre geschaffen wird, in der sich alle wohlfühlen.

Und das sind nicht nur ganz normale oder leicht verrückte Leute, die diese Taktik in Amerika anwenden. Große Wirtschaftsbosse tun das Gleiche. Zum Beispiel bei Pressekonferenzen und Aktionärsversammlungen. Sie erzählen einen Witz oder eine Anekdote, um allen Anwesenden zu beweisen, dass auch Menschen, die 50 Millionen Dollar im Jahr verdienen, im Grunde genommen ganz normale Menschen sind. Und meistens funktioniert das auch.

Manchmal versuchen sie sogar lustig zu sein, wenn irgendetwas während der Veranstaltung schiefgeht, wie es bei Steve Jobs von Apple einmal der Fall war.

Er war gerade dabei, eine von Apples Weltneuheiten zu präsentieren, als seine Infrarot-Fernbedienung den Geist aufgab. Und statt zu sagen: »Hey Leute, wir können nicht weitermachen. Meine Fernbedienung funktioniert nicht mehr. Meine fucking Fernbedienung ist tot!«, erzählte er eine lustige Anekdote aus seiner Studentenzeit, bis der Assistent neue Batterien für seine Fernbedienung besorgt hatte.

Was ich so mitbekomme, ist, dass deutsche Chefs zum Beispiel bei Pressekonferenzen oder bei Aktionärsversammlungen im Vergleich zu ihren amerikanischen Kollegen viel seltener »lustig« sind. Denn wären sie es, würde man sie wahrscheinlich anschauen wie mich die Kellnerin im Tennisclub: Als wären sie totale Spinner. Schlimmer noch: *unsachliche* Spinner! Die Anwesenden würden sich sicherlich fragen: *Muss unser Herr Vorstandsvorsitzender ausgerechnet jetzt — während er die schlechtesten Quartalsergebnisse unserer Firmengeschichte verkündet — einen Schwank aus seiner Jugend erzählen?*

Was ich am meisten in Deutschland vermisse, ist diese ganz persönliche Ebene unter Fremden, wie sie in meinem Heimatland entstehen kann. Dieses Gefühl, ich könnte, wenn ich wollte, mit völlig fremden Menschen über alles Mögliche quatschen, und keiner würde mich dabei angucken, als wäre ich verrückt. Oder sagen wir, zumindest die meisten Menschen nicht.

Bei meiner letzten USA-Reise lernte ich Gerry, den Besitzer von »Louie's Diner« in Teaneck, New Jersey, kennen.

Nach fünf Minuten, nachdem ich ihn für sein tolles Frühstück gelobt hatte, erzählte er mir einiges über sich. Zum Beispiel, dass er aus Griechenland stammt, mit 15 Jahren nach Amerika ging und dass er nun seit 50 Jahren dort lebte. Und dass er auch in New Jersey zwei Häuser besitzt. Und in Griechenland ein Sommerhaus. Und dass er Kinder hat und dass eine seiner Töchter Psychologie-Professorin ist. Und dass sein Laden »Louie's Diner« heißt und nicht »Gerry's Diner«, weil Louie sein früherer Partner war.

Während er kurz nach Luft schnappte, um sofort weiterzuerzählen, dachte ich: *Mensch, das ist ja irre! Er erzählt mir seine halbe Lebensgeschichte und das vollkommen unaufgefordert!*

Und dann fuhr ich am nächsten Tag wieder hin und er erzählte mir die andere Hälfte seiner Lebensgeschichte. Und als ich so dasaß und in meinen Toast biss und ihm zuhörte, dachte ich: *Mensch, in Deutschland würde es zehn Jahre dauern, um so viel Informationen zu bekommen.*

Aber der Fairness halber muss ich sagen, dass diese sachliche Ebene hier in Deutschland auch gewisse Vorteile hat. Denn wenn man in einer Firma arbeitet und Fehler macht, versucht man, so gut es geht, auf der Sachebene über diese Fehler zu reden. Einer sagt: »Folgende Fehler sind gemacht worden.« Ein anderer sagt: »Wir müssen die folgenden Fehler angehen«, und nach einer Weile hast du das Gefühl, dass die Fehler selbst daran schuld sind, dass es sie gibt.

Das ist der große Nachteil von der persönlich emotionalen Ebene, die wir Amerikaner oft einschlagen. Denn wenn der Chef in Amerika durch die Werkshalle schreit: »Hey, has anyone seen that stupid idiot Jim?«, dann weiß jeder, wer den Fehler gemacht hat. Nämlich Jim.

Freundlichkeit/Friendliness

Jedes Mal, wenn ich in meine alte Heimat reise, ist das Erste, was mir dort sofort auffällt, dass die Leute immer so wahnsinnig freundlich sind. Der eine wünscht: »Have a nice day!«, der andere antwortet: »Have a better day!« Und ich stehe da und komme mir vor wie ein Alien, dessen Heimatplanet noch nicht entdeckt wurde.

So erging es mir auch bei meinem letzten Besuch in den USA, während ich meinen Einkaufswagen durch einen eiskalten Supermarkt schob.

»Make this day the best day of your life!«, sagte mir ein sehr gut gelaunter Rentner, als ich gerade dabei war, nach der Erdnussbutter zu greifen. Ich fragte mich: *Warum hat der mir das gerade gewünscht? In Deutschland würde mir kein wildfremder Mensch im Supermarkt den besten Tag meines Lebens wünschen.* Mir schossen verschiedene Gedanken durch den Kopf, Gedanken wie: *Warum sind die Amis so extrem freundlich? Warum bin ich nicht mehr so extrem freundlich?* Und: *Hey, warte, vielleicht bin ich doch ziemlich freundlich, komme mir nur unfreundlich vor wegen der vielen Amis, die in den USA extrem freundlich sind?* Es ist unglaublich, wie verwirrt man sein kann, wenn man einen Einkaufswagen durch einen amerikanischen Supermarkt schiebt!

Deutsche Freunde fragen mich immer, »John, warum seid ihr Amis immer so gut drauf? Was ist euer Geheimnis?« Ich glaube, dass manche »so gut drauf« sind, weil sie einfach so auf die Welt kommen. Und andere, weil sie sehr viel mit superfreundlichen Menschen zusammen sind, die so auf die Welt gekommen sind. Und wieder andere sind so superfreundlich dank Psychopharmaka.

Das stimmt wirklich! Ich habe es anfangs auch nicht geglaubt, bis ich es im Internet gelesen habe. 50 Millionen Amerikaner nehmen demnach regelmäßig das Antidepressivum Prozac ein, um glücklich durch den Tag zu kommen. Nicht 50 000 oder 500 000, sondern 50 000 000! Das ist mehr als die ganze Bevölkerung von Spanien: Das muss man sich mal vorstellen, alle sind auf Drogen. Es ist kein Wunder, dass wir Amis immer gut drauf sind!

Aber wenn das tatsächlich die Erklärung dafür wäre, warum 50 000 000 Amerikaner gut drauf sind, wie schaffen es dann die anderen 250 000 000 Amerikaner ganz ohne Prozac?

Zu dieser zweiten Gruppe gehört meine Mutter Judy. Sie nimmt Pillen gegen ihre Knieschmerzen und andere körperliche Beschwerden, aber sonst gegen nichts. Und ihre Freunde auch nicht. Okay, einige nehmen vielleicht Viagra, um im richtigen Moment … na ja … Sie wissen schon … um eben auch gut drauf zu sein. Aber mehr nicht. Nein, ich denke, dass Judy ein sehr freundlicher Mensch ist und wie viele Amerikaner eine sehr optimistische Lebenseinstellung hat.

Sie hat zum Beispiel einen Kumpel, Tony, der über 90 Jahre alt ist. Und jedes Mal, wenn Judy ihn sieht, fragt sie: »Hi, Tony, how are you doing today?« Und Tony antwortet: »I'm doing great, I'm still alive!« Das nenne ich eine positive Grundeinstellung. Kein Meckern darüber, dass es vielleicht gerade regnet oder die Steuern wieder angehoben wurden, sondern glücklich darüber zu sein, sich richtig zu freuen, dass man noch nicht unter der Erde liegt. Und viele

Amerikaner sind genau wie Tony. Genau wie Judy. Sie bleiben bei ihrer optimistischen Grundhaltung, egal was passiert. Sie verlieren ihren Job und sagen: »Der Job war sowieso schlecht. Ich suche mir einen besseren.« Oder ihr Haus wurde von einem Tornado weggepustet und befindet sich jetzt in einem anderen Bundesstaat, dann sagen sie: »No Problem, ich wollte sowieso umziehen.«

Das nenne ich eine wirklich optimistische Grundhaltung!

Aber mittlerweile habe ich sehr viel Verständnis für den Pessimismus, der manchmal in Deutschland herrscht, denn tatsächlich ist es hier viel schwieriger als in Amerika, optimistisch zu sein. Ich meine: Selbst das deutsche Wort »Optimist« besteht zur Hälfte aus »Mist«.

Im Kapitel Gesundheit spreche ich ja darüber, dass man auf die Frage »Wie geht es dir?« gerne medizinisch fundierte Antworten gibt. Und das manchmal sehr ausführlich. Natürlich kann man bei diesen Antworten sehr viel lernen. So viel sogar, dass man leicht auf die Idee kommen könnte: »Hey, ich brauche gar nicht Medizin zu studieren, um Arzt zu werden. Ich brauche nur mit vielen Deutschen zu quatschen.«

Aber solche Gespräche haben auch gewisse Nachteile, denn sie können oft sehr belastend für den Zuhörer sein. Wie es bei mir einmal der Fall war.

Ich startete gut gelaunt in den Tag. Die Sonne schien, ich hatte keinen Kater vom Abend zuvor, und dann erzählt mir ein Freund, nachdem ich ihn nach seinem Befinden gefragt hatte, seine ganze Krankengeschichte. Er fing am Kopf an und war nach 30 Minuten erst bei seinen Bronchien. Und das Schlimmste daran war: Dies war die Kurzversion!

Ich denke, alle hier in Deutschland kennen solche Leute.

Man steht morgens auf, zieht sich an, frühstückt und geht dann zur Bushaltestelle, um zur Arbeit zu fahren. Und dann trifft man einen Bekannten und fragt ihn, wie es ihm geht. Und sobald der andere anfängt, wie »Dr. House« zu reden, ist der Tag stimmungsmäßig im Eimer.

Die Amis wären auch ganz anders drauf, wenn sie so was jeden Tag erleben würden. Wenn Bob beim Bowling eine Lanze für Blasenschwäche brechen würde und Cindy beim Elterntreff ständig über ihre Kreislaufprobleme lamentieren würde, dann wären die Amerikaner sehr schnell ganz anders drauf. Viel deutscher eben.

Ich selbst sehe es eigentlich recht locker und bin ziemlich optimistisch, was den Pessimismus hier in Deutschland angeht. Denn ich habe oft die Erfahrung gemacht, sobald Deutsche nach Amerika in den Urlaub fahren – sei es nach New York, Las Vegas oder nach Florida –, verwandeln sie sich in kleine Amerikaner, zumindest was die optimistischere Lebenseinstellung angeht. In den USA angekommen werden sie sofort begrüßt: »Welcome to Florida! How are you today?«, und ihre Antwort hat nichts mit Schweißfüßen, Gallensteinen oder schweren Beinen zu tun, sondern lautet stattdessen: »I'm doing fine, thank you.«

Jedes Mal wenn ich nach Florida fliege, um meine Mutter zu besuchen, erlebe ich solche Deutschen. Sie werden von ihren amerikanischen Freunden am Flughafen abgeholt und verwandeln sich sofort in total optimistische Menschen.

»Hiiiiiiiiiii, Tobias! Good to see you!«

»Hiiiiiiiiiii, Steve. Good to see you, too!«

»And hiiiiiiiii, Kerstin! You look great!«

»Thanks, Steve! You also look great!«

»How was your flight?«

»It was great!«

»That's great!!!! I'm glad that it was great!!!!«

»Me too!!!!!«

»Are you looking forward to a great vacation in Florida?«

»Yes, we are!«

»THAT'S GREAT!«

Problematisch ist jedoch oftmals, dass diese lockere, amerikanische Art, die durch das Wort »great« besonders zum Ausdruck kommt, nicht besonders lange anhält, wenn man wieder zurück in Deutschland ist. Spätestens vier Tage danach hören sich die meisten Gespräche dann so an:

»Wie geht's dir, Tobias?«

»Muss. Hab wieder starke Rückenschmerzen. Und wie geht's dir, Thomas?«

»Muss auch. Dann gute Besserung!«

»Wünsche ich dir auch.«

Es gibt ein amerikanisches Sprichwort, das besagt, dass der Optimist in jeder Schwierigkeit eine Chance sieht und der Pessimist in jeder Chance eine Schwierigkeit. Dem Optimisten begegnet man tatsächlich oft in Amerika – und oft an den verrücktesten Orten. Ich las zum Beispiel einmal in der Zeitung von einem Hausbesitzer, der sein ganzes Hab und Gut nach einer großen Überschwemmung am Mississippi verloren hatte. Man muss sich das vorstellen: An einem Tag hatte er ein schönes Haus *am* Mississippi und am nächsten Tag war das schöne Haus *im* Mississippi. Aus dem schönen Wohnzimmer wurde – ratz fatz – ein schöner Swimming-Pool. Und aus der kleinen Rutsche im Kinderzimmer wurde eine kleine Wasserrutsche direkt ins Kinderplanschbecken. Jeder hätte Verständnis dafür gehabt, wäre der ehemalige Hausbesitzer auch Prozac-Fan geworden.

Aber so weit ist es nicht gekommen. Er blieb optimistisch und versuchte eine Weile später sein Haus zu verkaufen. Die Anzeige in der Zeitung lautete nicht:

»For Sale! House with massive water damage. Make me an offer!«, sondern:

»For Sale! House with a view of the lake.«

Man kann so was natürlich als Galgenhumor abtun und meinen: »Noch ein Ami, der spinnt!« Aber so sind wir Amerikaner halt. Wir denken optimistisch. Wir denken halt amerikanisch.

Arbeitslos / Jobless

Ich war vor Jahren – in meiner Anfangszeit in Deutschland – für eine ganz kurze Zeit arbeitslos. Ich ging zum Arbeitsamt, meldete mich an und musste, wie viele andere auch, in einem großen Saal im Kölner Arbeitsamt sitzen und mir einen Vortrag zum Thema Wege aus der Arbeitslosigkeit anhören.

Ich hatte ein schlechtes Gewissen, während ich da saß und auf den Redner vom Arbeitsamt wartete, denn ich fragte mich: *Darf ich überhaupt hier sein? Darf ich als Amerikaner Arbeitslosengeld vom deutschen Staat überhaupt erwarten?*

Ich kam mir vor wie ein totaler Loser. Gedanken schossen durch den Kopf wie: *John, du Loser!* und *Schäme dich, du Penner!* Und das waren noch die netteren Gedanken! *Mensch, John, du kommst aus dem Land der unbegrenzten Möglichkeiten, aus dem Land, aus dem Leute wie Bill Gates, Steve Jobs, Warren Buffet und – Nick Nolte stammen, und jetzt sitzt du im deutschen Arbeitsamt.*

Ich dachte an all die Tellerwäscher in Amerika, von denen jeden Tag einige Millionäre werden. An all die Mexikaner, die illegal die Grenze überqueren und in Kalifornien total erfolgreich Tacos verkaufen. An all die Asiaten, die in Schiffscontainern reingeschmuggelt werden und sehr erfolgreich Kung-Fu-Studios für dicke Amikids leiten.

Ich musste nach etwa zehn Minuten meine Selbstmitleidstour leider unterbrechen, nämlich dann, als der Mann vom Arbeitsamt den Raum betrat. Zuerst erklärte er uns unsere Rechte als Arbeitslose, was alleine schon einige

Minuten dauerte. Und während er redete, dachte ich: *Mensch, das ist großartig hier! In Amerika kriegen wir unsere Rechte nur mitgeteilt, wenn wir verhaftet werden.* Und dann sprach er über die Art und Weise, wie wir nach neuen Jobs suchen sollten. Und als er den Bereich abgehakt hatte, hielt er noch einen kurzen Vortrag zum Thema Wege in die Selbständigkeit: »Und für diejenigen, die diesen Weg einschlagen möchten, gibt es folgende Möglichkeiten ….« Dann listete er die verschiedenen Möglichkeiten auf, und während er das tat, hörte ich, wie einige Leute im Saal anfingen, höhnisch zu lachen. Zuerst dachte ich: *Warum lachen diese Leute? Habe ich einen Witz nicht mitbekommen?*

Und dann dämmerte es mir. Die Leute lachten, weil sie das Angebot, sich selbständig zu machen, vollkommen lächerlich fanden. Einer fragte: »Und was ist, wenn ich mich selbständig mache und keiner meine Produkte kauft?« Alle schauten den Beamten erwartungsvoll an. Nein, nicht alle, denn ich dachte bei mir: *Wenn keiner deine Produkte kaufen will, dann produziere halt bessere!*

Das habe ich natürlich NICHT gesagt, denn dann hätten mich die anderen bestimmt gelyncht.

Es dauerte nicht lange, bis ich feststellte, dass viele Deutsche der Meinung sind, sie könnten nur den Beruf ausüben, den sie gelernt haben. Derjenige, der Lehramt studiert hat, wird Lehrer. Derjenige, der Physik studiert, wird Physiker. Und derjenige, der Philosophie studiert hat, wird Taxifahrer. Jeder macht das, was er gelernt hat. Und nur das.

In Amerika denkt man darüber ganz anders. Der ausgebildete Physiker arbeitet notfalls als Lehrer. Der Lehrer als Versicherungsvertreter. Und der Philosoph als Börsenmakler. Ich habe tatsächlich einen amerikanischen Kumpel, der in Yale Philosophie studiert hatte. Als ich ihn fragte, was man mit einem Philosophieabschluss von Yale beruflich machen könnte, sagte er ganz selbstverständlich: »Die meisten, die ich kenne, gehen an die Wall Street und werden dann entweder zum Börsenmakler oder zum Fondmanager ausgebildet.« Ich dachte mir nur: *Kein Wunder, dass unsere Wirtschaft so zusammengekracht ist, wenn lauter wichtige Wirtschaftsentscheidungen von Philosophen getroffen werden.*

In Deutschland würde man wohl eher sagen: »Philosophen gehören nicht an die Börse, sondern maximal ins Taxi.«

Verrückte Amerikaner /
Crazy Americans

»Mensch, sind die Amis bekloppt! Die Amis sind so was von bekloppt!«

Ich habe diese Sätze schon so oft hier in Deutschland gehört, dass ich vor langer Zeit aufgehört habe, zu zählen, wie oft genau. Man hört nie: »Die Luxemburger sind bekloppt«, »Die Norweger sind bekloppt« oder »Die Tibeter sind bekloppt«. Aber, dass wir Amis angeblich bekloppt sind, das hört man fast jeden Tag.

Das ist auch kein Wunder, denn wir haben tatsächlich viele bekloppte Amis in Amerika. Besonders unter den Stars. An einem Tag erfährt man, dass David Hasselhoff fast vier Liter Wodka getrunken hat. An einem anderen, dass das Busenimplantat von Amy Winehouse ausgelaufen ist. Und ein paar Tage später, dass die amerikanische Pop-Ikone Lady Gaga keine Frau ist, sondern ein Mann mit echtem Penis. Kurz danach steht in der ›Bild‹: »Lady Gaga dementiert Penis-Gerüchte: Meine Vagina ist beleidigt.«

Kein Wunder also, dass viele meinen, dass wir bekloppt sind! Aber es sind nicht nur Amy Winehouse, Lady Gaga und David Hasselhoff, die den Eindruck entstehen lassen, dass wir Amis »ein Rad ab« haben. Britney Spears leistet dazu ebenfalls ihren Beitrag. Besonders wenn sie betrunken ist und aus irgendeinem Grund an irgendeinem Ort ihre Unterwäsche verliert. Ich könnte ja vielleicht noch verstehen, wenn das einmal passiert wäre. Du gehst auf eine Party,

221

trinkst ein bisschen zu viel und merkst plötzlich: »Upps, mein Höschen ist weg!« Aber gleich mehrfach, wie es bei Britney der Fall war? Einmal erschien sie sogar vor Gericht ohne Höschen, was sie sozusagen zu einer richtigen Wiederholungstäterin machte. Als ich diese Meldung gelesen habe, dachte ich nur: *Mensch, Britney, was ist überhaupt dein Problem? Es kann doch nicht so schwierig sein, dein Höschen anzubehalten, oder?*

Aber es sind nicht nur die Promis, die den Eindruck vermitteln, dass wir Amis »eine Schraube locker« haben. Viele Meldungen über »ganz normale« Amerikaner vermitteln ebenfalls diesen Eindruck. Wie zum Beispiel die Meldung über eine Frau aus Florida, die die Notrufzentrale angerufen hat, *weil es bei McDonald's keine McNuggets mehr gab!* Und damit nicht genug! Sie hat die Notrufzentrale nicht nur einmal angerufen, sondern gleich *drei* Mal! Das muss für die Leute am Telefon total verwirrend gewesen sein. Denn normalerweise hören sie wahrscheinlich eher: »Mein Auto ist gerade geklaut worden!«, »Jemand versucht in mein Haus einzubrechen!« oder »Jemand hat mich gerade überfallen!« Aber dass einer anruft und sagt: »Helfen Sie mir! Es gibt keine McNuggets mehr bei McDonald's!« Das wäre, als ob jemand in Deutschland Folgendes sagen würde:

»Polizeiruf Köln. Was haben Sie für einen Notfall?«

»Was ich für einen Notfall habe? Ich sage Ihnen, was ich für einen Notfall habe! Es gibt bei Meister Bock keine Bockwurst mehr!«

Es kursieren unheimlich viele Meldungen über so genannte »normale Amerikaner«, die bekloppte Sachen machen. Wie zum Beispiel in Kansas. Es gab im März 2008 einen Fall, in dem eine fünfunddreißigjährige Frau zwei Jahre lang im Badezimmer ihres Freundes auf der Toilette gesessen hatte, ohne ein einziges Mal aufzustehen. Hier in Deutschland hätte man gesagt: »Mensch, Schatz, mach schneller, ich muss auch mal.« Aber die Frau aus Kansas blieb einfach sitzen. Und weil sie so lange regungslos auf dem Toilettensitz gesessen hatte, war ihre Haut allmählich mit der Toilettenbrille zusammengewachsen. Die von ihrem Freund – nach zwei Jahren! – alarmierte Feuerwehr war nicht in der Lage, die Frau von der Toilettenbrille zu trennen und sah sich letztendlich genötigt, den ganzen WC-Sitz abzuschrauben und die Frau mitsamt der Brille ins Krankenhaus zu fahren. Die Frau würde wahrscheinlich immer noch auf dem WC sitzen, wenn sich ihr Freund nicht bei der Polizei gemeldet hätte. Als er gefragt wurde, was er für einen Notfall zu melden hätte, sagte er ganz trocken: »Irgendetwas stimmt mit meiner Freundin nicht.«

Na ja, wenn das kein bekloppter Paar ist, dann weiß ich auch nicht.

Aber es sind auch Anwälte und Richter, die für dieses Bild sorgen, das der Rest der Welt von uns hat. Zum Beispiel, indem sie bekloppte Gesetze verabschieden oder die alten, bekloppten Gesetze, die schon seit Jahrzehnten existieren, nicht aus den Gesetzbüchern streichen.

Hier einige Beispiele:

Alaska:
    In Fairbanks dürfen Bewohner es nicht zulassen, dass sich Elche auf offener Straße paaren.

Florida:

> Ledige, geschiedene oder verwitwete Frauen dürfen an Sonn- und Feiertagen nicht mit dem Fallschirm springen.

Idaho:

> In Coeur d'Alene steht Sex im Auto unter Strafe. Polizisten, die die »Täter« ertappen, müssen vor der Festnahme jedoch hupen und dann drei Minuten warten, bevor sie näher kommen.

Kansas:

> In Wichita sind Misshandlungen durch die Schwiegermutter kein Scheidungsgrund.

Kentucky:

> Frauen dürfen nicht im Badeanzug auf die Straße – es sei denn, sie wiegen weniger als 42 beziehungsweise mehr als 92 Kilo. Oder sie sind bewaffnet.

Missouri:

> In St. Louis darf die Feuerwehr Frauen nur dann aus brennenden Häusern retten, wenn sie vollständig bekleidet sind.

Oregon:

> In Willowdale dürfen Ehemänner beim Sex nicht fluchen.

South Carolina:

> Ohne offizielle Erlaubnis darf niemand in Abwasserkanälen schwimmen.

Washington, D. C.:

Sex ist nur in der Missionarsstellung erlaubt, alle anderen Positionen stehen unter Strafe.

Und last but not least der Beweis, dass wir Amis tatsächlich bekloppt sind, dieses Gesetz aus Wisconsin:

In Connorsville dürfen Männer ihr Gewehr nicht abfeuern, während ihre Partnerin einen Orgasmus bekommt.

Dem braucht man nichts mehr hinzuzufügen, oder?

Patriotismus / Patriotism

In Amerika ist es viel leichter als in Deutschland, patriotisch zu sein. Denn in den USA gibt es keine »Patriotismus-Debatten« wie hier in Deutschland, wo sehr ernsthafte Menschen mit ernsthaften Mienen stundenlang ernsthafte Fragen diskutieren wie: »Dürfen wir unsere Nationalfahne auf offener Straße schwenken? Und wenn ja, wie oft? Und wie intensiv?« Selbst die regierungskritischen Amerikaner bezeichnen sich als patriotisch und holen an unserem höchsten Nationalfeiertag, dem 4. Juli, ihre Flagge aus der Garage, um sie am Haus zu befestigen oder auf einer Parade zu schwenken.

Bereits in der Grundschule wusste ich, dass unsere Fahne 50 Sterne hat wegen unserer 50 US-Bundesstaaten und 13 abwechselnd rote und weiße Streifen wegen der 13 Gründungsstaaten. Später lernte ich, dass die Farbe Rot in der Fahne für Tapferkeit und Widerstandsfähigkeit steht, die Farbe Weiß für Reinheit und Unschuld und die Farbe Blau für Wachsamkeit, Beharrlichkeit und Gerechtigkeit. Ich wusste zwar nicht, wo Deutschland, Frankreich und Spanien auf einer Landkarte zu finden waren, aber was diese Farben bedeuteten, das wusste ich, denn unsere Nationalflagge nimmt man in Amerika sehr ernst.

In Deutschland ist der Umgang mit der eigenen Fahne dagegen viel schwieriger als in Amerika. Man hält eine Deutschlandfahne in der Hand, und plötzlich kommt man sich ein bisschen seltsam vor. Und wenn man sie dann auch noch hin- und herschwenkt, kommt man sich richtig seltsam vor. Einer deutschen Freundin ging es genau so, als wir bei der WM in Deutschland zum »Public Viewing« gehen wollten. Sie fragte mich tatsächlich, ob sie eine Deutschlandfahne mitnehmen sollte.

»Ja, natürlich«, riet ich ihr. »Natürlich solltest du eine Deutschlandfahne mitnehmen, denn sie symbolisiert nicht nur deinen Glauben an eure Mannschaft, sondern auch an dein Land.«

Sie seufzte nur und sagte: »Mensch, John, bei euch Amis ist das alles viel unkomplizierter als bei uns.«

Wie unkompliziert das auch in Deutschland ablaufen kann, sah man bei der WM 2006. Es wurde gefeiert, gelacht, gefiebert, gegrillt – und währenddessen überglücklich die Deutschlandfahnen geschwenkt. Am Anfang fragte man sich natürlich: »Darf man das?« Aber es hat nicht lange gedauert, bis man feststellte: »Ja, man darf!« Und zum ersten Mal seit meinem Umzug nach Deutschland hatte ich das Gefühl, dass die Fahne, die Deutschlandfahne von der Last der Geschichte, die sie ständig zu tragen hatte, richtig befreit wurde. Und das fand ich sehr schön. Ich weiß noch, wie ich die ganze Zeit gedacht hatte: *Es ist echt schade, dass es in Deutschland nicht immer WM gibt.*

Patriotismus wird in Amerika nicht nur ab und zu gelebt, sondern tagtäglich. Wenn man zum Beispiel zu einer Profisportveranstaltung geht – sei es zum Baseball-, Basketball-, Football- oder Hockeyspiel –, stehen alle Besucher vor Spielbeginn auf und singen die Nationalhymne. Und nicht nur alle Zuschauer, sondern auch alle Spieler. Das heißt:

Jeder wendet sich zur großen Fahne, die im Stadium ange-bracht wurde und singt – mit der rechten Hand auf der lin-ken Brust – unsere Nationalhymne. Wenn man bedenkt, dass eine typische Profibaseballmannschaft in einer einzi-gen Saison ganze 162 Spiele spielt und dabei jedes Mal die Nationalhymne gesungen wird, dann kann man sich vor-stellen, wie oft Amerikaner für ihr Land die rechte Hand aufs Herz legen.

Hier in Deutschland erlebe ich oft das Gegenteil, wenn es um die deutsche Nationalhymne geht. Der eine singt leise, der andere summt und ein Dritter scheint überhaupt keine Ahnung zu haben, was los ist. Aber wenn es um die Italie-ner, Franzosen oder Engländer geht, dann wissen es alle.

Wenn die Italiener singen, hat man immer das Gefühl, dass sie vor lauter Rührung gleich anfangen zu weinen. Bei den Franzosen glaubt man, dass einer gleich schreien wird: »Schnell auf die Barrikaden, Kameraden, bevor es zu spät ist!« Und dann gibt es die Engländer, die so inbrünstig »God save the Queen« singen, dass man sich als Nicht-Engländer fragt: »*Save the Queen? Why does she need to be saved?*« Im Vergleich zu den anderen europäischen Ländern möchte man die Deutschen trösten, während sie ihre National-hymne singen nach dem Motto: »Keine Sorge, es ist ja gleich vorbei!«

Die amerikanische Nationalhymne wurde von dem Anwalt und Amateurpoet Francis Scott Key im Jahre 1814 geschrie-ben, als er von einem britischen Kriegsschiff aus zusehen musste, wie britische Truppen Baltimores Fort McHenry bombardierten und versuchten, es zu erobern. Der Bezug auf die amerikanische Fahne in seinem Gedicht kam da-durch zustande, weil er, wie er sagte, so erleichtert gewesen war, am Morgen nach den britischen Angriffen immer noch die amerikanische Fahne am Fort wehen zu sehen. Er war sogar so erleichtert, dass er in den Morgenstunden des 14. September 1814 die Verse zum »Star Spangled Banner« schrieb.

Viele Amerikaner wissen nicht, dass die Melodie unserer Nationalhymne ausgerechnet von denen kam, die uns damals bombardiert hatten, von den Briten nämlich. Und nicht nur das. Sie war auch noch die Melodie eines Trinkliedes! Viele Amerikaner waren damals empört und meinten:

»But wait a minute! Our national anthem shouldn't be based on an English drinking song! If it's going to be based on a drinking song at all, it should be based on an American drinking song!«

Amerikas allgegenwärtiges, positives Patriotismusgefühl hat nicht nur was mit der Fahne oder Nationalhymne zu tun, sondern auch mit der »Pledge of Allegiance«, die die Schüler in den Vereinigten Staaten jeden Tag vor dem Unterricht gemeinsam aufsagen. Unsere Pledge of Allegiance ist eine Art Treuegelöbnis gegenüber der Nation und der amerikanischen Fahne, und sie lautet folgendermaßen:

»I pledge allegiance to the flag of the United States of America, and to the republic for which it stands, one nation under God, indivisible, with liberty and justice for all.«

Zu deutsch: »Ich schwöre Treue auf die Fahne der Vereinigten Staaten von Amerika und auf die Republik, für die sie steht, eine Nation unter Gott, unteilbar, mit Freiheit und Gerechtigkeit für jeden.«

Ich denke, wenn man so was in den deutschen Schulen einführen wollte, würde man sich vor Diskussionsrunden zu diesem Thema überhaupt nicht mehr retten können. Anne Will, Maybrit Illner, Frank Plasberg, Michel Friedman, Reinhold Beckmann, Johannes B. Kerner und Günther Jauch würden alle sofort Sondersendungen bringen. Und Domian und Olli Geissen wären sicherlich auch dabei.

Aber das Patriotismusgefühl, mit dem ich in Amerika aufgewachsen bin, hat nicht nur etwas mit Fahnen und Hymnen zu tun, die im Laufe meiner Jugend geschwenkt oder gesungen wurden, sondern auch mit der Tatsache, dass Amerikaner, im Vergleich zu den Deutschen, mit dem Gedanken aufwachsen, dass sie aus dem besten Land der Welt kommen.

»Always remember, John: You live in the best country in the world.«

Man hört diesen Satz so oft, dass man nach einer Weile tatsächlich denkt: *Wenn so viele Leute das sagen, dann muss es irgendwie stimmen.*

Im Laufe der Jahre wurde ich ein bisschen skeptischer. Besonders als ich erfuhr, dass die meisten Amerikaner – wie meine Tanten, Onkel, Neffen, Nichten und Freunde – noch nie in ihrem Leben im Ausland waren. Ich fragte mich: »Wie können sie wissen, dass Amerika das beste Land der Welt ist, wenn sie nirgendwo anders waren? Wenn sie immer nur hier in den USA waren?« Das ist wie wenn man sein ganzes Leben lang in dieselbe Pizzeria geht und dann steif und fest behauptet: »Meine Pizzeria ist die beste Pizzeria der Welt!«

Und das ist wahrscheinlich auch ein Grund, warum viele Amerikaner so patriotisch sind. Weil sie nur eine Pizzeria kennen! Oder maximal zwei. Aber die zweite befindet sich höchstens in Kanada.

Ich denke, wenn Amerikaner wissen würden, wie gut das Essen woanders schmeckt, würden sie viel seltener sagen, dass sie im besten Land der Welt leben. Sie würden nach Deutschland reisen und nach kurzer Zeit feststellen: »Hey, Deutschlands Wurst schmeckt viel besser als unsere Wurst und ist außerdem viel länger!« Oder: »Deutsche Autos sind besser als unsere. Die Straßen sind auch besser als unsere. Und sogar Bahnfahren in Deutschland ist besser als Bahnfahren bei uns. Und das, obwohl die Deutsche Bahn fast immer Verspätung hat.«

Wenn sie Europa bereisen würden, würden sie feststellen:

»Die Franzosen haben köstlicheren Käse.«

»Die Belgier haben feinere Schokolade.«

»Die Italiener haben aromatischeres Olivenöl.«

»Die Iren haben besseren Whisky.«

»Die Tschechen haben süffigeres Budweiser.«

»Die Russen haben klareren Wodka.«

»Die Spanier haben würzigeren Schinken.«

»Die Holländer haben größere Wohnmobile.«

»Die Ungarn haben pikanteren Paprika.«

»Die Norweger haben schnellere Rentiere.«

»Die Schweizer haben exaktere Uhren.«

»Die Schweden haben bequemere IKEA-Betten.«

»Die Österreicher haben delikatere Wiener Schnitzel.«

Und last but not least:

»Die Engländer haben aggressivere Hooligans.«

Aber lassen wir uns nicht von den Hooligans ablenken. Ich denke, Deutschlands Patriotismusgefühl zeigt sich mehr auf regionaler als auf nationaler Ebene. Es dauerte zum Beispiel nicht lange, bis ich feststellte, dass Frankfurt Offenbach nicht mag, Köln Düsseldorf und Nürnberg Fürth nicht. Und umgekehrt auch nicht. Ich habe sogar gehört, dass es Kölner gibt, die die »Alt«-Taste von ihrer Computertastatur entfernt haben, damit sie nicht ständig an das Düsseldorfer Altbier erinnert werden. Keine Ahnung, ob die Düsseldorfer auch etwas mit ihrer Tastatur angestellt haben, aber so weit ich weiß, gibt es noch keine »Kölsch-Taste«.

Was ich auch sehr interessant finde, ist, dass deutscher Lokalpatriotismus oft richtig lokal ist, sogar sehr lokal. Ich hatte einmal einen Auftritt in Leverkusen und fragte einen Zuschauer: »Kommen Sie aus Leverkusen?« Seine Antwort lautete: »Nein, ich komme aus Leverkusen-Wiesdorf.« Ich war ein bisschen verdutzt, aber bevor ich fragen konnte, ob das nicht alles dasselbe sei, antwortete ein anderer: »Und ich komme aus Leverkusen-Opladen.«

Solche Antworten finde ich im Grunde schön, denn sie beweisen, dass viele Leute eine sehr intensive Bindung zu ihrem Heimatort haben und sich richtig mit ihm identifizieren. Aber spätestens wenn die nächste Fußballweltmeisterschaft kommt, dann heißt dieser Ort nicht mehr Aachen-Brand oder Köln-Deutz oder Berlin-Lichtenberg oder Remscheid-Lennep, sondern Deutschland, einfach nur Deutschland. Und das gefällt mir!

Ordnung / Order

In Deutschland ist Ordnung unheimlich wichtig. Ich kenne Menschen, die behaupten, »sie wäre das halbe Leben.« Keine Ahnung, ob das stimmt, aber es würde mich nicht überraschen, wenn ja. Denn das Wort »Ordnung« hört man ziemlich oft hier in Deutschland – und zwar in allen erdenklichen Variationen.

Du gehst spazieren und jemand fragt dich: »Alles in Ordnung?«

»Bei mir schon! Und bei dir?«

»Alles in Ordnung.«

Natürlich gibt es Leute, die fragen: »Alles klar?« oder »Alles paletti?«, aber was sie wirklich meinen, ist: »Alles in Ordnung?« Früher hat mich diese Frage ein bisschen verwirrt und leicht paranoid gemacht, denn jedes Mal, wenn mich jemand mit: »Hi, John, alles in Ordnung?« ansprach, fragte ich mich: »Was soll denn nicht in Ordnung sein? Sind meine Schnürsenkel offen? Oder ist mein Hosenschlitz wieder offen? Wenn schon eines von beidem, hoffe ich, dass es diesmal meine Schnürsenkel sind.«

Bei uns zu Hause geht es auch immer ziemlich ordentlich zu. Meine Frau fragt meinen Sohn morgens immer, bevor er zur Schule geht: »Hast du dir deine Zähne ordentlich geputzt?«, »Hast du deine Hausaufgaben ordentlich gemacht?« und »Ist dein Zimmer auch ordentlich aufgeräumt?« Und dann bin ich an der Reihe. Mit Fragen wie »Wie war dein Auftritt?«, »Hast du ordentlich gearbeitet?« und »Hast du die Spülmaschine ordentlich ausgeräumt?« Wenn ich aus der Dusche komme, werde ich sogar gefragt: »Hast du dich auch ordentlich mit Seife gewaschen?« Und als ordentlicher Ehemann antworte ich immer mit »Ja«.

Aber Ordnung herrscht nicht nur bei mir zu Hause. Im deutschen Fernsehen fällt auch ziemlich oft das Wort »Ordnung«. Zum Beispiel verkündet Günther Netzer in der Halbzeitpause eines Fußballspiels: »Das Spiel der deutschen Mannschaft war nicht in Ordnung.« Dann redet er über die fehlende »Raumordnung« in der Hintermannschaft und über die Notwendigkeit, für »geordnete« Verhältnisse im Mittelfeld zu sorgen. Und dann meldet sich auch noch Gerhard Delling zu Wort: »Das stimmt! Eine gewisse ›Unordnung‹ war während des Spiels deutlich zu erkennen.«

Aber das Wort »Ordnung« taucht nicht nur bei Fußballspielen in Deutschland auf. Bei Boxkämpfen, die im Fernsehen übertragen werden, habe ich einmal folgendes Gespräch zwischen zwei Boxkommentatoren mitverfolgt.

»Mensch, der kriegt ja ordentlich was ab!«

»Ja, das stimmt, der wird ordentlich verprügelt!«

Meine erste Reaktion war: *Wie kann man das Wort »ordentlich« in so einer Situation verwenden?* Und dann sah ich, wie einer zu Boden fiel und dachte: *Ja, das stimmt. Wenn man genau hinschaut, dann sieht er ziemlich ordentlich vermöbelt aus.*

Sogar bei Sexfilmen, die im deutschen Fernsehen zu sehen sind, merkt man, dass ziemlich »ordentlich« gearbeitet wird. In einem Film war ein Mann zu sehen, der mit einer Frau Sex hatte, und am nächsten Tag mit seinem Kumpel darüber quatschte. Er sagte aber nicht: »Gestern Nacht war es heiß« oder »Gestern Nacht war es wild« oder »Gestern Nacht war die aufregendste Nacht meines Lebens«, sondern »Gestern Nacht ist sie von mir ordentlich durchgenudelt worden.«

Ich bin fast vom Stuhl gefallen, als ich das hörte. Solche Sätze verdeutlichen tatsächlich die großen Unterschiede zwischen Deutschen und Amerikanern, denn wenn du einen Amerikaner fragen würdest: »So, Bob, how was the sex last night?«, würde er entweder sagen: »It was great!« oder einfach nur »Fantastic!« Aber wenn man einem Deutschen dieselbe Frage stellt, hört man nur: »Na ja, recht ordentlich.«

Ich hatte einmal einen Auftritt in Bochum und fragte das Publikum zum Thema Ordnung: »Und ab wann gilt Sex hier in Deutschland als ›ordentlich‹?« Eine Frau aus der dritten Reihe meldete sich zu Wort: »Alles ab zwei Minuten.« Und als ich sie fragte: »Was ist mit fünf Minuten«, sagte sie: »Sehr ordentlich!«

Ich erfuhr am eigenen Leib, was »deutsche Ordnung« wirklich bedeutet, als ich einmal den Kleingartenverein Kletterrose e.V. in Köln besuchte. Wenn das Alltagsleben hier in Deutschland ordentlich ist, dann ist das nichts im Vergleich zu einem deutschen Kleingartenverein. Mein Gastgeber hieß Willi, zu dem ich als Erstes sagte: »Mensch, Willi! Hier sieht es ziemlich ordentlich aus! Sogar viel ordentlicher als bei mir zu Hause!«, worauf er ganz trocken antwortete: »Ja, natürlich sieht es hier ordentlich aus. Ordnung muss sein.«

Ich war etwas verwirrt. *»Ordnung muss sein?« »Ordnung muss sein?« Warum muss Ordnung sein? In Amerika würden wir vielleicht sagen:* »McDonald's muss sein!« *oder* »Burger King muss sein!«, *aber* »Ordnung muss sein?« *Never!*

Weil ich so schnell wie möglich wissen wollte, warum das so ist, fragte ich Willi einfach. Und dann erhielt ich eine Antwort, die mich – wenn ich ganz ehrlich bin – auch ein bisschen verblüffte, nämlich: »Ordnung muss sein, denn ohne Ordnung herrscht Chaos. Nur Chaos.« Ich schaute mir seinen kleinen Garten an und dachte: *Mensch, hier ist kein Chaos weit und breit zu sehen. Der Rasen, die Blumen, die Pflanzen – alles sieht so unglaublich ordentlich aus.*

»Mensch, Willi, alles sieht hier so aus, als hätten Sie mit einem Zollstock gearbeitet, um immer die gleichen Abstände zwischen den einzelnen Pflanzen genau hinzukriegen.« Ich grinste breit. Er schaute mich ganz ernst an: »Ja, natürlich habe ich den Zollstock benutzt.« Zuerst dachte ich noch, dass der Willi Witze machte, aber dann drückte er mir eine Kopie der Gartenverordnung in die Hand und bat mich, ein bisschen daraus vorzulesen.

»Beim Anpflanzen von Spalierobst und Reben ist ein Grenzabstand von 1,50 Meter einzuhalten, bei Buschbäumen von 2 Metern, bei Halbstämmen 3 Metern und bei Buschstämmen 5 Meter.« Als ich merkte, dass Willi meine Meinung dazu hören wollte, sagte ich einfach: »Klingt alles sehr ordentlich.«

Aber für diejenigen, die meinen, solche Verordnungen gäbe es nur in Deutschland, kommt hier eine kleine Anekdote aus Florida. Als meine Mutter in ihr neues Haus in Florida einzog, platzierte sie einen kleinen, schönen Stein mit dem aufgemalten Wort »Welcome« direkt vor einem Baum in ihrem Vorgarten. Und auf diesem Stein saß ein kleiner, grüner Frosch aus Porzellan – mit einer Sprechblase, in der ebenfalls das Wort »Welcome« abgebildet war. Aber Moms »Welcome to Florida«-Frog überlebte leider nicht lange. Er wurde am nächsten Tag von einem Nachbarn entdeckt, prompt aus dem Vorgarten entfernt und vor ihre Haustür gelegt, mit der Nachricht: »No frogs on the front lawn, please.«

Als mir meine Mutter diese Geschichte erzählte, meinte ich als Erstes: »Das ist nicht dein Ernst, oder?«

»Doch, das ist tatsächlich passiert!«

Ihre Gemeinde erlaubte anscheinend im Gegensatz zur Nachbargemeinde, in der meine Mom vorher gelebt hatte, solche Gegenstände im Vorgarten nicht – wegen der geltenden *Gartenordnung*.

Als ich meine Mom fragte: »Ja, aber ist das nicht ein bisschen verrückt? Warum ist ein kleiner, grüner Frosch, der auf einem Stein sitzt und »Welcome« sagt, ein Problem?«, verteidigte sie die Anti-Frosch-Politik ihrer Nachbarschaft mit folgender Begründung: »Der Frosch ist nicht das Problem. Das Problem ist, dass es Leute gibt, die maßlos übertreiben, wie zum Beispiel ein Nachbar, der in seinem Vorgarten eine große ›Freiheitsglocke‹ stehen hat, wie man sie aus Philadelphia kennt. Wieder andere haben entweder riesige Störche, Schildkröten oder gigantische Windmühlen vor ihrem Haus stehen.« *Ich dachte daraufhin nur: Mensch, vielleicht ist es doch keine so schlechte Idee, gegen Frösche und andere »Mitbewohner« in der Nachbarschaft vorzugehen.*

Wenn man schon lange in Deutschland lebt, ist es gut, in Amerika ab und zu solche Erfahrungen zu machen. Denn sonst könnte man leicht meinen, nur Deutschland bestünde aus strengen Regeln, und in den USA wäre alles so frei und ungezwungen. Aber ganz so einfach ist es in meiner alten Heimat auch nicht, wie ich es einmal selbst am eigenen Leib erfahren musste.

Ich wollte an einem heißen Sommertag am Strand von New Jersey baden gehen und musste mich vorher umziehen. Als ich eine öffentliche Toilette in der Nähe des Strandes entdeckte, dachte ich: *Dort könnte ich mich schnell umziehen.* Doch dann sah ich ein Schild, auf dem stand: »Nur für den Toilettenbesuch. Umziehen verboten.« Und gleich darunter las ich, dass Gesetzesübertreter entweder eine 200-Dollar-Geldstrafe oder sogar eine Gefängnisstrafe zu befürchten hatten. Stellen Sie sich das mal vor: Sie kommen ins Gefängnis und einer sagt: »Ich sitze wegen Mord.« Ein anderer sagt: »Und ich wegen eines bewaffneten Banküberfalls.« Und dann sagen Sie: »Und ich bin hier, weil ich mich in einem Toilettenhäuschen umgezogen habe.« Das ist schon ein bisschen crazy, oder?

Mit deutscher Ordnung wurde ich aber auch hautnah konfrontiert, als ich mich mit besagtem Heinz in Ennest, Nordrhein-Westfalen unterhielt, der gerade dabei war, Holzbänke und Tische für ein Schützenfest aufzustellen. Als ich merkte, dass der Abstand zwischen den Tischreihen überall gleich und ziemlich ordentlich aussah, fragte ich leicht ironisch: »Wie groß muss der Abstand zwischen den Tischen sein?« Und ohne zu zögern, antwortete er mir: »1 Meter 37«. Nicht »ungefähr 1 Meter 37« oder »unser Ziel sind 1 Meter 37«, sondern nur »1 Meter 37«, als ob das das Normalste der Welt wäre. Mit meiner Frage outete ich mich wahrscheinlich als total ahnungsloser Ami: »Warum genau 1 Meter 37? Warum nicht 1 Meter 40? Oder 1 Meter 45 oder vielleicht 1 Meter 35?« Als er mich völlig verständnislos anschaute, kam ich mir wie der blödeste Mensch auf der Welt vor, auf gut Deutsch also wie ein totaler Volltrottel. Als hätte ich ihn gefragt: »Liegt Deutschland neben Australien oder Indonesien? Das verwechsele ich immer so leicht.« Aber ich hatte Glück, denn mein »Ordnungslehrer« hatte Erbarmen und erklärte mir alles haargenau: »1 Meter 37 müssen es immer sein, denn dieser durchschnittliche Abstand garantiert genügend Platz beim Durchgehen zwischen den einzelnen Tischen.« Ich dachte nur: *Das würde nicht reichen, wenn meine Landsleute hier durch müssten …*

Ich kann aber nicht über das Thema Ordnung sprechen, ohne auch eine Lanze für die Deutschen zu brechen, die als Fußgänger an roten Fußgängerampeln nicht nur tagsüber warten, sondern auch nachts. Ich war einmal gegen 3 Uhr morgens am Kölner Ring unterwegs und wollte gerade bei Rot über die Straße gehen, als ich einen anderen Fußgänger wahrnahm, der geduldig auf Grün wartete. Zuerst dachte ich: *Vielleicht schläft er schon. Vielleicht ist er einfach eingepennt, während er auf das grüne Licht gewartet hat.* Aber dann bemerkte ich: Der Typ war einfach nur ein sehr ordentlicher Mensch. Und als ordentlicher Mensch wartet man halt, bis die Ampel wieder grün wird. Auch mitten in der Nacht, wenn alle anderen schlafen. Auch Autofahrer. Als die Ampel aber auf Grün sprang, ging er über die Straße, ohne ein einziges Mal nach links oder rechts zu schauen. Auf den letzten Metern hätte ihn also doch noch ein Auto erwischen können. Am nächsten Morgen erzählte ich meiner Frau davon.

»Das war unglaublich! Die ganze Zeit hatte ich gedacht: Aber warum schaut er sich nicht um? Was wäre gewesen, wenn ein Auto gekommen wäre?« Der einzige Kommentar meiner Frau lautete: »Ja, aber ein Auto hat nicht zu kommen.«

»Und was, wenn doch eins gekommen wäre? Was dann?«

»Dann wäre sein letzter Gedanke gewesen: ›Ich war im Recht!‹«

Mensch, wenn das nicht ordentliches Verhalten bedeutet, dann weiß ich auch nicht.

Polizeibeamte / Cops

Ich gebe zu: Sogar ich als Amerikaner habe manchmal Angst vor unseren Polizisten. Ich gerate in eine Verkehrskontrolle und merke, wie mein Herz plötzlich anfängt, schneller zu schlagen. Wenn der Polizist dann neben meinem Auto stehen bleibt – auf Augenhöhe mit seiner Pistole und seinem Schlagstock –, dann fühle ich mich wie ein Schwerverbrecher. Wenn er dann auch noch »Licence and registration, please« sagt – zu Deutsch: »Führerschein und Fahrzeugpapiere, bitte« – dann will ich manchmal nur noch »Please, don't shoot me!« schreien.

Was ich deshalb an Deutschland so mag, ist, dass mein Gefühl der Angst deutschen Polizisten gegenüber viel kleiner ist. In einer deutschen Verkehrskontrolle beginnt mein Herz eher langsamer zu schlagen, weil ich mich überhaupt nicht wie ein Schwerverbrecher fühle, sondern höchstens wie einer, der vergessen hat, seine Bücher rechtzeitig in der Bibliothek abzugeben.

Die Angst, die ich in Amerika habe, kommt sicherlich zu einem Großteil von den Bezeichnungen, die die Polizisten in den Vereinigten Staaten haben. Sie nennen sich »Sheriffs«, »Marshals«, »Police Officers« oder einfach »Cops«. Also alles Bezeichnungen, die im Grunde bei jedem eine gewisse Angst auslösen. In Deutschland heißen die Ordnungshüter dagegen einfach nur »Polizeibeamte«. Und wer hat schon Angst vor »Beamten«?

Aber nicht nur die Bezeichnung Polizeibeamter hier in Deutschland stellt etwas Beruhigendes für mich dar, son-

243

dern auch die Farbe ihrer Uniformen. Jedes Mal, wenn ich diese Farbkombination aus Moosgrün und Beige sehe, denke ich nicht an harte Jungs mit Schlagstöcken und Handschellen, sondern an gut gelaunte »Förster«.

Und wer hat schon Angst vor »Förstern«? Tatsächlich behaupten einige meiner deutschen Freunde, dass die moosgrüne und beige Farbkombination, die Anfang der siebziger Jahre festgelegt wurde, eine beruhigende Wirkung auf die deutsche Bevölkerung haben sollte. Keine Ahnung, ob dieser Effekt auf Deutsche wirkt. Aber ich kann nur sagen: Bei mir funktioniert es.

Aber es sind nicht nur die sanften Farben der Uniform, oder die Tatsache, dass Polizisten hier in Deutschland »Beamte« heißen, was mich beruhigt. Auch das, was sie tun und wo sie es tun, finde ich beruhigend.

Ich fuhr einmal mit meinem Rad auf dem Fahrradweg stadtauswärts, als ich direkt vor mir auf der rechten Straßenseite vier Polizisten und zwei Polizeiwagen entdeckte und auf der anderen Seite noch drei weitere. Mein erster Gedanke war: *Oh Shit! Was ist denn hier los?*, denn ich befürchtete sofort das Schlimmste: Raub, Mord oder Raubmord. Vermutlich kam das von den vielen »CSI«-Sendungen und allen anderen Kriminalserien, die ich in meinem Leben schon gesehen habe. Und weil es in solchen Serien immer nur so von Leichen und Mördern wimmelt, fragte ich mich: *Ist hier ein Mordfall passiert? Eine Drogenrazzia durchgeführt worden? Oder wird eine Terrorzelle gerade ausgehoben?* Doch dann wurde mir klar, warum so viele Polizeibeamte da waren. Nicht wegen Mördern, Drogendealern oder Terroristen. Nein, sondern wegen falsch fahrender Fahrradfahrer! Einige wurden gestoppt, weil sie bei Rot über die Straße und andere, weil sie auf der falschen Straßenseite gefahren waren.

Ich fand das unglaublich! Dass sieben Kölner Polizisten rausgeschickt wurden, nur um falsch fahrende Fahrradfahrer auf frischer Tat zu erwischen. In Amerika wäre so was undenkbar. Keiner würde sagen: »You get the drug dealers! – And you get the bank robbers! – And you, Bob, Jim, Steve, Helen, Wendy, Mark and Hank, you get those bastards riding their bikes on the wrong side of the street!«

Am selben Abend erzählte ich einer deutschen Freundin von diesem Vorfall und davon, dass ich eigentlich froh war, in einem Land zu leben, in dem sogar sieben Polizisten abgestellt werden, nur um falsch fahrende Fahrradfahrer zu schnappen. »Das gibt mir ein Gefühl von Sicherheit. Ein Gefühl, dass es anscheinend nicht so viele Verbrechen hier in Deutschland gibt, wie meine Schwiegermutter immer behauptet.«

»Wieso das denn?«, fragte sie mich.

»Na ja, wenn die Kölner Polizei es sich leisten kann, sieben Polizisten nur mit Fahrradfahrern zu beschäftigen, dann kann es hier ja nicht so gefährlich sein.«

»Nein, das verstehst du nicht«, war ihre Antwort. »Die Tatsache, dass die Kölner Polizei energisch gegen Fahrradfahrer-Sünder vorgeht, heißt nicht, dass es in Deutschland keine Verbrecher gibt. Vielmehr hat es damit zu tun, dass die Stadt Köln pleite ist und Fahrradfahrer eine sehr gute Einnahmequelle sind, um die Haushaltskasse ein wenig aufzubessern.«

Kultur / Culture

Mensch, hat Deutschland viel Kultur! Goethe, Schiller, Bohlen! Kultur ist überall.

Sie gehen spazieren und bemerken: »Da steht ein Konzerthaus, da steht das Theater und um die Ecke das Opernhaus.« Und die Preise für die Theaterkarten hier in Deutschland sind auch nicht zu toppen: Ich habe einmal im Theaterhaus Köln »Caligula« gesehen und für das Ticket nur zehn Euro gezahlt! Das heißt, ich hatte sogar nach dem Theaterbesuch noch genug Geld, um mir eine Pizza zu genehmigen!

Wenn man in Amerika ins Theater geht, um den netten Caligula live zu erleben, muss man richtig viel dafür blechen. Die zehn Euro, die man in Deutschland bezahlt, würden bei uns in den USA gerade nur für die ersten beiden Morde reichen. Wenn man auf dem Broadway »Caligula: The Musical« sehen wollte – was es natürlich noch gar nicht gibt, aber geben könnte –, würde es richtig teuer werden! Die Pizza danach könnte man sich auf alle Fälle abschminken.

Aber wie gesagt: Sie müssen aber nicht nur ins Theater gehen, um hier Kultur hautnah erleben zu können. Kultur ist überall in Deutschland! Culture is everywhere! Ich war einmal in einem Möbelhaus, um mir ein paar Sofas anzuschauen, und selbst dort gab es Kultur zu sehen. Selbst dort! Überall hingen Schilder, auf denen stand: »Setzen Sie sich hin und genießen Sie unsere schöne Wohn*kultur*.« Und ich setzte mich hin und genoss die schöne Wohnkultur. Dann sah ich aber auf den Preis und dachte: *Oh, vielleicht ist das dann doch ein bisschen zu viel Kultur für mich.*

In Deutschland gibt es neben Theater-, Opern- und Wohnkultur auch andere verschiedene Kulturarten. Hier ein paar Beispiele:

In deutschen Polit-Talkshows laut brüllen:	Streitkultur
Mit Messer und Gabel essen:	Esskultur
Einigermaßen vernünftig Fußball spielen:	Spielkultur
Am Strand nackt herumlaufen:	Freikörperkultur
Am Strand nackt Volleyball spielen:	Freikörperkultur für Fortgeschrittene

Ich finde es auch toll, wenn Menschen sich klar und deutlich zur Kultur hier in Deutschland bekennen. Als die deutsche Schauspielerin Katja Riemann während einer Talkshow im deutschen Fernsehen einmal gefragt wurde, wie sie sich beschreiben würde, schaute sie den Moderator ernsthaft an und sagte ohne zu zögern: »Ich bin ein kulturschaffender Mensch.«

Ich fragte mich nur: *Was? Sie ist was?*

Tatsächlich fand ich diese Antwort interessant, denn keine amerikanische Schauspielerin hätte diese Frage so beantwortet – egal, ob es sich dabei um Scarlett Johansson oder Julia Roberts oder Jodie Foster gehandelt hätte. Keine von ihnen würde in 1000 Jahren auf die Idee kommen, in einem Interview zu antworten: »I make culture. I'm a person who makes culture.« Viel eher würden sie sagen: »I make movies.« Oder: »I make films.« Oder: »I make love to George Clooney when he is in my movie. As often as possible.« Aber nie: »I make culture.«

Denn ansonsten müssten sie befürchten, dass die Öffentlichkeit sie für arrogant und eingebildet halten würde. Und amerikanische Kinogänger wollen keine Stars, die so wirken. Aufgespritzte Lippen und ein bisschen Silikon hier und da sind kein Problem. Arrogantes Verhalten schon.

Aber das soll nicht heißen, dass Kultur in der amerikanischen Filmindustrie keine Rolle spielt. Wenn es um die Academy Awards geht, haben nur richtig anspruchsvolle Filme wie »American Beauty«, »Million Dollar Baby« und »A Beautiful Mind«, eine Chance, einen Oscar zu bekommen. Die anderen Filme, die zwar richtig viel Geld einspielen, wie »Mission Impossible« 1, 2 und 3, und die ganzen Bruce-Willis-Filme, in denen er ständig die Welt rettet, haben trotzdem keine Chance, diese begehrte Trophäe zu gewinnen. Und genau so ist es auch bei Arnold Schwarzenegger, denn er kann so viele »Terminator«-Filme machen wie er will und so viel Geld einspielen wie er will und so oft »I'll be back« sagen, wie er will. But he won't be back to get an Oscar.

Genauigkeit / Exactness

Ich merke, dass meine Deutschwerdung immer noch nicht abgeschlossen ist. Ich stelle fest, dass ich eigentlich noch einen ziemlich langen Weg vor mir habe, wenn ich realisiere, wie *ungenau* ich immer noch im Vergleich zu vielen Deutschen bin.

Zum Beispiel wenn ich mich mit meinen deutschen Freunden verabrede und frage: »Wo sollen wir uns treffen?«, dann sagen sie nicht: »Wir treffen uns am Rudolfplatz oder am Chlodwigplatz«, sondern »am Rudolfplatz Nordwestecke oder am Chlodwigplatz Südwestecke«. Und jedes Mal, wenn ich so etwas höre, denke ich: *John, bevor du gehst, stecke dir den Kompass ein!*

Wenn man einen Amerikaner in New York City fragen würde: »How long does it take to walk to Times Square?«, würde er nur antworten: »It's not so far. Just keep walking straight ahead.« Ein Deutscher wäre da viel präziser: »7 Minuten. Gehen Sie immer geradeaus auf der 7th Avenue bis zur Kreuzung Broadway.«

Diese Genauigkeit erfährt man auch, wenn man einen Deutschen nach der Uhrzeit fragt. Ich stand einmal an der Bushaltestelle, fragte nach der Uhrzeit und bekam als Antwort den locker-flockigen Satz: »Es ist genau drei Minuten nach halb sieben« zur Antwort. Ich denke: Würde man in den USA zu jemandem sagen »It's exactly three minutes past half seven«, würde der andere denken, man macht Witze. Antworten würde man wohl viel eher: »It's just past 6:30«, was in Amerika völlig ausreicht.

Aber verstehen Sie mich nicht falsch, lieber Leser. Ich will mich über Ihre Art der Genauigkeit nicht lustig machen oder behaupten, Sie seien ein bisschen *zu* genau. Ich will nur sagen, dass ich dieser Art von Genauigkeit fast jeden Tag begegne, und mir dann jedes Mal wieder bewusst wird, dass ich immer noch Amerikaner bin. Zum Beispiel wenn im Fernsehen eingeblendet wird, dass der Spielfilm nicht um 20:15 Uhr startet, sondern wegen irgendwelcher aktuellen Ereignisse in Bayern oder Bochum oder sonstwo erst um 20:19 Uhr, dann fragt sofort der Amerikaner in mir: *Muss man so was überhaupt wissen? Muss man wissen, dass der Spielfilm vier Minuten später als geplant anfängt?* Dagegen sagt der Deutsche in mir: *Ja, eigentlich schon.* Und diese deutsche Genauigkeit erlebt man überall: Sogar am Bahnhof.

Wegen meines Jobs fahre ich ziemlich oft mit der Bahn, und während ich auf meinen Zug warte, stehe ich oft vor riesengroßen Ritter-Sport-Plakaten, auf denen immer zu lesen ist: »Ritter Sport: Quadratisch! Praktisch! Gut!« Und jedes Mal wenn ich das lese, frage ich mich: *Muss man wirklich wissen, dass die Schokolade quadratisch ist?* Und dann sagt meine deutsche Stimme wieder: »Ja, eigentlich schon.«

Oder wenn ich in den USA mit dem Auto unterwegs bin und einen Parkplatz suche, sehe ich oft Straßenschilder, die nur sehr wenige Angaben machen. In Amerika haben wir zum Beispiel das Schild »No Parking«. Das sind gerade mal zwei Wörter. Aber weil alles hier in Deutschland viel genauer ausgedrückt wird, steht auf den deutschen Parkschildern nicht »Nicht parken!«, sondern »Widerrechtlich abgestellte Fahrzeuge werden kostenpflichtig abgeschleppt.« Und jedes Mal wenn ich dieses Schild sehe, frage ich mich: *Wie haben es die Deutschen nur geschafft, so viele Wörter auf so ein kleines Schild zu bekommen?*

Ich bewundere euch und versuche, mir so viel wie möglich von dieser Genauigkeit anzueignen, auch wenn die Messlatte ziemlich hoch ist. Das trifft auch auf das Fluchen zu. Wenn wir zum Beispiel auf jemanden ziemlich sauer sind, sagen wir zum Beispiel: »Hey, fuck you! Fuck you, man!« Aber ihr Deutschen seid viel präziser. Ihr sagt: »Fick dich ins Knie!« Das finde ich unglaublich, denn ihr sagt nicht nur, was, sondern auch wohin man es machen soll.

Ich war einmal im Central Park in New York City spazieren, als einer mich völlig grundlos anschrie: »Fuck you, man! Fuck you!« Ich war ziemlich verblüfft und fragte den Typ zurück: »Yes, but where?« Als ich sah, wie verdutzt er über meine Frage war, fügte ich noch dazu: »In Deutschland ist das Knie eine Möglichkeit.«

Aber manchmal finde ich, dass meine deutschen Mitbürger es zu genau nehmen mit der Genauigkeit. Ich will an dieser Stelle auch nicht zu sehr in den Fäkalbereich abrutschen, aber ich kenne einige Leute, die, wenn sie aufs Klo gehen, fast immer das Bedürfnis haben, mir exakt zu erzählen, was sie auf dem Klo vorhaben. Ich habe keine Ahnung, warum das so ist. Vielleicht meinen sie, mich immer auf dem Laufenden halten zu müssen. Keine Ahnung. Manche meiner Freunde nennen oft das Wort »klein«, wenn sie aufs Klo gehen. Andere benutzen das Wort »groß«, und da ich so daran gewöhnt bin, habe ich einmal in Amerika was ganz Ähnliches zu meiner Mutter Judy gesagt.

»Mom, I'll be right back. I've got to make something small.« Ich merkte, dass Mom kein Wort verstanden hatte. Ich entschuldigte mich sofort bei ihr.

»Sorry, Mom. For a second I thought I was in Germany.«

Oh, fast hätte ich es vergessen …

Bevor ich dieses Kapitel abschließe, möchte ich noch Folgendes loswerden: Natürlich läuft nicht alles hier korrekt. Wie gesagt: Die Kellnerin im Café meint mit »Ich bin sofort da« natürlich nicht »Sofort!« Sie meint viel eher »Bald!« oder »In ein paar Minuten« oder »Irgendwann in naher Zukunft«. Aber nicht »Sofort!« Wenn man mit der Deutschen Bahn fährt, verhält es sich oft genauso.

Ich stand einmal auf dem Bahngleis in Köln und wartete auf meinen Zug nach Mannheim. Kurz bevor der Zug hätte eintreffen sollen, hörte ich folgende Durchsage: »Meine Damen und Herren, der Intercity 2113 nach Mannheim verzögert sich um etwa 5 bis 10 Minuten.«

5 Minuten später hieß es: »Meine Damen und Herren, der Intercity 2113 von Köln nach Mannheim verzögert sich jetzt um etwa 20 Minuten.«

Und ein paar weitere Minuten später hörte ich die dritte Durchsage. Und spätestens dann wusste ich Bescheid. Ich wusste, dass »um etwa« nicht »um etwa« bedeutet, sondern, dass die Leute von der Bahn wahrscheinlich keine Ahnung hatten, wann der Zug tatsächlich ankommen würde.

Direktheit/Diplomacy

Mensch, sind Deutsche direkt.

Als ich noch Single war, ging ich mit einem deutschen Freund in eine Disco. Und während wir in der Schlange vor dem Eingang warteten, um reingelassen zu werden, fragte ich ihn: »Meinst du, ich habe da drin eine Chance, eine Frau kennenzulernen?« Seine knappe Antwort lautete: »Warum nicht? Da drin ist es ja sehr dunkel.« Zuerst war ich beleidigt, weil ich dachte: *Was ist das denn für eine Antwort?* Aber dann nach zwei oder drei Stunden in der Disco merkte ich: Nein, es ist wohl nicht dunkel genug.

Amerikaner wären in einer solchen Situation nie so direkt. Sie würden vielleicht sagen: »Why not?« oder »If you're lucky« oder »If you pray really hard«, aber niemals »Why not? It's very dark inside.«

Manche Deutsche sind zwar sehr direkt, merken es aber selbst überhaupt nicht. Nach einem Auftritt unterhielt ich mich einmal mit einer Frau über Filme und Hollywood-Stars. Nur aus Spaß sagte ich plötzlich zu ihr: »Kannst du dir vorstellen, dass ich früher ausgesehen habe wie Brad Pitt?« Diese Frau schaute mich total ernst an und antwortete, sie hätte dafür nicht genug Vorstellungskraft.

Wow! Wieder etwas für mein angeknackstes Ego! Eine Amerikanerin würde so was nie antworten. Eine Amerikanerin würde im schlimmsten Fall vielleicht sagen: »Yes! Yes, of course I can imagine that you used to look like Brad Pitt … if I have enough to drink!« Okay, nett wäre so eine Aussage auch nicht, aber wenigstens einfallsreich.

Auch beim Thema Gewicht ist man in Deutschland sehr direkt. Einmal fragte ich eine deutsche Rentnerin, während eines Auftrittes, ob sie mich dick fände. Daraufhin musterte sie mich erst von oben bis unten, bis sie mir nach einer halben Ewigkeit antwortete: »Für einen Amerikaner nicht.«

Ich war völlig verwirrt. »Für einen Amerikaner nicht?« Was war das denn für eine Antwort? Ist das ein Kompliment oder kein Kompliment oder irgendwas dazwischen?

Das Einzige, was die ganze Situation in diesem Moment entspannte, war die Tatsache, dass das gesamte Publikum sofort lauthals loslachte. Ich lachte tapfer mit, auch wenn ich es eher verstanden hätte, wenn sie »im Vergleich zu den Wildecker Herzbuben nicht« geantwortet hätte.

Aber mittlerweile bin ich schon selbst ein bisschen so geworden wie diese Dame. Das bleibt einem Ausländer wahrscheinlich auch nicht erspart. Das färbt einfach ab.

Ich bin mit meiner deutschen Frau seit 15 Jahren verheiratet, und wenn sie mich früher fragte: »Findest du mich dick?«, antwortete ich immer mit meiner amerikanischen Art: »Nein, nein, überhaupt nicht.« Aber neulich fragte sie mich wieder: »Findest du mich dick?«, worauf ich sie zurückfragte: »Im Vergleich zu was?«

Sofort merkte ich anhand ihres Gesichtsausdrucks, dass ich was Falsches gesagt hatte. Dann antwortete sie mir: »Na, ja, im Vergleich zu den Models im Fernsehen …«

Worauf ich erneut fragte: »Hast du denn keinen anderen Vergleich?«

Aber verstehen Sie mich nicht falsch, liebe Leser. Diese Art der deutschen Direktheit geht nicht nur in die negative, sondern auch sehr oft in die positive Richtung. In Richtung netter Komplimente nämlich. Ich war zum Beispiel einmal auf einer Party und hörte, wie ein Mann zu einer Frau sagte: »Mensch, Gisela, du siehst heute Abend richtig gut aus!« Worauf sie entgegnete: »Danke, Gerd. Du siehst auch nicht so übel aus.« Ich konnte das nur bestätigen: »Ja, das stimmt, Sie sehen beide ziemlich gut aus.«

Und genau das finde ich so toll an Deutschland: Wenn man hier jemandem ein Kompliment macht, kann man tatsächlich davon ausgehen, dass man es so meint. Denn sonst hätte man das Kompliment überhaupt nicht gemacht.

In Amerika ist das leider ganz anders. In Amerika machen wir oft Komplimente nur aus Höflichkeit. Nur damit der andere sich gut fühlt. Dann sagen wir Dinge wie: »Hi, Helen! You look great! Did you lose weight?« Und dabei meinen wir oft überhaupt nicht, dass Helen »great« aussieht. Oft finden wir, dass sie sogar dicker geworden ist, aber trotzdem sagen wir, wie toll sie aussieht, nur damit sie sich besser fühlt. Und deswegen muss ich an dieser Stelle auch einen weit verbreiteten Irrtum aus dem Weg räumen. Viele Leute behaupten, dass Amerikaner viel mehr Komplimente verteilen als Deutsche. Aber das stimmt überhaupt nicht, denn wenn Amerikaner zehn Komplimente vergeben, dann sind im Durchschnitt nur drei davon ehrlich gemeint. Die anderen sieben sind reine Floskeln. Aber wenn ein Deutscher, sagen wir, vier Komplimente verteilt, dann meint er es auch vier Mal so. Was letztendlich bedeutet, er macht sogar ein Kompliment mehr als der Amerikaner.

Nichtsdestotrotz lernt man in den USA schon früh als Kind, Komplimente zu verteilen. So auch meine Geschwister und ich, als wir noch ganz klein waren. Wenn wir am Wochenende zum Beispiel einen Ausflug mit unseren Eltern machten und wir vor dem Start mit unserem Vater zusammen im Auto auf unsere Mutter warteten, die noch was im Haus holte, sagte mein Vater oft: »Tell your mother that she looks nice today, when she gets in the car.« Und wenn sie dann endlich einstieg, taten wir das auch ganz artig. »Mom, you look really nice today!«, worauf sie immer antwortete: »Thanks, guys! That was a really nice thing to say!«

Und während meine Mutter ihre Handtasche auf dem Boden verstaute, zwinkerte unser Vater uns dann immer im Rückspiegel zu. Das war seine Art, uns »Danke« zu sagen. Dabei hätte er uns gar nicht aufzufordern brauchen: Für jedes Kind ist die eigene Mutter immer die schönste Frau der Welt!

Höflichkeit / Politeness

Ich komme mir immer unhöflich vor, wenn ich in Amerika bin. Vielleicht liegt es ja an den 18 Jahren, die ich bereits in Deutschland lebe. Oder es liegt einfach nur an mir selbst. Bei meinem letzten USA-Besuch kam ich mir besonders unhöflich vor, weil ich merkte, wie oft meine Landsleute im Gegensatz zu mir »I'm sorry« zueinander sagen.

Sie gehen aufs Klo und fragen: »I'm sorry, but where is the bathroom?«

Sie kommen vom Klo zurück und sagen: »I'm sorry if it took so long.«

Im Supermarkt stoßen sie jemanden leicht mit dem Einkaufswagen an und sofort entschuldigen sie sich: »I'm sorry for bumping into you.« Der Betroffene antwortete sofort schuldbewusst: »Oh, no, it was my fault. I should be sorry.« Und sogar wenn es ein etwas größerer Rempler gewesen ist, dann sagen viele sogar: »I'm soooooooooo sorry for bumping into you.«

Als ich einmal von einem wildfremden Menschen in einem amerikanischen Café angerempelt wurde und deswegen meinen Kaffee verschüttete, sagte der Mann: »Sorry« und ich selbst hatte zuerst überhaupt kein Bedürfnis mehr, wie früher seine Entschuldigung auch mit einem »Sorry« zu erwidern. Ich hatte vielmehr das Bedürfnis, ihn zu fragen: »Haben Sie keine Augen im Kopf?« oder einfach nur »Sind Sie blöd?« In Deutschland wären solche Fragen völlig normal gewesen. Aber ich war nicht in meiner Wahlheimat, sondern in Amerika. Und deswegen verlief das Gespräch folgendermaßen: »Oh, I'm sorry for bumping into you.«

»No, I'm sorry for standing in your way.«

»Can I buy you a new coffee?«

»That would be nice. But you don't have to.«

»No problem. And would you also like a donut?«

»Yes, that would also be very nice.«

Als ich noch nicht lange in Deutschland lebte, merkte ich, dass ich oft *zu* höflich war.

In Restaurants sagte ich oft statt »Zahlen, bitte!«, »Entschuldigung, aber könnte ich jetzt bitte zahlen?« Als Antwort bekam ich oft zu hören: »Ich weiß nicht, ob Sie zahlen *können*. Aber ich kann Ihnen die Rechnung bringen.«

Oder in Bäckereien sorgte ich anfangs für totale Unruhe, wenn ich fragte: »Entschuldigung, aber könnte ich bitte zwei normale Brötchen haben?« Die Verkäuferin schaute mich dann immer an, als ob sie gleich sagen wollte: »Wenn Sie bezahlen können, schon.« Mittlerweile glaube ich nicht, dass ich damals *zu* höflich war oder meine deutschen Mitbürger *zu* unhöflich waren. Die Verkäufer haben so auf mich reagiert, weil sie auf Käufer eingestellt waren, die sagen:

»Ich bekomme zwei Brötchen« oder »Ich bekomme ein halbes Roggenbrot und zwar geschnitten!«

Ich glaube nicht, dass man Höflichkeit bestimmten Nationalitäten zuordnen kann. Ich glaube viel eher, dass Höflichkeit etwas mit gelernter Rücksichtnahme zu tun hat. Rücksichtnahme gegenüber allen Mitmenschen. Egal, ob beim Sommer-Schluss-Verkauf, in Restaurants oder in öffentlichen Verkehrsmitteln.

Ich fuhr zum Beispiel einmal mit der Kölner Straßenbahnlinie 1 in Richtung Rudolfplatz, als eine junge Frau Mitte 20 ein sehr lautes und langes Handygespräch mit ihrer Freundin »Stefanie« führte. Und obwohl sie hätte merken müssen, dass ihr Gespräch alle Fahrgäste tierisch nervte, plapperte sie seelenruhig weiter. Zuerst fragte sie ihre Freundin: »Und was ist mit einem Grillfest am Aachener Weiher? Dort ist es ja besonders schön, oder?« Und dann redete sie von Timo, der gerade Geburtstag hatte, und für den anscheinend das Grillfest organisiert wurde.

»Und was wirst du Timo schenken? Ich möchte ihm ein Buch über Meditation kaufen.«

Und als ich das hörte, dachte ich: *Ausgerechnet eine Frau, die die ganze Zeit labert, will ein Buch über Meditation kaufen!*

Dann erzählte sie noch davon, dass sie es nicht gut fände, wenn Stefanie Timo auch ein Buch über Meditation schenken würde. Denn dann hätte er ja zwei Bücher zum selben Thema. *Rechnen kann sie also auch noch*, dachte ich völlig genervt. Und während sie weiter belangloses Zeug erzählte, merkte ich, wie die anderen Fahrgäste immer unruhiger wurden. Sie hatten bestimmt alle den gleichen sehnsüchtigen Wunsch. Dass die Frau gleich aussteigen, ihr Handy gleich den Geist aufgeben oder sie gleich ihre Zunge verschlucken würde.

Aber weil das nicht passierte und sich auch sonst kein Mensch beschwerte, redete sie immer weiter und ließ sich nicht von den genervten Blicken der anderen stören.

Gerne würde ich an dieser Stelle erzählen, dass diese Frau eine Deutsche war, denn das würde sehr gut ins Klischee passen. Aber: Diese Frau war Amerikanerin! Ich war ziemlich enttäuscht, weil ich dachte: *Mensch! Ausgerechnet in meiner Bahn sitzt eine unhöfliche Amerikanerin!* Als sie ausstieg, sagte sie noch nicht einmal: »I'm sorry!«

Aber es gibt in dieser Hinsicht auch Helden auf dieser Welt. Menschen, die bereit sind, für eine gute Sache zu kämpfen, auch wenn die Aussicht auf Erfolg relativ gering ist. Und leider sind die Erfolgschancen, was laut telefonierende Menschen in der Straßenbahn angeht, super gering.

Einer meiner Bekannten leidet oft genau darunter. Er erzählte mir einmal von einem ganz besonderen Fall, als er von einer jüngeren Frau, die neben ihm in der Straßenbahn saß, total auf die Palme gebracht wurde. Und nach 10 Minuten dachte er: *Jetzt reicht es! Jetzt muss ich was sagen! Jetzt muss ich was dagegen tun, denn ich habe auch Rechte! Ich bin auch ein Mensch! – Aber was soll ich tun?*

Es war nicht nur die Tatsache, dass diese betreffende Person völlig rücksichtslos laut telefonierte. Das wäre schon schlimm genug gewesen. Was aber meinen Bekannten noch viel mehr nervte, war die Tatsache, dass diese Person die ganze Zeit nur banales, blödes Zeug erzählte. Er musste handeln. Und zwar schnell.

Er hatte plötzlich eine Idee: Er fing einfach an, aus seiner Tageszeitung, die er gerade las, laut vorzulesen. So laut, dass die Frau, die neben ihm saß, so genervt war, dass sie anfing, sich zu beschweren.

»Sehen Sie nicht, dass ich telefoniere?«

»Sehen Sie nicht, dass ich lese?«, war seine schlagfertige Antwort.

Manchmal bringt es eben doch was, den Feind mit den eigenen Waffen zu schlagen.

Deutsch-amerikanische Beziehungen / German-American Relations

Ein deutscher Freund sagte mir neulich, als wir abends zusammen einen großen Teller Pommes teilten: »Weißt du was, John? Jetzt habe ich euch Amis richtig lieb.« Der Satz überraschte mich ein bisschen. Nicht weil ich so was noch nie gehört hatte. Seit Barack Obama Präsident ist, höre ich so was ziemlich oft. Nein, ich war ein bisschen überrascht, weil das nicht gerade das ist, was man erwartet, wenn man mit einem deutschen Kumpel einen gemütlichen Abend verbringt.

Die Tatsache, dass es Deutsche gibt, die Amerika lieben, hat aber nicht ausschließlich mit Barack Obama zu tun. Als ich meine deutsche Frau Martina kennenlernte und wir uns ineinander verliebten, gab es Obama noch nicht. Damals gab es nur Bill Clinton.

Aber so leicht war meine deutsch-amerikanische Beziehung anfangs auch nicht. Denn bikulturelle Beziehungen – im Vergleich zu ganz normalen Beziehungen zwischen Amis, Deutschen oder Ureinwohnern vom Himalaja – bringen oft gewisse sprachliche Schwierigkeiten mit sich, die ganz schnell zu Missverständnissen und Reibereien führen können. Bei mir und meiner Frau Martina war es am Anfang unserer Ehe genauso. Sie sagte mir zum Beispiel oft: »Ich habe manchmal das Gefühl, dass du mir überhaupt nicht zuhörst!« Aber das war überhaupt nicht der Fall. Natürlich hörte ich ihr zu. Das Problem war viel eher, dass ich sie sprachlich überhaupt nicht verstand.

Ich war auch nicht der Einzige, der damals sprachliche Schwierigkeiten in der Beziehung hatte. Ein Kumpel von mir, der auch wie ich versuchte, nur mit seiner Frau Deutsch zu sprechen, hatte ganz ähnliche Probleme. Eines Tages, als wir uns in einer Kneipe trafen, um ein paar Bier zu trinken, sagte er mir: »I don't know why I married a German. Her language is soo difficult!« Und als ich ihn fragte, ob er mit seiner Frau darüber gesprochen hätte, sagte er nur: »Of course I did. And she told me that Hungarian was even more difficult!«

Obwohl mein Deutsch mit der Zeit immer besser wurde, gab es trotzdem hier und da sprachbedingte Missverständnisse. Als meine Frau mit unserem Kind schwanger war und ich sie zum Frauenarzt begleitete, um zu erfahren, ob wir bald einen Jungen oder ein Mädchen bekommen würden, wurde uns Folgendes mitgeteilt: »Ich gratuliere, Frau Doyle und Herr Doyle. Sie bekommen ein Männchen.«

Meine erste Reaktion daraufhin war: »Ein ›Männchen‹? Ein ›Männchen‹? Was ist überhaupt ein ›Männchen‹?« Ich kannte das Wort »Kännchen«, aber »Männchen« sagte mir gar nichts. Weil ich aber zu stolz war, das sofort zuzugeben, fragte ich meine Frau erst, als wir wieder alleine vor seiner Praxis auf der Straße waren.

»Entschuldigung, Martina, aber was ist überhaupt ein ›Männchen‹?« Sie lachte.

»Ein ›Männchen‹ ist ein Junge. Wir bekommen einen Jungen!«

Ich war erleichtert und sehr glücklich über diese Nachricht. Hätte der Frauenarzt einfach »Junge« gesagt, dann hätte ich ihn sofort verstanden …

Aber es sind nicht nur die Verständigungsprobleme, die bikulturelle Beziehungen belasten. Das Thema Sommerurlaub verursacht auch fast jedes Jahr gewisse Spannungen. Ich will zum Beispiel in die USA reisen, um meine Verwandten zu besuchen. Meine Frau will in die USA reisen, um die Rocky Mountains, Las Vegas und New York City zu besuchen. Nicht dass sie irgendwas gegen meine Verwandten hätte. Sie liebt sie alle. Sehr sogar – aber anscheinend nicht so sehr wie ich!

Nein, das stimmt natürlich nicht. Es ist nur, dass ich mit meinen Verwandten ganz normale Sachen machen will, die ich in Deutschland nicht machen kann, weil meine Verwandten nun einmal nicht da sind. Ich will einfach auf dem Sofa hocken, über unsinniges Zeug mit meinen Geschwistern und meiner Mutter reden, dabei Chips und Popcorn essen und ein paar Baseballspiele im Fernsehen anschauen. Meine Frau findet solche Sachen auch ganz nett, aber nur für, sagen wir, zehn Minuten. Und dann will sie was anderes machen, Shopping in New York City, Alligators anschauen in den Everglades, Wale beobachten in Maine. Irgendwas Spannenderes halt. Und wenn ich ihr dann sage, dass ich lieber bei meinen Verwandten auf dem Sofa bleiben und *nicht* zu den Alligatoren und den Walen fahren will, gibt's manchmal richtig Ärger. Einmal sagte sie zu mir: »Meinst du, ich fliege acht Stunden in die USA, lasse meine Fingerabdrücke abnehmen und zahlreiche Sicherheitsfragen über mich ergehen, damit du die ganze Zeit auf dem Sofa liegen kannst?«

»Nein, natürlich nicht«, habe ich dann geantwortet, »– aber nett wäre das schon.«

Aber es sind ja nicht nur die deutsch-amerikanischen Beziehungen, die beide Länder richtig zusammenschweißen. Es sind auch die deutschen Wurzeln, die viele Amerikaner – zum Teil sehr prominente Amerikaner – hier haben. Die Schauspielerin Sandra Bullock zum Beispiel ist das Kind einer deutschen Opernsängerin und eines amerikanischen Opernsängers. Leonardo DiCaprio hatte eine deutsche Großmutter im Ruhrgebiet. Kirsten Dunst hat sogar deutsche Eltern, die aus dem Hamburger Stadtteil Volksdorf kommen. Und vergessen wir nicht Doris Day, denn bevor sie sich »Doris Day« nannte, hieß sie eigentlich Doris Mary Ann Kappelhoff, denn beide Elternteile waren deutschstämmige Amerikaner. Und last but not least ist der coole US-Schauspieler Bruce Willis hier zu erwähnen. Denn Bruce Willis hat nicht nur deutsche Wurzeln, sondern auch noch ziemlich lustige. Denn dieser Mann, der im Kino ständig die Welt rettet, ist mit keinem Geringeren verwandt als mit Wilfried Gliem von den Wildecker Herzbuben!

Ich war auch ziemlich überrascht, als ich das gelesen habe, denn ganz ehrlich: Wer würde schon denken, wenn er Bruce Willis auf der großen Leinwand sieht: *Hey, er sieht genauso aus wie der eine von den Wildecker Herzbuben!* Und umgekehrt denkt man auch nicht unbedingt bei Wilfried Gliem, dass er Bruce Willis ähnlich sieht. Erst recht nicht, wenn er »Herzilein, du musst nicht traurig sein« singt. Aber die beiden sind tatsächlich miteinander verwandt: Wilfried Gliems Frau Elke ist die Großcousine von Bruce Willis' deutscher Mutter Marlena. Wer hätte das gedacht? Und weil das so ist, werde ich wahrscheinlich immer, wenn ich Bruce Willis im Kino sehe, an die Wildecker Herzbuben denken.

Ergebnis / Conclusion

Tatsächlich bin ich im Laufe der letzten 18 Jahre echt deutsch geworden. Einer fragt mich: »Wie geht's?« Und ohne mit den Wimpern zu zucken antworte ich: »MUSS!«

Und wenn ich merke, dass die betreffende Person viel lieber eine längere Antwort von mir hätte, erzähle ich einen Schwank aus meiner Krankengeschichte.

Hier noch ein anderes Beispiel für meine erfolgreiche Verwandlung zum Deutschen:

Neulich saß ich draußen vor einem Café am Kölner Ring, und ich sagte meinem Tischnachbarn, als er versuchte, eine Tasse Kaffee zu bestellen: »Draußen gibt's nur Kännchen.« Und das Erstaunliche dabei war: Ich musste vorher überhaupt nicht darüber nachdenken. Der Satz schoss einfach so aus mir heraus. Früher wäre so was überhaupt nicht möglich gewesen, denn früher hätte ich so was überhaupt nicht gewusst. Natürlich hätte ich gewusst, wo es in einem Umkreis von 500 Kilometern McDonald's-Filialen gibt, aber dass man draußen nur Kännchen bestellen kann? Nie und nimmer.

Und weil ich jetzt so deutsch geworden bin, bleibe ich jetzt auch immer an roten Fußgängerampeln stehen. Das Interessante daran ist: Ich komme mir überhaupt nicht komisch dabei vor. Nicht mal mitten in der Nacht. Selbst wenn ich der einzige Mensch weit und breit bin.

Und weil ich so deutsch geworden bin, trenne ich, sooft ich kann, auch meinen Müll. Und meistens habe ich sogar Spaß dabei. Ich kam nach Deutschland ohne Mülltrennungs-Gen, aber ich habe bewiesen, dass auch verschwenderische Amerikaner umprogrammierbar sind.

Und weil ich so deutsch geworden bin, erkenne ich endlich, wie arschkalt amerikanische Supermärkte wirklich sind. In Deutschland geht man in einen Supermarkt, um sich ein paar Eier zu kaufen. In Amerika frieren einem die Eier ab!

Und wenn wir schon beim Thema »Eier« sind, möchte ich noch Folgendes anmerken:

Ich finde es gut, dass man hier in Deutschland so nackt sein kann. Und nicht nur das. Auch dass ich nicht mehr so verklemmt bin, wenn ich mich in der Nähe von nackten Deutschen befinde. Früher habe ich eine Badehose angezogen, bevor ich in die Sauna gegangen bin. Aber jetzt sage ich: »Weg mit den Badehosen, denn wir sind hier in Deutschland!«

Was soll ich sagen? Deutschland hat echt auf mich abgefärbt. Und diese Kombination aus Schwarz, Rot und Gelb gefällt mir sehr gut.

Ein fremdes Land für sich zu erobern, ist im Grunde, wie wenn man mit jemandem zusammenzieht. Man kommt aus seiner Welt, und die andere Person kommt aus ihrer. Dann teilt man mit dieser anderen Person eine Wohnung und stellt fest, ihre Welt wird plötzlich die eigene Welt. Man merkt es zum Beispiel an der Zahl der Duftkerzen, die es jetzt in der neuen, gemeinsamen Wohnung gibt. Im Wohnzimmer. Im Schlafzimmer. Auf dem Klo. Überall Duftkerzen. Plötzlich macht sich überall ein Duft breit, den man vorher nicht kannte und der für einen aber irgendwann nicht mehr wegzudenken ist.

Und aus diesem Grund möchte ich sagen: Vielen Dank, liebe Leser, und nie vergessen:

Don't worry — be German!

Special:
Johns (nicht ganz ernst gemeinter) Einbürgerungstest für Nicht-Deutsche

1. Welcher der hier aufgelisteten Sprüche stammt von Dieter Bohlen aus der Sendung »Deutschland sucht den Superstar«?
   a. »Du hast so viel Stimme wie ein Spatz Fleisch auf der Kniescheibe!«
   b. »Wenn das meine Zahnpasta hört, dann will sie zurück in die Tube!«
   c. »Wenn das Michael Jackson gehört hätte, dann hätte er sich zwei neue Ohren statt einer neuen Nase bestellt!«
   d. Alle Sprüche sind von Dieter Bohlen.

2. Sie fahren auf der deutschen Autobahn und werden überholt. Beim Überholmanöver schreit Sie jemand an: »Hey, Mann! Soll ich schieben?« Was ist mit dieser Frage gemeint?
   a. »Benötigen Sie Hilfe?«
   b. »Ich ruf die Polizei, um Sie abschieben zu lassen.«
   c. »Fahr schneller, du Depp!«

3. Was bedeutet »Mülltrennung?«
   a. »Die Diskriminierung von Müll.«
   b. »Hau ab, du Miststück!«
   c. »Sie meinen, das Trennen von Müll nach Plastik-, Papier-, Bio-, Rest- oder Sperrmüll?«

4. Sie stehen vor einer Reihe von Flaschencontainern und haben eine leere, grüne Glasflasche in der Hand. In welchen Container werfen Sie die Flasche?

    a. »Auf die Straße.«

    b. »In den ›grünen‹ Container.«

    c. »Egal, Hauptsache, man wird nicht dabei erwischt!«

5. Was bedeutet »Geschlechtsverkehr«?

    a. Sex.

    b. Sex mit der Ex.

    c. Etwas, was man nur auf der Autobahn macht.

6. Woran denkt man in Deutschland, wenn man »Billy Boys« hört?

    a. An junge, attraktive Männer namens Billy.

    b. An den ehemaligen US-Präsidenten Bill Clinton.

    c. An eine bekannte Kondomsorte, die es überall in Deutschland zu kaufen gibt.

    d. An IKEA-Regale.

7. Sie erhalten einen Brief von Ihrem Nachbarn, nachdem Sie am Abend zuvor ziemlich laut gefeiert haben. Welche Schlussfolgerung können Sie daraus ziehen?

    a. Ihr Nachbar möchte Sie als Brieffreund gewinnen.

    b. Noch eine solche Party und ich rufe sofort die Polizei!

    c. Ihr Nachbar möchte auf Ihre nächste Party eingeladen werden.

8. Ein deutscher Mitbürger fragt Sie während einer Auseinandersetzung: »Sind sie bescheuert???!!!« Was meint er damit?

a. Er ist neugierig und erkundigt sich nach Ihrem allge-
   meinen Geisteszustand.

b. Er ist nicht neugierig, sondern nur sauer. Warum auch
   immer.

c. Er ist Fan von Hertha BSC Berlin und will sich nach
   der erneuten Niederlage nur abreagieren.

9. Jemand fragt Sie, ob Sie einen »Strammen Max« haben
möchten. Wie reagieren Sie?

a. »Es tut mir leid, Sie enttäuschen zu müssen, aber ich
   bin Hetero.«

b. »Ja, aber bitte mit zwei Eiern.«

c. »So was Anzügliches habe ich noch nie in meinem Leben gehört!«

10. Sie sitzen im Café und fragen nach der Rechnung, worauf die Kellnerin mit »Sofort!« antwortet. Was bedeutet
das?

a. Dass sie tatsächlich sofort mit der Rechnung zurückkommt.

b. Dass sie sofort wieder vergisst, dass sie gerade »sofort«
   gesagt hatte.

c. Dass man diese Kellnerin nie wiedersehen wird.

11. Sie sind auf einer Party und ein Bekannter sagt: »Ich
muss meine Geschäfte verrichten.« Was meint er damit?

a. Er muss sofort seinen persönlichen Investment-Banker
   anrufen, um sich mit neuen Aktien einzudecken.

b. Er arbeitet im Schichtdienst und muss sofort weg.

c. Er muss sofort aufs Klo gehen.

12. Woran erkennen Sie, dass Sie sich hier in Deutschland gut integriert haben?

    a. Wenn Sie fast jeden Tag sagen: »Ich bin im Stress.«

    b. Wenn Sie immer an roten Fußgängerampeln stehen bleiben. Auch mitten in der Nacht.

    c. Wenn Sie entdecken, dass Sie auch »Kreislaufprobleme« haben.

    d. Wenn alle Antworten zutreffen.

13. Sie erkennen, dass Ihre Integration hier in Deutschland ins Stocken geraten ist, wenn Sie wiederholt am Tag sagen:

    a. »Scheiß-Grundgesetz!«

    b. »Scheiß-Demokratie!«

    c. »Scheiß-Menschenrechte!«

    d. Alle Antworten treffen zu.

14. Womit kann man als deutscher Mitbürger am Besten angeben?

    a. Mit einem dicken Auto.

    b. Mit mindestens zwei Doktortiteln.

    c. Mit einer sehr schön aussehenden Freundin, die mindestens 20 Jahre jünger ist.

    d. Alle Antworten treffen zu.

15. Was ist eine »Abseitsfalle«?

    a. Ein Ehebegriff.

    b. Ein Fußballbegriff.

    c. Ein Begriff, der nur von der Polizei in Hessen verwendet wird.

16. Woran denken Sie, wenn Sie an die Wildecker Herz-buben denken?

    a. An zwei durchtrainierte Jungs.

    b. An Männer, die so sexy sind wie Brad Pitt und George Clooney.

    c. An zwei lustige Musikanten, die ständig singen, dass das »Herzilein« nicht traurig sein soll.

17. Wer wird als »der Kaiser« in Deutschland bezeichnet?

    a. Otto II., der als römischer Kaiser zwischen 973 und 983 regierte.

    b. Karl VII., der als Kaiser von Böhmen zwischen 1742 und 1745 regierte.

    c. Franz Beckenbauer, der, solange er will, immer re-giert.

18. Ihre Tochter kommt nach Hause und sagt: »Papa, ich bin lesbisch.« Wie reagieren Sie auf diese Nachricht?

    a. Sie schreien: »Scheiß-Lesbe!!!«

    b. Sie schicken Ihre Tochter so schnell wie möglich zu-rück in Ihre alte Heimat, wo es Gott sei Dank keine Lesben gibt.

    c. Sie sehen die Sache total locker und pragmatisch und antworten: »Kein Problem, mein Schatz. Dann gibt es zumindest keine ungewollte Schwangerschaft.«

19. Ein gut gelaunter Punker steht auf der Straße zusammen mit seinen ebenfalls gut gelaunten Punkerfreunden mit Hunden und fragt: »Entschuldigen Sie bitte, aber haben Sie einen Euro?« Was meint er damit?

    a. Er möchte wissen, wie es bei Ihnen finanziell grund-sätzlich aussieht.

b. Er möchte an Ihre Kohle ran, damit er sich ein neues Nasenpiercing zulegen kann.

c. Er möchte mit Ihnen leichte Konversation betreiben.

20. Was bedeutet der Spruch »Draußen gibt es nur Kännchen«?

a. Dass gleich Feierabend ist.

b. Dass man draußen nur Kaffee-Kännchen bestellen darf, damit die Kellnerin nicht so oft hin- und herlaufen muss.

c. Dieser Spruch stammt aus dem Mittelalter und hat heutzutage keine gesellschaftspolitische Relevanz mehr.

21. Wenn Deutsche Smalltalk machen, worüber reden Sie?

a. Über Kant.

b. Über gesundheitliche Probleme – und zwar sehr ausführlich.

c. Über alles, was irgendwie mit dem Thema Mülltrennung zu tun hat.

22. Sie gehen in einer deutschen Stadt spazieren und plötzlich hören Sie ein lautes Klingelgeräusch. Was denken Sie in diesem Moment?

a. Was für eine schöne Melodie!

b. Ein Fahrrad kommt!

c. Das Fahrrad ist SCHON DA!

23. Was bedeutet es, wenn ein Autofahrer, der dicht hinter Ihnen fährt, ständig mit der Hand vor seinem Gesicht wedelt?

a. »Der Typ hinter mir möchte, dass ich ein bisschen schneller fahre oder die Spur wechsle.«

b. »Der Typ hinter mir hat einen Krampf in der Hand und versucht ihn durch starkes ›Wedeln‹ zu lösen.«

c. »Der äußerst freundliche Typ möchte mich auf der nächsten Raststätte persönlich kennenlernen und mir einen Kaffee spendieren.«

24. Was hört man oft, wenn man mit der Deutschen Bahn fährt?

a. »Wir bitten Sie um Ihr Verständnis!«

b. »Wir danken im Voraus für Ihr Verständnis!«

c. »Entschuldigen Sie bitte, aber Sie sitzen auf MEINEM Platz!«

d. Alle Antworten treffen zu.

25. Was erwartet man von einem Deutschen, wenn man ihn fragt: »Wie geht es Ihnen?«

a. Eine sehr positive Antwort wie »Mir geht es phantastisch!«, »Mir geht es super!« oder »Mir geht es prima!«

b. Eine sehr nachdenkliche, melancholische Antwort.

c. Eine Antwort wie »Ich habe Rückenprobleme, Nackenprobleme und Blasenschwäche.«

Gratulation!

Sie haben es geschafft! Ich gratuliere!

Und um zu erfahren, wie gut Sie abgeschnitten haben, blättern Sie bitte auf die nächste Seite!

Die Antworten:

1. d

2. c

3. c

4. b

5. a (aber wenn Sie »b« wählten, geben Sie sich auch einen Punkt).

6. c (aber »d« lasse ich auch gelten. Für »d« bekommen Sie auch einen vollen Punkt).

7. b

8. b (aber wenn Sie »c« wählten, geben Sie sich einen halben Punkt).

9. b (aber wenn Sie »a« wählten, geben Sie sich auch einen halben Punkt).

10.b (aber für die Antwort »c« bekommen Sie auch von mir einen halben Punkt. Denn einmal als ich im Café bezahlen wollte und »Zahlen« sagte, kam die Kellnerin tatsächlich nie wieder. Als ich ihre Kollegin fragte, wo sie sei, antwortete sie hastig: »Sie hat Feierabend, sie ist schon weg.«)

11. c

12. d

13. d

14. d

15. b

16. c

17. c

18. c

19. b

20. b

21. b (aber geben Sie sich auch einen halben Punkt, wenn Sie »c« gewählt und sogar 2 Punkte, wenn sie »a« gewählt

haben. Denn über Kant zu reden, egal wo, ist sehr anstrengend.)

22. c (eindeutig »c«. Es gibt leider keine zusätzlichen Punkte für andere Antworten.)

23. a

24. d

25. c (aber wenn sie »b« gewählt haben, geben Sie sich einen halben Punkt, und wenn Sie »a« gewählt haben, auch einen halben Punkt. Denn diese Antwort bedeutet: »Sie waren wahrscheinlich gerade in den USA im Urlaub.«)

Ergebnisse:

- 23 bis 25 korrekte Antworten: Sie sind ein SUPER-DEUTSCHER!
- 15 bis 22 korrekte Antworten: Sie sind ein GUTER DEUTSCHER.
- Bei weniger als 15 korrekten Antworten sind Sie verpflichtet, ein Ticket für meine Show »Don't worry – be German« zu kaufen, um Ihre Deutschlandkenntnisse aufzubessern.

Danke / Thank you

Bevor ich endgültig zum Ende komme, möchte ich mich bei den vielen Freunden, Bekannten und Familienmitgliedern bedanken, die mich unterstützt, inspiriert und weiterhin geliebt haben, während ich dieses Buch schrieb. Vor allem möchte ich mich bei meiner Frau Martina und bei meinem Sohn Joshua bedanken. Denn ohne sie hätte ich dieses Buch nie schreiben können. Für ihre Toleranz einem manchmal sehr schwierigen Ami gegenüber kann ich nicht oft genug »Danke« sagen.

Zusätzlich gab es viele Freunde und Bekannte – sogar entfernte Bekannte –, die mich beim Schreiben dieses Buchs unterstützt haben. Ein besonderer Dank geht dabei an Don, Nigel, Michael und Greg, die als Ausländer – genauso wie ich – tagtäglich ihr ganz persönliches »German Adventure« erleben.

Erwähnen möchte ich auch meine Lieblingsbibliothekarin Denise aus Luxemburg, die mich überhaupt auf die Idee brachte, über das Thema Wurst zu schreiben, nachdem sie mir verriet, dass sie kein Mülltrennungs-Gen besitzt, aber wohl ein deutsches Currywurst- und Pommes-Gen. Danke, Denise, und das nächste Mal geht die Currywurst auf mich!

Ein besonderes »Dankeschön« geht an das ganze Starbucks-Team am Kölner Dom und in der Breite Straße in Köln, denn ein großer Teil des Buches wurde in den gemütlichen Starbucks-Sesseln geschrieben. Bei meinem Starbucks-

Kumpel Jürgen möchte ich mich ebenfalls für die tollen Anregungen bedanken.

Darüber hinaus danke ich meinem Hals-Nasen-Ohren-Arzt Dr. Junk, meinem Kardiologen Dr. Peters, meinem Allgemeinmediziner Dr. Gleske und meinem Physiotherapeuten Rolf Eilers. Sie alle haben mich während des Schreibens fit und in Schuss gehalten.

Ich möchte mich für die freundliche Unterstützung des S. Fischer Verlags in Frankfurt am Main bedanken. Ganz besonders bei meiner Lektorin Alexandra Kosian-Krishnabhakdi.

Und zum Schluss möchte ich mich aus vollem Herzen bei mir selbst bedanken, dass ich es tatsächlich geschafft habe, dieses Buch in einer Sprache zu schreiben, die ich erst mit 26 Jahren gelernt habe. Natürlich hätte ich es viel leichter gehabt, alles auf Englisch zu schreiben und das ganze Buch dann übersetzen zu lassen, aber das wollte ich nicht. Denn das, was ich hier in Deutschland erlebe, erfahre, bejubele und manchmal auch erleide, findet eben in Deutsch statt.

Natürlich weiß ich, dass es Leute gibt, die viel Größeres in einer Fremdsprache erreicht haben. Arnold Schwarzenegger zum Beispiel. Er ging nach Amerika ohne ein Wort Englisch zu sprechen. Und jetzt ist er der Governor von Kalifornien.

Und last but not least möchte ich meiner Mutter Judy in Florida danken. Denn ohne sie gäbe es mich überhaupt nicht. Und daraus schlussfolgernd auch nicht dieses Buch für Deutsche und Amerikaner.

Ralf Schmitz
Schmitz' Katze
Hunde haben Herrchen, Katzen haben Personal
Band 17978

Manche Männer leben mit einer Frau zusammen – Ralf
Schmitz mit seiner Katze. Und das seit 23 Jahren! Dieses
eheähnliche Verhältnis wirft natürlich Fragen auf: Ist das
Zusammenleben mit einer Katze wirklich so anders als mit
einer Frau? Wer veralbert hier wen den ganzen Tag? Was
macht die Katze würgend im Schrank? Wie eifersüchtig ist die
Katze, und was hat sie ausgerechnet jetzt in Ralfs Bett zu
suchen?

»Schmitz' Katze« ist witzig, verblüffend und vor
allem – autobiographisch!

Fischer Taschenbuch Verlag

fi 17978 / 1

Johann König
Der Königsweg
Triumph der Langeweile
Band 18544

Die königlichste Art, Zeit sinnvoll zu vergeuden!

»Fang heute an mit Müßiggang!« So lautet das Lebensmotto von Johann König, der notorisch gelangweilt ist – und diesen Zustand liebt! Denn der Poet unter den Komikern weiß wie kein anderer, wie man »tote« Zeit positiv nutzt. Egal, ob man stundenlang nutzlos im Stau, verzweifelt auf den Zug oder ungeduldig an der Supermarktkasse wartet: Johann kennt das gut gehütete Geheimnis, das sich hinter der Langeweile verbirgt. Anhand kluger Gedanken, bizarrer Gedichte und skurriler Fotos lüftet er es und nimmt den Leser mit auf seinen »Königsweg«. Der Trendscout, Dichter und Denker beweist damit, dass mehr »freie Zeit« im Alltag steckt, als man denkt, und zeigt, wie man sie sinnvoll nutzen kann. Ein herrlich kluges Buch!

»Manchmal braucht es eben einen Komiker wie
Johann König, um die Wahrheit herauszufinden.«
Süddeutsche Zeitung

Fischer Taschenbuch Verlag

fi 18544 / 1

Tommy Jaud
Hummeldumm
Das Roman
320 Seiten. Broschiert

»Sitzreihe 12 war die letzte, die zwischen
Tortellini und Hühnchen wählen durfte. Ich saß in
Reihe 13. Schon auf dem Hinflug hätte mir klar sein
können, dass der Jahresurlaub zum Albtraum wird.«

Wer an allem schuld ist, ist für Matze sowieso klar: seine
Freundin Sina. Während er in endlosen Verhandlungen die
neue Eigentumswohnung klargemacht hat, sollte sie einfach
nur »irgendwas« buchen. Hat sie auch. Doch musste dieses
»irgendwas« ausgerechnet eine zweiwöchige Gruppenreise
durch Namibia sein, ein Land, in dem jede hüftkranke Schild-
kröte schneller ist als das Internet? Was hat er denn verbro-
chen, dass man ihn nun täglich in einen Kleinbus voller
Bekloppter sperrt, um ihn dann zu österreichischen Schla-
gern über afrikanische Schotterpisten zu rütteln? Und warum
stolpert er bei minus zwei Grad in einem albernen Wander-
hut über die Dünen der Kalahari, statt auf Mallorca ein Bier-
chen zu schlürfen? Als Matze dann noch daran erinnert wird,
dass die sicher geglaubte Wohnung an andere Käufer geht,
wenn er nicht sofort die fünftausend Euro Reservierungs-
gebühr überweist, hat er gleich noch drei neue Probleme: Das
nächste Internetcafé ist fünfhundert Kilometer entfernt, der
Handyakku plattgedaddelt und das einzige Ladegerät fest in
österreichischer Hand.

Scherz

fi 4-11037 / 1